*Literary Terms & Movements*

## OrangeBooks Publication

1st Floor, Rajhans Arcade, Mall Road, Kohka, Bhilai, Chhattisgarh 490020

Website:**www.orangebooks.in**

---

**© Copyright, 2025, Author**

All rights reserved. No part of this book may be reproduced, stored in a retrieval system, or transmitted, in any form by any means, electronic, mechanical, magnetic, optical, chemical, manual, photocopying, recording or otherwise, without the prior written consent of its writer.

**First Edition, 2025**
**ISBN:** 978-93-6554-806-8

# SUCCESS IN YOUR HANDS...
## AN EXPLANATORY BOOK OF

# LITERARY TERMS
# &
# MOVEMENTS

## (RHETORICS & PROSODY)

A Book for All Competitive Exams-
TGT, PGT, GIC Lecturer, Assistant Professor, UGC NET/JRF
Academic Exams -
B.A., M.A., PhD Entrance & CUET

### Bilingual (English + Hindi)

### RAM SAXENA

OrangeBooks Publication
www.orangebooks.in

*Dedicated to*

### 'My Grandfather'   'My Gurudev'

Late. Mr. Ramprakash Saxena   Mr. Pankaj Saxena
(My Inspiration)   Lt. Grade Teacher (Eng.)
For any doubt/query
**Cont.: 9456880727**

### 'My Mother & My Father'

Mrs. Archana Saxena   Mr. Dharmendra Saxena

*"If you focus on Result, You will never change
If you focus on change, you will get results [Everything]"*

Asst. writer
## Baby Yadav
[M.A. (Eng.), B.Ed]

"You won't always be motivated, so you must learn to be disciplined"

"Knowledge + Action = The life of your dreams. Keep pushing"

Raja Shrivastav
Graphics Designer & Typist

**Radharani Computers**
Contact us : +91 9927661310 - (Mainpuri - 205001)

# Preface

Dear readers,

This book is primary designed for all those students and teachers who feels any kind of doubt or bafflement in context of literary terms and Devices. Because this book has been prepared in a billingual way so that even the beginner will not feel any kind of difficulty while throwing a glance on it. It offers instead to clarify all those literary terms that are generally asked in any teaching exam in which the part of English literature is included. In each entry I have attempted to explain briefly how the term is or has been used with a brief illustrative example wherever possible. I have chosen not to give much space to the etymology of the question and to discuss a terms origin only when this seems genuinely necessary to clarify its current sense then I have elaborated it .My attention has been devoted more to all my dear readers and the contributors who have made it possible. I am personally indebted to few amazing personalities whose contribution and assistance cannot be denied. The names of those ones are Baby Yadav, Who assisted me as a writer in this project, Sandeep Kashyap, Sanjay Gupta, Pradeep Kashyap, Vishal urf Billu Agnihotri, who is a National Level gold medalist in volleyball ,Abhay urf Monu Chauhan, Pushpendra Kashyap and Prince Gupta urf Pothi. These persons helped me a lot to work positively. Now last but not least I would like to assert that in this book I have presented the matter in a very simple language and in a very systematic manner. I am certain that the aspirants will grasp the content of this book easily and naturally. Everything will be imprinted on the screen of their brain.

Suggestions and feedback for further improvement are welcomed.

I pray to Goddess Saraswati for your success.

With best wishes

Ram saxena

# Index

Unit-1 .................................................................. 1

Unit-2 .................................................................. 72

Unit-3 .................................................................. 165

Unit-4 .................................................................. 274

Unit-5 .................................................................. 288

Unit-6 .................................................................. 300

# Unit-1
# (Part-1)
## *Important Literary Terms*

### 1. Act and Scene

English: In drama, an act is like a big chapter of the story, and a scene is like a smaller part within that chapter. For example, in Shakespeare's Hamlet, the play is divided into five acts, and each act has smaller scenes where the action takes place. Think of an act as the main part of a movie and scenes as individual events within it.

Hindi: नाटक में अंक (act) कहानी का बड़ा हिस्सा होता है, और दृश्य (scene) उसके अंदर छोटी घटनाएँ होती हैं। जैसे शेक्सपीयर के Hamlet में 5 अंक (act) होते हैं, और हर अंक (act) में छोटे-छोटे दृश्य (scene) होते हैं, जहाँ अलग-अलग घटनाएँ घटती हैं। इसे ऐसे समझिए जैसे कोई फिल्म का मुख्य हिस्सा अंक (act) है और दृश्य (scene) उसकी छोटी घटनाएँ।

### 2. Ad Hominem

English: This happens when someone attacks a person instead of arguing about the point they're making. For example, instead of discussing a political idea, saying, "You're wrong because you're a bad person." This is unfair because it avoids the real argument.

Hindi: जब आप तर्क के बजाय किसी व्यक्ति पर व्यक्तिगत हमला करते हैं, उसे Ad Hominem कहते हैं। जैसे, अगर कोई राजनीतिक विचार पर बात करे और आप कहें, "तुम गलत हो क्योंकि तुम अच्छे इंसान नहीं हो," तो यह सही तर्क नहीं है क्योंकि आप मुद्दे पर बात नहीं कर रहे।

### 3. Adynation

English: This is an extreme exaggeration that's impossible to happen. For example, saying "I'll wait for you until the stars fall from the sky." It's an impossible idea, but it's used to show strong emotions.

Hindi: ये एक ऐसी अतिशयोक्ति होती है जो कभी हो ही नहीं सकती। जैसे, "मैं तुम्हारा इंतजार तब तक करूंगा जब तक आसमान से तारे नहीं गिर जाते।" ऐसा हो नहीं सकता, लेकिन ये भावनाओं को गहराई से दिखाने के लिए कहा जाता है।

### 4. Adventure

English: An adventure is a story full of excitement and danger. For example, in The Hobbit, Bilbo Baggins goes on a dangerous journey with dwarves and faces many challenges.

Hindi: Adventure ऐसी कहानियाँ होती हैं जिनमें रोमांच और खतरे होते हैं। जैसे The Hobbit में बिल्बो बैगिन्स बौनों के साथ एक खतरनाक यात्रा पर निकलता है और कई मुश्किलों का सामना करता है।

### 5. Aestheticism

English: Aestheticism means that art should only be about beauty, without worrying about any moral or political meaning. For example, Oscar Wilde's work, like The Picture of Dorian Gray, is about the beauty of art, not about lessons or moral ideas.

Hindi: Aestheticism का मतलब होता है कि कला सिर्फ सुंदरता के लिए होनी चाहिए, उसमें कोई नैतिक या राजनीतिक संदेश नहीं होना चाहिए। जैसे ऑस्कर वाइल्ड का काम, जिसमें The Picture of Dorian Gray सिर्फ कला की सुंदरता के बारे में है, कोई नैतिक शिक्षा देने के लिए नहीं।

### 6. Afflatus

English: Afflatus refers to a sudden inspiration, as if touched by divine force. Poets often say they feel afflatus when they are inspired to write something profound.

Hindi: Afflatus का मतलब होता है अचानक से मिली प्रेरणा, जैसे कोई ईश्वरीय शक्ति ने छू लिया हो। कवि अक्सर कहते हैं कि जब उन्हें कुछ गहरा लिखने की प्रेरणा मिलती है, तो वह Afflatus के कारण होता है।

### 7. Affective Fallacy

English: This happens when we judge a work of art based on how it makes us feel, instead of its actual quality. For example, saying a movie is good just because it made you cry is an Affective Fallacy because you're focusing only on your emotions.

Hindi: जब हम कला के कार्य को सिर्फ इसलिए अच्छा मान लेते हैं क्योंकि उसने हमें भावनात्मक रूप से प्रभावित किया, उसे Affective Fallacy कहते हैं। जैसे, एक फिल्म को सिर्फ इसलिए अच्छा कहना क्योंकि उसने आपको रुला दिया, ये सही नहीं है क्योंकि हम सिर्फ अपनी भावनाओं पर ध्यान दे रहे हैं।

## 8. Alienation Effect

English: The alienation effect is used in theater to make sure the audience doesn't get too emotionally involved in the play. Instead, it makes them think critically about what's happening. Bertolt Brecht used this technique in his plays to make the audience reflect on social issues.

Hindi: Alienation Effect का इस्तेमाल थिएटर में इसीलिए किया जाता है ताकि दर्शक नाटक से भावनात्मक रूप से जुड़ न जाएं और उसकी जगह सोचने पर मजबूर हो जाएं। बर्टोल्ट ब्रेख्त ने इस तकनीक का इस्तेमाल अपने नाटकों में किया ताकि दर्शक सामाजिक मुद्दों पर विचार करें।

## 9. Allegory

English: An allegory is a story that represents abstract ideas or moral lessons through characters and events. For example, Animal Farm by George Orwell is an allegory for the Russian Revolution and the dangers of totalitarianism.

Hindi: Allegory एक ऐसी कहानी होती है जिसमें पात्र और घटनाएँ अमूर्त विचारों या नैतिक पाठों का प्रतिनिधित्व करते हैं। उदाहरण के लिए, जॉर्ज ऑरवेल की Animal Farm रूसी क्रांति और अधिनायकवाद के खतरों की रूपक कथा है।

## 10. Allusion

English: An allusion is when a writer refers to a famous person, event, or work of art without directly mentioning it. For example, saying "He met his Waterloo" refers to Napoleon's defeat at Waterloo, symbolizing a big failure.

Hindi: Allusion तब होता है जब लेखक किसी प्रसिद्ध व्यक्ति, घटना या कला के कार्य का परोक्ष रूप से जिक्र करता है। जैसे, "उसे उसका वाटरलू मिल गया" कहना नेपोलियन की हार की ओर इशारा करता है, जो बड़ी असफलता का प्रतीक है।

## 11. Alter Ego

English: An alter ego is another personality or identity of a person. For example, Batman's alter ego is Bruce Wayne, and Superman's alter ego is Clark Kent.

Hindi: Alter Ego किसी व्यक्ति का दूसरा व्यक्तित्व या पहचान होती है। जैसे बैटमैन का Alter Ego ब्रूस वेन है, और सुपरमैन का Alter Ego क्लार्क केंट है।

## 12. Ambiguity

English: Ambiguity occurs when a sentence or statement can have more than one meaning. For example, "I saw her duck" could mean you saw a duck that belongs to her, or that you saw her lower her head to avoid something.

Hindi: Ambiguity तब होती है जब कोई वाक्य या कथन के एक से अधिक मतलब निकल सकते हैं। जैसे, "I saw her duck" का मतलब हो सकता है कि आपने उसकी बत्तख देखी या यह कि आपने उसे झुकते हुए देखा।

## 13. Amplification

English: Amplification means expanding on a statement by adding more details to emphasize or explain a point. For example, "He is a great leader" can be amplified to "He is a great leader, loved by his people, respected by his colleagues, and known for his vision."

Hindi: Amplification का मतलब होता है किसी कथन को और विस्तार देना ताकि उसके महत्व को और उजागर किया जा सके। जैसे, "वह एक महान नेता है" को और विस्तृत करके कहा जा सकता है, "वह एक महान नेता है, जिसे उसके लोग प्यार करते हैं, साथी सम्मान करते हैं, और दूरदर्शिता के लिए जाना जाता है।"

## 14. Anachronism

English: An anachronism is something that's out of place in time. For example, showing a character in ancient Rome using a wristwatch would be an anachronism because wristwatches didn't exist at that time.

Hindi: Anachronism तब होता है जब कोई चीज़ गलत समय में दिखाई जाए। जैसे अगर प्राचीन रोम के किसी पात्र को कलाई घड़ी पहनते दिखाया जाए, तो वह Anachronism कहलाएगा, क्योंकि उस समय कलाई घड़ी नहीं थी।

## 15. Anacoluthon

English: Anacoluthon is when a sentence suddenly changes its

## Literary Terms & Movements

structure or topic in the middle. For example, "I was going to tell you—wait, did you hear that noise?" The sentence starts with one idea but then shifts abruptly to another.

Hindi: Anacoluthon तब होता है जब एक वाक्य अचानक से अपना ढांचा या विषय बदल देता है। जैसे, "मैं तुम्हें बताने वाला था—रुको, क्या तुमने वो आवाज़ सुनी?" वाक्य एक विचार से शुरू होता है, लेकिन बीच में ही दूसरी दिशा में चला जाता है।

## 16. Anagnorisis

English: Anagnorisis refers to the moment in a story when a character realizes something important or recognizes the truth about their situation. For example, in Oedipus Rex, Oedipus realizes that he himself is the murderer he's been looking for.

Hindi: Anagnorisis वह क्षण होता है जब किसी कहानी में पात्र को अचानक से कोई महत्वपूर्ण सच पता चलता है। जैसे Oedipus Rex में, ओडीपस को अंत में यह एहसास होता है कि वह खुद वह हत्यारा है जिसे वह खोज रहा था।

## 17. Analogy

English: Analogy is a comparison between two things to explain an idea or concept. For example, "Life is like a box of chocolates—you never know what you're going to get" compares life to a box of chocolates to explain its unpredictability.

Hindi: Analogy का मतलब होता है दो चीज़ों के बीच तुलना करके किसी विचार या अवधारणा को समझाना। जैसे, "जीवन एक चॉकलेट के डिब्बे जैसा है—तुम कभी नहीं जान पाते कि तुम्हें क्या मिलने वाला है।" यहाँ जीवन की तुलना चॉकलेट के डिब्बे से की गई है ताकि इसकी अनिश्चितता को समझाया जा सके।

## 18. Anaphora

English: Anaphora is the repetition of a word or phrase at the beginning of successive sentences or clauses. For example, in Martin Luther King Jr.'s "I Have a Dream" speech, the phrase "I have a dream" is repeated multiple times.

Hindi: Anaphora तब होती है जब किसी वाक्य या वाक्यांश की शुरुआत में एक ही शब्द या वाक्यांश को बार-बार

दोहराया जाता है। जैसे, मार्टिन लूथर किंग जूनियर के "I Have a Dream" भाषण में "I have a dream" वाक्यांश को कई बार दोहराया गया है।

## 19. Anastrophe

English: Anastrophe is when the normal word order in a sentence is reversed. For example, instead of saying "I will win," you say "Win I will" to create emphasis or style.

Hindi: Anastrophe तब होती है जब वाक्य में सामान्य शब्द क्रम उल्टा कर दिया जाता है। जैसे, "मैं जीतूंगा" की जगह "जीतूंगा मैं" कहा जाए, ताकि ज़ोर या शैली को उभारा जा सके।

## 20. Anecdote

English: An anecdote is a short and amusing or interesting story about a real event or person. For example, a teacher might tell a funny anecdote from their school days to explain a point.

Hindi: Anecdote एक छोटी और दिलचस्प या मनोरंजक कहानी होती है, जो किसी वास्तविक घटना या व्यक्ति से जुड़ी होती है। जैसे, एक शिक्षक अपने स्कूल के दिनों की कोई मज़ेदार घटना सुनाकर किसी बात को समझा सकते हैं।

## 21. Angry Young Man

English: The term Angry Young Man refers to a group of British writers in the 1950s and their literary characters who were disillusioned with society and its conventions. For example, John Osborne's play Look Back in Anger features a protagonist who is frustrated and angry with the world around him.

Hindi: Angry Young Man शब्द 1950 के दशक के ब्रिटिश लेखकों और उनके पात्रों को दर्शाता है, जो समाज और उसकी परंपराओं से निराश थे। उदाहरण के लिए, जॉन ओसबोर्न के नाटक Look Back in Anger का नायक अपने आसपास की दुनिया से निराश और गुस्से में है।

## 22. Antagonist

English: The antagonist is the character or force that opposes the protagonist (main character). For example, in The Lion King, Scar is the antagonist because he works against Simba, the protagonist.

Hindi: Antagonist वह पात्र या शक्ति होता है जो मुख्य पात्र (protagonist) का विरोध करता है। जैसे The Lion King में स्कार antagonist है क्योंकि वह सिम्बा के खिलाफ काम करता है।

## Literary Terms & Movements

### 23. Antanaclasis

English: Antanaclasis is a type of pun where a word is repeated but with different meanings. For example, "We must all hang together, or assuredly we shall all hang separately." Here, "hang" is used first to mean 'stick together' and then to mean 'be executed.'

Hindi: Antanaclasis वह तकनीक होती है जिसमें एक शब्द को दोहराया जाता है लेकिन अलग-अलग अर्थों में। जैसे, "हमें एक साथ रहना होगा, नहीं तो हमें अलग-अलग फांसी पर लटकना पड़ेगा।" यहाँ "लटकना" शब्द का अर्थ पहले 'साथ रहना' और फिर 'फांसी दी जाना' है।

### 24. Anthimeria

English: Anthimeria is when one part of speech is used as another, like using a noun as a verb. For example, "Let's Google it" uses "Google" (a noun) as a verb meaning 'to search online.'

Hindi: Anthimeria तब होता है जब किसी शब्द के भाग का प्रयोग दूसरी तरह से किया जाता है, जैसे संज्ञा का क्रिया के रूप में उपयोग। जैसे, "चलो इसे गूगल करते हैं" में "गूगल" (जो एक संज्ञा है) को क्रिया के रूप में प्रयोग किया गया है।

### 25. Anthropomorphism

English: Anthropomorphism is when human traits are given to animals or objects. For example, in The Jungle Book, the animals talk and act like humans.

Hindi: Anthropomorphism तब होता है जब जानवरों या निर्जीव वस्तुओं को मानव गुण दिए जाते हैं। जैसे The Jungle Book में जानवर इंसानों की तरह बात करते हैं और व्यवहार करते हैं।

### 26. Anticlimax/Bathos

English: Anticlimax is when something that is expected to be exciting turns out to be disappointing. For example, building up a huge mystery in a story only to solve it with a very simple explanation is an anticlimax.

Hindi: Anticlimax तब होता है जब कोई चीज़ जो रोमांचक होने की उम्मीद होती है, वह निराशाजनक हो जाती है। जैसे, किसी कहानी में बड़ा रहस्य बनाया जाए और फिर उसे बहुत ही साधारण तरीके से हल कर दिया जाए, यह Anticlimax कहलाता है।

### 27. Antihero

English: An antihero is a protagonist who lacks traditional heroic qualities like bravery or morality. For example, Walter White in Breaking Bad is an antihero because, while he's the main character, he engages in immoral acts.

Hindi: Antihero वह मुख्य पात्र होता है जिसमें पारंपरिक नायक जैसी विशेषताएँ नहीं होतीं, जैसे बहादुरी या नैतिकता। उदाहरण के लिए, Breaking Bad का वॉल्टर वाइट Antihero है क्योंकि वह मुख्य पात्र होते हुए भी अनैतिक काम करता है।

## 28. Antistrophe

English: Antistrophe is the repetition of a word or phrase at the end of successive sentences or clauses. For example, "When I was a child, I spoke as a child, I understood as a child, I thought as a child."

Hindi: Antistrophe तब होती है जब वाक्य या वाक्यांश के अंत में एक ही शब्द या वाक्यांश को बार-बार दोहराया जाता है। जैसे, "जब मैं बच्चा था, मैं बच्चे की तरह बोलता था, बच्चे की तरह समझता था, और बच्चे की तरह सोचता था।"

## 29. Antonomasia

English: Antonomasia is when a proper name is replaced with a descriptive phrase. For example, instead of saying "Shakespeare," you might say "The Bard."

Hindi: Antonomasia तब होती है जब किसी व्यक्ति के नाम की जगह उसका वर्णन करने वाले वाक्यांश का उपयोग किया जाता है। जैसे, "शेक्सपीयर" की जगह "The Bard" कहा जाता है।

## 30. Aphorism

English: An aphorism is a short, clever saying that expresses a general truth. For example, "Actions speak louder than words" is an aphorism.

Hindi: Aphorism एक छोटा और समझदारी भरा वाक्य होता है, जो किसी सामान्य सत्य को व्यक्त करता है। जैसे, "कर्म शब्दों से अधिक ज़ोर से बोलते हैं" एक Aphorism है।

## 31. Aporia

English: Aporia is a rhetorical device used to express doubt or uncertainty about a particular subject. For example, in Hamlet, when the character questions the morality of his actions.

Hindi: Aporia एक वैचारिक उपकरण है जिसका उपयोग किसी विशेष विषय के बारे में संदेह या अनिश्चितता व्यक्त करने के लिए किया जाता है। उदाहरण:

"Hamlet" में, जब पात्र अपने कार्यों की नैतिकता पर सवाल उठाते हैं।

## 32. Archaism

English: Archaism refers to the use of outdated or obsolete language or expressions. For example, using "thee" and "thou" instead of "you" in poetry.

Hindi: Archaism का अर्थ पुराने या अप्रचलित भाषा या अभिव्यक्तियों का उपयोग करना है। उदाहरण: कविता में "thee" और "thou" का उपयोग करना, "you" के बजाय।

## 33. Archetype

English: An archetype is a typical example or recurring symbol in literature. For instance, the "Hero" archetype represented by characters like Hercules or Harry Potter.

Hindi: Archetype एक सामान्य उदाहरण या साहित्य में पुनरावृत्त प्रतीक होता है। उदाहरण: "Hero" archetype जिसे Hercules या Harry Potter जैसे पात्रों द्वारा दर्शाया जाता है।

## 34. Asyndeton

English: Asyndeton is a literary device that omits conjunctions between phrases. For example, "I came, I saw, I conquered."

Hindi: Asyndeton एक साहित्यिक उपकरण है जो वाक्यांशों के बीच संयोजकों को छोड़ता है। उदाहरण: "मैं आया, मैंने देखा, मैंने जीत लिया।"

## 35. Attitude

English: Attitude refers to the author's or character's perspective toward a subject, often conveyed through tone. For example, a sarcastic attitude toward a situation can be illustrated in a comedic novel.

Hindi: Attitude लेखक या पात्र के किसी विषय के प्रति दृष्टिकोण को संदर्भित करता है, जो अक्सर स्वर के माध्यम से व्यक्त होता है। उदाहरण: एक हास्य उपन्यास में स्थिति के प्रति व्यंग्यात्मक दृष्टिकोण को दर्शाया जा सकता है।

## 36. Atmosphere

English: Atmosphere is the overall feeling or mood created by a literary work, often influenced by setting, tone, and events. For instance, the eerie atmosphere in Edgar Allan Poe's "The Tell-Tale Heart."

Hindi: Atmosphere साहित्यिक काम द्वारा निर्मित समग्र भावना या मूड होता है, जो अक्सर सेटिंग, स्वर, और घटनाओं द्वारा प्रभावित होता है।

उदाहरण: Edgar Allan Poe की "The Tell-Tale Heart" में भयानक वातावरण।

## 37. Augustan

English: Augustan refers to a period of English literature during the early 18th century characterized by classical ideals and a focus on satire. For example, the works of Jonathan Swift and Alexander Pope.

Hindi: Augustan अंग्रेजी साहित्य की एक अवधि को संदर्भित करता है जो 18वीं शताब्दी की शुरुआत में क्लासिकल आदर्शों और व्यंग्य पर केंद्रित थी। उदाहरण: Jonathan Swift और Alexander Pope की कृतियाँ।

## 38. Autobiography

English: An autobiography is a self-written account of one's life. For instance, "The Diary of a Young Girl" by Anne Frank is an autobiographical work detailing her experiences during the Holocaust.

Hindi: Autobiography अपने जीवन का स्वयं-लिखित वर्णन होता है। उदाहरण: "The Diary of a Young Girl" जो Anne Frank द्वारा लिखी गई है, यह Holocaust के दौरान उनके अनुभवों का वर्णन करती है।

## 39. Avant-garde

English: Avant-garde refers to innovative and experimental ideas in art and literature that challenge traditional forms. For example, the works of modernist writers like James Joyce and Virginia Woolf.

Hindi: Avant-garde उन नवीन और प्रयोगात्मक विचारों को संदर्भित करता है जो कला और साहित्य में पारंपरिक रूपों को चुनौती देते हैं। उदाहरण: आधुनिकतावादी लेखकों जैसे James Joyce और Virginia Woolf की कृतियाँ।

## 40. Bandwagon

English: The bandwagon effect is a persuasive technique that encourages people to adopt a belief or behavior because many others are doing so. For example, a political campaign that emphasizes widespread support.

Hindi: Bandwagon प्रभाव एक प्रेरक तकनीक है जो लोगों को एक विश्वास या व्यवहार अपनाने के लिए प्रोत्साहित करती है क्योंकि कई अन्य ऐसा कर रहे हैं। उदाहरण: एक राजनीतिक अभियान जो व्यापक समर्थन पर जोर देता है।

## 41. Barbarian

English: Barbarian refers to a person from a culture perceived as primitive or uncivilized. For instance, in literature, the term is often used to describe invaders or outsiders.

Hindi: Barbarian उस व्यक्ति को संदर्भित करता है जो एक ऐसी संस्कृति से है जिसे primitive या uncivilized माना जाता है। उदाहरण: साहित्य में, यह शब्द अक्सर आक्रमणकारियों या बाहरी लोगों का वर्णन करने के लिए उपयोग किया जाता है।

## 42. Baroque

English: Baroque refers to a style of art and literature characterized by elaborate detail and grandeur, popular in the 17th century. For example, the ornate poetry of John Milton.

Hindi: Baroque कला और साहित्य की एक शैली को संदर्भित करता है जो विस्तार और भव्यता से भरी होती है, जो 17वीं शताब्दी में लोकप्रिय थी। उदाहरण: John Milton की अलंकारिक कविता।

## 43. Bathos

English: Bathos is a sudden change from a serious topic to a trivial one, often for humorous effect. For example, a dramatic scene suddenly interrupted by a silly joke.

Hindi: Bathos गंभीर विषय से तुच्छ विषय में अचानक परिवर्तन को संदर्भित करता है, अक्सर हास्य प्रभाव के लिए। उदाहरण: एक नाटकीय दृश्य जो अचानक एक बेवकूफ मजाक से बाधित हो जाता है।

## 44. Beat Writers

English: Beat writers were a group of American writers in the 1950s known for their rejection of conventional society and exploration of spirituality and sexuality. For example, Jack Kerouac's "On the Road."

Hindi: Beat writers 1950 के दशक में अमेरिकी लेखकों का एक समूह था जो पारंपरिक समाज को अस्वीकार करने और आध्यात्मिकता और यौनता की खोज के लिए जाने जाते थे। उदाहरण: जैक केरौक की "On the Road।"

## 45. Bildungsroman

English: Bildungsroman is a literary genre that focuses on the psychological and moral growth of the protagonist from youth to adulthood. For example, "Great Expectations" by Charles Dickens.

Hindi: Bildungsroman एक साहित्यिक शैली है जो नायक के मानसिक और नैतिक विकास पर ध्यान केंद्रित करती है, जो युवा से वयस्कता तक जाता है। उदाहरण: चार्ल्स डिकन्स द्वारा "Great Expectations।"

## 46. Biography

English: A biography is a detailed account of someone's life written by someone else, covering their experiences, achievements, and events. For example, "The Life of Samuel Johnson" by James Boswell chronicles the life of the famous lexicographer.

Hindi: Biography किसी और द्वारा लिखी गई किसी के जीवन की विस्तृत जानकारी है, जिसमें उनके अनुभव, उपलब्धियाँ और घटनाएँ शामिल होती हैं। उदाहरण: "The Life of Samuel Johnson" जो प्रसिद्ध शब्दकोशकार सैमुअल जॉनसन के जीवन का वर्णन करता है।

## 47. Black Mountain Poets

English: The Black Mountain Poets were a group of poets associated with Black Mountain College in the 1950s, known for their experimental and avant-garde approach to poetry. Notable poets include Charles Olson and Robert Creeley.

Hindi: Black Mountain Poets एक समूह के कवि थे जो 1950 के दशक में Black Mountain College से जुड़े थे, जो कविता के प्रति अपने प्रयोगात्मक और avant-garde दृष्टिकोण के लिए जाने जाते थे। प्रमुख कवियों में चार्ल्स ओल्सन और रॉबर्ट क्रीली शामिल हैं।

## 48. Bloomsbury Group

English: The Bloomsbury Group was a group of English writers, intellectuals, and artists in the early 20th century known for their liberal views on art, literature, and politics. Notable members include Virginia Woolf and E.M. Forster.

Hindi: Bloomsbury Group 20वीं सदी की शुरुआत में इंग्लैंड के लेखकों, बुद्धिजीवियों और कलाकारों का एक समूह था, जो कला, साहित्य और राजनीति पर अपने उदार दृष्टिकोण के लिए जाने जाते थे। प्रमुख सदस्यों में वर्जीनिया वुल्फ और ई.एम. फॉस्टर शामिल हैं।

## 49. Bombast

English: Bombast refers to pompous or inflated speech or writing that is meant to impress but lacks real substance. For example, using overly grandiose language in a simple context.

Hindi: Bombast वह भव्य या बढ़ा-चढ़ाकर कहा गया भाषण या लेखन है जो प्रभाव डालने के लिए होता है लेकिन वास्तविक सामग्री की कमी होती है। उदाहरण: एक साधारण संदर्भ में अत्यधिक भव्य भाषा का उपयोग करना।

## 50. Bowdlerize

English: To bowdlerize means to remove or alter parts of a text that are considered vulgar or objectionable, often to make it more acceptable. For example, editing Mark Twain's "Adventures of Huckleberry Finn" to remove racial slurs.

Hindi: Bowdlerize का अर्थ है उस पाठ के भागों को निकालना या बदलना जिन्हें अश्लील या आपत्तिजनक माना जाता है, अक्सर इसे अधिक स्वीकार्य बनाने के लिए। उदाहरण: मार्क ट्वेन की "Adventures of Huckleberry Finn" को नस्लीय गालियों को हटाने के लिए संपादित करना।

## 51. Bucolic

English: Bucolic refers to the charming aspects of rural life and landscapes, often idealized in literature. For example, "Theocritus's Idylls" presents an idealized vision of pastoral life.

Hindi: Bucolic ग्रामीण जीवन और परिदृश्यों के आकर्षक पहलुओं को संदर्भित करता है, जिसे अक्सर साहित्य में आदर्शित किया जाता है। उदाहरण: "Theocritus's Idylls" जो चरवाहे जीवन का एक आदर्शित दृष्टिकोण प्रस्तुत करता है।

## 52. Burlesque

English: Burlesque is a form of satire or comedic parody that exaggerates or mocks its subject, often through humor and caricature. For example, the burlesque performances in vaudeville shows.

Hindi: Burlesque व्यंग्य या हास्य पैरोडी का एक रूप है जो अपने विषय को बढ़ा-चढ़ाकर या मजाक में लेता है, अक्सर हास्य और कारिकेचर के माध्यम से। उदाहरण: वॉडविल शो में burlesque प्रदर्शन।

## 53. Cacophony/Euphony

English: Cacophony refers to a harsh, discordant mixture of sounds, while euphony describes a harmonious and pleasing combination of sounds. For example, cacophony might be found in a chaotic city scene, while euphony is present in the melodic lines of a poem.

Hindi: Cacophony एक कठोर, असंगत ध्वनियों का मिश्रण है, जबकि euphony एक सामंजस्यपूर्ण और सुखद ध्वनियों का संयोजन है। उदाहरण: cacophony एक अराजक शहर के दृश्य में पाया जा सकता है, जबकि euphony एक कविता की सुरम्य पंक्तियों में होती है।

## 54. Caesura

English: A caesura is a pause or break in a line of poetry, often used for emphasis or to create a rhythm. For example, in the line "To be, or not to be: that is the question," the colon creates a caesura.

Hindi: Caesura कविता की एक पंक्ति में विराम या ब्रेक है, जिसे अक्सर जोर देने या लय बनाने के लिए उपयोग किया जाता है। उदाहरण: "To be, or not to be: that is the question" पंक्ति में, कॉलन एक caesura बनाता है।

## 55. Canto

English: A canto is a major division of a long poem, similar to a chapter in a book. For example, Dante's "Divine Comedy" is divided into cantos.

Hindi: Canto एक लंबे कविता का प्रमुख विभाजन है, जो पुस्तक में अध्याय के समान है। उदाहरण: Dante की "Divine Comedy" को cantos में विभाजित किया गया है।

## 56. Carpe Diem

English: Carpe diem is a Latin phrase meaning "seize the day," encouraging people to make the most of the present moment. For example, the poem "To His Coy Mistress" by Andrew Marvell emphasizes this theme.

Hindi: Carpe diem एक लैटिन वाक्यांश है जिसका अर्थ है "दिन को पकड़ो," लोगों को वर्तमान क्षण का अधिकतम लाभ उठाने के लिए प्रोत्साहित करता है। उदाहरण: Andrew Marvell की "To His Coy Mistress" कविता इस विषय पर जोर देती है।

## 57. Catastrophe

English: A catastrophe is the final resolution in a tragedy, often involving the downfall of the protagonist. For example, the death of Romeo and Juliet in Shakespeare's play represents a catastrophic ending.

Hindi: Catastrophe एक त्रासदी में अंतिम समाधान है, जो अक्सर नायक के

पतन को शामिल करता है। उदाहरण: शेक्सपियर के नाटक में रोमियो और जूलियट की मृत्यु एक catastrophic अंत का प्रतिनिधित्व करती है।

## 58. Catharsis

English: Catharsis refers to the emotional release or purification that an audience experiences after the climax of a tragedy. For example, the feeling of relief and sadness felt by the audience at the end of a tragic play.

Hindi: Catharsis उस भावनात्मक मुक्ति या शुद्धिकरण को संदर्भित करता है जो एक दर्शक त्रासदी के चरमोत्कर्ष के बाद अनुभव करता है। उदाहरण: एक दुखद नाटक के अंत में दर्शकों द्वारा महसूस की गई राहत और दुख।

## 59. Cavalier Poets

English: Cavalier poets were a group of 17th-century English poets who supported King Charles I and wrote in a light, elegant style, often focusing on love and loyalty. Notable poets include Robert Herrick and Richard Lovelace.

Hindi: Cavalier poets 17वीं सदी के इंग्लिश कवियों का एक समूह था जिन्होंने किंग चार्ल्स I का समर्थन किया और हल्के, सुरुचिपूर्ण शैली में लिखा, अक्सर प्रेम और वफादारी पर ध्यान केंद्रित किया। प्रमुख कवियों में रॉबर्ट हेरीक और रिचर्ड लोवलेस शामिल हैं।

## 60. Celtic Revival

English: The Celtic Revival was a cultural movement that emerged in the late 19th and early 20th centuries, primarily focused on reviving and promoting the art, literature, and heritage of Celtic nations, especially Ireland and Scotland. This movement celebrated Celtic folklore, mythology, and language, aiming to reconnect with cultural identity. Key figures included W.B. Yeats, a major poet and playwright, and Lady Gregory, who helped establish the Abbey Theatre in Dublin. Their works often incorporated ancient Celtic stories and themes, contributing to a sense of national pride and cultural awareness, significantly influencing the Irish Literary Revival and modern literature.

Hindi: Celtic Revival एक सांस्कृतिक आंदोलन था जो 19वीं सदी के अंत और 20वीं सदी की शुरुआत में उभरा, जिसका मुख्य ध्यान केल्टिक देशों, विशेष रूप से आयरलैंड और

स्कॉटलैंड, की कला, साहित्य और विरासत के पुनरुद्धार और प्रचार पर था। इस आंदोलन ने केल्टिक लोककथाओं, पौराणिक कथाओं और भाषा की समृद्ध परंपराओं पर जोर दिया, और इन क्षेत्रों की सांस्कृतिक पहचान को फिर से जोड़ने और मनाने का प्रयास किया। प्रमुख हस्तियों में W.B. Yeats शामिल थे, जो एक प्रमुख कवि और नाटककार थे, और लेडी ग्रेगोरी, जिन्होंने डबलिन में एबी थिएटर की स्थापना में मदद की। इनका उद्देश्य अपने कार्यों के माध्यम से राष्ट्रीय गर्व और सांस्कृतिक जागरूकता को प्रेरित करना था, जिसमें अक्सर प्राचीन केल्टिक कहानियों और विषयों के तत्व शामिल होते थे। Celtic Revival ने आयरिश साहित्यिक पुनरुद्धार में महत्वपूर्ण योगदान दिया, जिसने आधुनिक साहित्य और कलात्मक अभिव्यक्ति को प्रभावित किया।

## 61. Caricature

English: A caricature is an exaggerated portrayal of a character, emphasizing their peculiarities for humorous or satirical effect. For example, a cartoon of a politician with exaggerated features.

Hindi: Caricature एक चरित्र का अतिरंजित चित्रण है, जो उनके विशेषताओं को हास्यपूर्ण या व्यंग्यात्मक प्रभाव के लिए बढ़ाता है। उदाहरण: एक राजनीतिज्ञ का कार्टून जिसमें विशेषताएँ अतिरंजित हैं।

## 62. Character

English: A character is a person or figure represented in a literary work. They can be classified as flat/round (depth of personality) or static/dynamic (change throughout the story).

Hindi: Character एक व्यक्ति या चित्र है जो साहित्यिक कार्य में प्रस्तुत किया गया है। इन्हें फ्लैट/गोल (व्यक्तित्व की गहराई) या स्थिर/गतिशील (कहानी के दौरान परिवर्तन) के रूप में वर्गीकृत किया जा सकता है।

## 63. Characterization

English: Characterization is the process by which the author reveals the personality of a character, using methods like direct (explicit description) and indirect (actions, thoughts).

Hindi: Characterization वह प्रक्रिया है जिसके द्वारा लेखक किसी पात्र की व्यक्तित्व को प्रकट करता है, जैसे कि प्रत्यक्ष (स्पष्ट वर्णन) और अप्रत्यक्ष (कार्य, विचार) विधियों का उपयोग करके।

## 64. Chiasmus

English: Chiasmus is a rhetorical device in which words or

concepts are repeated in reverse order. For example, "Ask not what your country can do for you, but what you can do for your country."

Hindi: Chiasmus एक वैचारिक उपकरण है जिसमें शब्दों या विचारों को विपरीत क्रम में दोहराया जाता है। उदाहरण: "न पूछो कि तुम्हारा देश तुम्हारे लिए क्या कर सकता है, बल्कि पूछो कि तुम अपने देश के लिए क्या कर सकते हो।"

## 65. Chorus

English: In literature, a chorus is a group of characters that comment on the action of a play, often providing insight or thematic guidance. For example, the Chorus in Greek tragedies.

Hindi: साहित्य में, एक Chorus पात्रों का एक समूह होता है जो नाटक की क्रिया पर टिप्पणी करता है, अक्सर अंतर्दृष्टि या थीम संबंधी मार्गदर्शन प्रदान करता है। उदाहरण: ग्रीक त्रासदियों में Chorus।

## 66. Circumlocution

English: Circumlocution is the use of unnecessarily wordy language to express an idea, often to avoid directness. For instance, saying "the one who drives the vehicle" instead of "driver."

Hindi: Circumlocution एक विचार को व्यक्त करने के लिए अनावश्यक रूप से शब्दों का उपयोग करना है, अक्सर सीधेपन से बचने के लिए। उदाहरण: "जो वाहन चलाता है" कहने के बजाय "चालक" कहना।

## 67. Classicism

English: Classicism is an artistic movement that emphasizes the principles of ancient Greek and Roman literature, including order, harmony, and proportion.

Hindi: Classicism एक कलात्मक आंदोलन है जो प्राचीन ग्रीक और रोमन साहित्य के सिद्धांतों को महत्व देता है, जिसमें क्रम, सामंजस्य और अनुपात शामिल हैं।

## 68. Cliché

English: A cliché is an overused expression or idea that has lost its originality and impact. For example, "time heals all wounds."

Hindi: Cliché एक अतिउपयोगित अभिव्यक्ति या विचार है जो अपनी मौलिकता और प्रभाव खो चुका है। उदाहरण: "समय सभी घावों को भर देता है।"

### 69. Cliffhanger

English: A cliffhanger is a dramatic ending to a chapter or episode that leaves the audience in suspense about what will happen next.

Hindi: Cliffhanger एक नाटकीय अंत होता है किसी अध्याय या एपिसोड का, जो दर्शकों को अगली घटना के बारे में सस्पेंस में छोड़ देता है।

### 70. Climax

English: The climax is the turning point in a narrative, where the main conflict reaches its peak. It consists of rising action (build-up), falling action (aftermath), and resolution (conclusion).

Hindi: Climax एक कथा में मोड़ का बिंदु होता है, जहाँ मुख्य संघर्ष अपने चरम पर पहुँचता है। इसमें बढ़ती हुई क्रिया (बनावट), गिरती हुई क्रिया (परिणाम), और समाधान (निष्कर्ष) शामिल होते हैं।

### 71. Closet Drama

English: Closet drama refers to a play written to be read rather than performed, focusing on dialogue and character rather than spectacle.

Hindi: Closet Drama एक नाटक को संदर्भित करता है जिसे पढ़ने के लिए लिखा गया है न कि प्रदर्शन के लिए, जिसमें संवाद और पात्र पर ध्यान केंद्रित किया गया है न कि दृश्य पर।

### 72. Coleridge School

English: The Coleridge School refers to a group of Romantic poets influenced by Samuel Taylor Coleridge, emphasizing imagination and emotion in poetry.

Hindi: Coleridge School एक रोमांटिक कवियों के समूह को संदर्भित करता है जो सैमुअल टेलर कोलरिज से प्रभावित हैं, कविता में कल्पना और भावना को महत्व देते हैं।

### 73. Comic Relief

English: Comic relief is a humorous scene or character in a serious work, providing a break from the tension of the narrative.

Hindi: Comic Relief एक गंभीर कार्य में हास्यपूर्ण दृश्य या पात्र होता है, जो कथा की तनाव से ब्रेक प्रदान करता है।

### 74. Conceit

English: A conceit is an extended metaphor that compares two very different things in a clever or surprising way. For example, comparing love to a compass in poetry.

Hindi: Conceit एक विस्तारित उपमा है जो दो बहुत अलग चीजों की तुलना एक चतुर या आश्चर्यजनक तरीके से करती है। उदाहरण: कविता में प्यार की तुलना एक कंपास से करना।

## 75. Confessional Poetry

English: Confessional poetry is a style of poetry that expresses personal and private feelings, often dealing with subjects like trauma or identity. Sylvia Plath is a notable example.

Hindi: Confessional Poetry एक कविता की शैली है जो व्यक्तिगत और निजी भावनाओं को व्यक्त करती है, अक्सर ऐसे विषयों से संबंधित होती है जैसे कि आघात या पहचान। सिलोइ प्लाथ एक उल्लेखनीय उदाहरण हैं।

## 76. Conflict

English: Conflict refers to a struggle between opposing forces, often central to a narrative's plot. For example, the conflict in Shakespeare's Hamlet is between Hamlet's desire for revenge and his moral hesitations.

Hindi: Conflict एक संघर्ष को संदर्भित करता है जो विपरीत शक्तियों के बीच होता है, जो अक्सर कथा की कहानी का केंद्रीय हिस्सा होता है। उदाहरण: शेक्सपियर के हैमलेट में, संघर्ष हैमलेट की प्रतिशोध की इच्छा और उसके नैतिक संकोच के बीच होता है।

## 77. Connotation

English: Connotation refers to the implied or suggested meanings associated with a word beyond its literal definition. For example, "home" connotes warmth and comfort.

Hindi: Connotation उस अर्थ को संदर्भित करता है जो किसी शब्द के साथ जुड़ा होता है, इसके शाब्दिक अर्थ के परे। उदाहरण: "घर" गर्मी और आराम को दर्शाता है।

## 78. Consonance

English: Consonance is the repetition of consonant sounds within or at the end of words in a phrase or sentence. An example is "pitter-patter" to describe the sound of rain.

Hindi: Consonance एक वाक्य या वाक्यांश में शब्दों के भीतर या अंत में व्यंजन ध्वनियों की पुनरावृत्ति है। उदाहरण: "pitter-patter" बारिश की आवाज़ को व्यक्त करने के लिए।

## 79. Critique

English: A critique is a detailed analysis and assessment of a literary or artistic work, often evaluating its strengths and weaknesses. For instance, a literary critique of The Great Gatsby examines its themes and character development.

Hindi: Critique एक साहित्यिक या कलात्मक कार्य का विस्तृत विश्लेषण और मूल्यांकन है, जो अक्सर इसकी ताकतों और कमजोरियों का आकलन करता है। उदाहरण: The Great Gatsby की साहित्यिक समीक्षा इसके विषयों और पात्रों के विकास का अध्ययन करती है।

## 80. Curtain Raiser

English: A curtain raiser is an introductory event or performance, often preceding the main event. For example, a short play performed before the main show at a theater.

Hindi: Curtain raiser एक परिचयात्मक घटना या प्रदर्शन है, जो अक्सर मुख्य कार्यक्रम के पहले होता है। उदाहरण: थिएटर में मुख्य शो से पहले प्रदर्शित एक लघु नाटक।

## 81. Dadaism

English: Dadaism is an art movement of the early 20th century that rejected logic and embraced chaos, often using absurdity and irrationality. Artists like Marcel Duchamp are associated with this movement.

Hindi: Dadaism 20वीं सदी की एक कला आंदोलन है जिसने तर्क को अस्वीकार किया और अराजकता को अपनाया, अक्सर बेतुकापन और तर्कहीनता का उपयोग करते हुए। इस आंदोलन से जुड़े कलाकारों में मार्सेल ड्यूचंप शामिल हैं।

## 82. Dark Romanticism

English: Dark Romanticism is a literary subgenre that emphasizes human fallibility, sin, and the darker aspects of nature and the human experience. Authors like Edgar Allan Poe exemplify this style.

Hindi: Dark Romanticism एक साहित्यिक उपश्रेणी है जो मानव की त्रुटियों, पाप और प्रकृति और मानव अनुभव के अंधेरे पहलुओं को उजागर करती है। एडगर एलन पो जैसे लेखक इस शैली का उदाहरण हैं।

## 83. Decadence

English: Decadence refers to a decline in moral and cultural values, often associated with excessive indulgence. The Decadent Movement in literature explored themes of aestheticism and moral decline.

Hindi: Decadence नैतिक और सांस्कृतिक मूल्यों में गिरावट को संदर्भित करता है, जो अक्सर अत्यधिक भोग के साथ जुड़ा होता है। साहित्य में Decadent Movement ने सौंदर्यवाद और नैतिक गिरावट के विषयों की खोज की।

## 84. Deconstruction

English: Deconstruction is a critical approach that questions traditional assumptions about meaning and interpretation in texts, revealing contradictions and complexities. Jacques Derrida is a prominent figure in this philosophy.

Hindi: Deconstruction एक आलोचनात्मक दृष्टिकोण है जो पाठों में अर्थ और व्याख्या के पारंपरिक पूर्वधारणाओं को प्रश्नांकित करता है, विरोधाभासों और जटिलताओं को उजागर करता है। जैक्स डेरिडा इस दर्शन में एक प्रमुख व्यक्ति हैं।

## 85. Decorum

English: Decorum refers to the appropriateness of behavior and speech in a particular context, often guided by social norms. In literature, it can also refer to the suitability of characters' actions to their social status.

Hindi: Decorum एक विशेष संदर्भ में व्यवहार और भाषण की उपयुक्तता को संदर्भित करता है, जो अक्सर सामाजिक मानदंडों द्वारा मार्गदर्शित होता है। साहित्य में, यह पात्रों के कार्यों की उनकी सामाजिक स्थिति के अनुसार उपयुक्तता को भी संदर्भित कर सकता है।

## 86. Deism

English: Deism is a philosophical belief in a rational God who created the universe but does not intervene in it. Deists often reject organized religion in favor of individual belief based on reason.

Hindi: Deism एक दार्शनिक विश्वास है कि एक तर्कसंगत भगवान ने ब्रह्मांड की रचना की लेकिन उसमें हस्तक्षेप नहीं करता। Deists अक्सर संगठित धर्म को अस्वीकार करते हैं और तर्क पर आधारित व्यक्तिगत विश्वास को पसंद करते हैं।

## 87. Deux ex Machina

English: Deux ex Machina refers to a plot device where a seemingly unsolvable problem is suddenly resolved by an unexpected intervention. For example, a character being saved at the last moment by an unlikely hero.

Hindi: Deux ex Machina एक कथा उपकरण को संदर्भित करता है जहाँ एक प्रतीत असमर्थनीय समस्या अचानक अप्रत्याशित हस्तक्षेप द्वारा हल हो जाती है। उदाहरण: किसी पात्र को अंतिम क्षण में असंभव नायक द्वारा बचाया जाना।

## 88. Deuteragonist

English: The deuteragonist is the second most important character in a narrative, often serving as a sidekick or a foil to the protagonist. For example, Dr. Watson is the deuteragonist in the Sherlock Holmes stories.

Hindi: Deuteragonist एक कथा में दूसरे सबसे महत्वपूर्ण पात्र को संदर्भित करता है, जो अक्सर नायक का सहायक या पूरक होता है। उदाहरण: डॉ. वॉटसन शेरलॉक होम्स की कहानियों में deuteragonist हैं।

## 89. Denotation

English: Denotation refers to the literal, dictionary definition of a word, without any emotional or associative meanings. For example, the denotation of "rose" is a type of flower.

Hindi: Denotation एक शब्द की शाब्दिक, शब्दकोश में दी गई परिभाषा को संदर्भित करता है, जिसमें कोई भी भावनात्मक या असंबंधित अर्थ नहीं होता। उदाहरण: "गुलाब" की denotation एक प्रकार का फूल है।

## 90. Denouement

English: Denouement is the final resolution or outcome of a story, where the plot strands are drawn together and resolved. In Romeo and Juliet, the denouement occurs with the tragic deaths of the two lovers.

Hindi: Denouement एक कहानी का अंतिम समाधान या परिणाम है, जहाँ कथानक के धागे एक साथ जुड़े होते हैं और हल होते हैं। रोमियो और जूलियट में, denouement दो प्रेमियों की दुखद मौतों के साथ होता है।

## 91. Diacope

English: Diacope is a rhetorical device that involves the repetition of a word or phrase with one or two intervening words. For example, "To be or not to be."

Hindi: Diacope एक वैचारिक उपकरण है जिसमें एक शब्द या वाक्यांश की एक या दो मध्यवर्ती शब्दों के साथ पुनरावृत्ति होती है। यह जोर और लय उत्पन्न करता है। उदाहरण: "होना या न होना।"

## 92. Dialect

English: Dialect is a particular form of a language that is specific to a region or social group, characterized by unique vocabulary, grammar, and pronunciation. For example, the difference between American English and British English.

Hindi: Dialect एक भाषा का विशेष रूप है जो किसी क्षेत्र या सामाजिक समूह के लिए विशिष्ट होता है, जिसमें अनूठे शब्दावली, व्याकरण और उच्चारण की विशेषता होती है। उदाहरण: अमेरिकी अंग्रेजी और ब्रिटिश अंग्रेजी के बीच का अंतर।

## 93. Diatribe

English: A diatribe is a bitter and abusive speech or writing that criticizes someone or something. For instance, a scathing review of a movie that points out every flaw.

Hindi: Diatribe एक कड़वा और अपमानजनक भाषण या लेखन होता है जो किसी व्यक्ति या वस्तु की आलोचना करता है। उदाहरण: एक फिल्म की कड़ी समीक्षा जो हर दोष को उजागर करती है।

## 94. Dichotomy

English: Dichotomy refers to a division into two contrasting or mutually exclusive parts. An example would be the dichotomy of good vs. evil in literature.

Hindi: Dichotomy दो विपरीत या परस्पर विशिष्ट भागों में विभाजन को संदर्भित करता है। उदाहरण के लिए, साहित्य में अच्छा बनाम बुरा का द्वैत।

## 95. Diction

English: Diction refers to the choice and use of words in speech or writing. Examples include:

Formal: "I am grateful for your assistance."

Informal: "Thanks for helping me out."

Hindi: Diction शब्दों के चयन और उपयोग को संदर्भित करता है। उदाहरण के लिए:

Formal: "मैं आपकी सहायता के लिए आभारी हूं।"

Informal: "मुझे मदद करने के लिए धन्यवाद।"

## 96. Didacticism

English: Didacticism is the practice of teaching or instructing, often with the intention of imparting moral lessons. For example, fables like Aesop's Fables convey moral lessons through storytelling.

Hindi: Didacticism सिखाने या निर्देशित करने का अभ्यास है, अक्सर नैतिक पाठ सिखाने के उद्देश्य से। उदाहरण के लिए, एसोप की कहानियाँ नैतिक पाठों को कहानी के माध्यम से व्यक्त करती हैं।

## 97. Dilemma

English: A dilemma is a situation where a difficult choice must be made. For example, choosing between a high-paying job and a passion-driven career.

Hindi: Dilemma एक ऐसी स्थिति है जिसमें एक कठिन चुनाव करना पड़ता है। उदाहरण के लिए, उच्च वेतन वाली नौकरी और जुनून से भरे करियर के बीच चुनाव करना।

## 98. Dirge

English: A dirge is a mournful poem or song, often sung at funerals. For example, "Funeral Blues" by W.H. Auden expresses deep sorrow over loss.

Hindi: Dirge एक शोकपूर्ण कविता या गीत है, जो अक्सर अंतिम संस्कार में गाया जाता है। उदाहरण के लिए, W.H. Auden की "Funeral Blues" जो नुकसान पर गहरे दुःख को व्यक्त करती है।

## 99. Discourse

English: Discourse refers to communication or debate. For example, a political debate discussing different viewpoints on climate change.

Hindi: Discourse लिखित या मौखिक संचार या बहस को संदर्भित करता है। उदाहरण: जलवायु परिवर्तन पर विभिन्न दृष्टिकोणों पर चर्चा करने वाला एक राजनीतिक बहस।

## 100. Dissociation of Sensibility

English: Dissociation of sensibility describes a separation between thought and feeling. T.S. Eliot's poetry often reflects this, showcasing a disconnect between emotion and intellect.

Hindi: Dissociation of sensibility एक ऐसा शब्द है जो विचार और भावना के बीच विभाजन का वर्णन करता है। T.S. Eliot की कविता अक्सर इसको दर्शाती है, जिसमें भावना और बौद्धिकता के बीच की असंलग्नता दिखाई देती है।

## 101. Doggerel

English: Doggerel is poorly written poetry, often humorous. An example would be a silly nursery rhyme that lacks depth.

Hindi: Doggerel एक खराब लिखी गई कविता है, जो अक्सर हास्यपूर्ण होती है। उदाहरण: एक बेवकूफ nursery rhyme जो गहराई की कमी रखती है।

## 102. Doppelganger

English: A doppelganger is a character that is a double of another. For example, in literature, Dr. Jekyll and Mr. Hyde represent duality of human nature.

Hindi: Doppelganger एक पात्र है जो दूसरे का डुप्लिकेट होता है। उदाहरण के लिए, साहित्य में, Dr. Jekyll और Mr. Hyde मानव स्वभाव के द्वैत का प्रतिनिधित्व करते हैं।

## 103. Drama of Ideas

English: Drama of ideas focuses on philosophical or political themes. An example is George Bernard Shaw's plays, which explore social issues.

Hindi: Drama of ideas दार्शनिक या राजनीतिक विषयों पर केंद्रित होता है। उदाहरण: जॉर्ज बर्नार्ड शॉ के नाटक, जो सामाजिक मुद्दों की खोज करते हैं।

## 104. Double entendre

English: A double entendre has two meanings, one often risqué. For example, "I told my wife she was drawing her eyebrows too high. She looked surprised."

Hindi: Double entendre में दो अर्थ होते हैं, जिनमें से एक अक्सर जोखिम भरा होता है। उदाहरण: "मैंने अपनी पत्नी से कहा कि वह अपनी भौंहें बहुत ऊँची बना रही है। वह हैरान दिखी।"

## 105. Dysphemism

English: Dysphemism uses a derogatory term instead of a neutral one. For example, referring to a restroom as "the loo" instead of "bathroom" in certain contexts.

Hindi: Dysphemism एक अपमानजनक शब्द का उपयोग तटस्थ शब्द के स्थान पर करता है। उदाहरण: कुछ संदर्भों में शौचालय को "लू" के रूप में संदर्भित करना बजाय "बाथरूम" के।

## 106. Dystopia

English: A dystopia is an imagined society characterized by oppressive societal control, often resulting in a dehumanizing environment. Examples include George Orwell's 1984 and Aldous Huxley's Brave New World.

Hindi: Dystopia एक कल्पित समाज है जो दमनकारी सामाजिक नियंत्रण द्वारा विशेषता प्राप्त करता है, जो अक्सर एक अमानवीकरण वातावरण का परिणाम होता है। उदाहरण: जॉर्ज ऑरवेल की 1984 और अल्डस हक्सली की Brave New World।

## 107. Eclogue

English: An eclogue is a short poem, often in the form of a dialogue between shepherds, that expresses pastoral themes and rural life. Virgil's Eclogues are famous examples.

Hindi: Eclogue एक लघु कविता है, जो अक्सर भेड़चालकों के बीच संवाद के रूप में होती है, जो पैस्टोरल थीम और ग्रामीण जीवन को व्यक्त करती है। वर्जिल की Eclogues प्रसिद्ध उदाहरण हैं।

## 108. Elision

English: Elision refers to the omission of a sound or syllable in a word or phrase, often used in poetry to maintain rhythm or meter. For example, "o'er" is an elision of "over."

Hindi: Elision एक शब्द या वाक्यांश में एक ध्वनि या वर्ण की अनुपस्थिति को संदर्भित करता है, जो अक्सर कविता में ताल या मीटर बनाए रखने के लिए उपयोग किया जाता है। उदाहरण: "o'er" "over" का elision है।

## 109. Ellipsis

English: Ellipsis is the omission of words in a sentence, where the meaning is still clear from the context. For example, "I went to the park, and she to the beach" omits "went."

Hindi: Ellipsis एक वाक्य में शब्दों की अनुपस्थिति है, जहाँ अर्थ अभी भी संदर्भ से स्पष्ट होता है। उदाहरण: "मैं पार्क गया, और वह समुद्र तट गई" में "गया" का उल्लेख नहीं किया गया है।

## 110. Empathy

English: Empathy is the ability to understand and share the feelings of another person. It is often crucial in literature to connect with characters and their experiences.

Hindi: Empathy किसी अन्य व्यक्ति की भावनाओं को समझने और साझा

## Literary Terms & Movements

करने की क्षमता है। यह साहित्य में पात्रों और उनके अनुभवों के साथ जुड़ने के लिए अक्सर महत्वपूर्ण होता है।

### 111. Encomium

English: An encomium is a formal expression of praise or admiration, often in speech or writing. For example, a eulogy at a funeral can be considered an encomium.

Hindi: Encomium प्रशंसा या सराहना की एक औपचारिक अभिव्यक्ति है, जो अक्सर भाषण या लेखन में होती है। उदाहरण: एक अंतिम संस्कार में कहा गया गुणगान एक encomium माना जा सकता है।

### 112. Enjambment

English: Enjambment is the continuation of a sentence or clause beyond the end of a line or verse in poetry, creating a sense of flow and urgency.

Hindi: Enjambment एक वाक्य या उपवाक्य का एक पंक्ति या छंद के अंत से परे जारी रहना है, जो प्रवाह और आपातता की भावना पैदा करता है।

### 113. Enthymeme

English: An enthymeme is a rhetorical syllogism that omits one of its premises, relying on the audience's ability to infer the missing part. For example, "He's a good teacher because he inspires students" omits "good teachers inspire students."

Hindi: Enthymeme एक वैचारिक सिलेगिज़्म है जो अपनी एक पूर्वधारणा को छोड़ देता है, दर्शकों की इस हिस्से को निकालने की क्षमता पर निर्भर करता है। उदाहरण: "वह एक अच्छे शिक्षक हैं क्योंकि वह छात्रों को प्रेरित करते हैं" में "अच्छे शिक्षक छात्रों को प्रेरित करते हैं" का उल्लेख नहीं किया गया है।

### 114. Enlightenment

English: The Enlightenment was an intellectual movement in the 17th and 18th centuries that emphasized reason, individualism, and skepticism of traditional authority, influencing literature, science, and politics.

Hindi: Enlightenment 17वीं और 18वीं सदी का एक बौद्धिक आंदोलन था जिसने तर्क, व्यक्तिवाद और पारंपरिक प्राधिकार के प्रति संदेह पर जोर दिया, जिसने साहित्य, विज्ञान और राजनीति को प्रभावित किया।

### 115. Epic Theatre

English: Epic theatre is a theatrical movement associated with Bertolt Brecht that aims to provoke rational thought and social change rather than emotional engagement. It often employs techniques like breaking the fourth wall.

Hindi: Epic theatre एक नाट्य आंदोलन है जो बर्टोल्ट ब्रेच के साथ जुड़ा हुआ है, जिसका उद्देश्य भावनात्मक जुड़ाव के बजाय तर्कसंगत सोच और सामाजिक परिवर्तन को उत्तेजित करना है। यह अक्सर चौथी दीवार को तोड़ने जैसी तकनीकों का उपयोग करता है।

## 116. Epigraph

English: An epigraph is a quotation or saying at the beginning of a book or chapter, usually related to its theme or content. For example, The Great Gatsby begins with an epigraph from Thomas Parke D'Invilliers.

Hindi: Epigraph एक उद्धरण या कहावत है जो किसी पुस्तक या अध्याय के आरंभ में होती है, जो सामान्यतः इसके विषय या सामग्री से संबंधित होती है। उदाहरण: The Great Gatsby की शुरुआत थॉमस पार्क ड'इनविलियर्स के उद्धरण से होती है।

## 117. Epilogue

English: An epilogue is a concluding section of a literary work that provides closure or commentary on the story's events. It often reflects on the characters' futures or the overall message.

Hindi: Epilogue एक साहित्यिक कार्य का समापन खंड होता है जो कहानी के घटनाओं पर समापन या टिप्पणी प्रदान करता है। यह अक्सर पात्रों के भविष्य या समग्र संदेश पर विचार करता है।

## 118. Epiphany

English: An epiphany is a moment of sudden revelation or insight, often experienced by a character in literature. For example, in A Portrait of the Artist as a Young Man, Stephen Dedalus has an epiphany about his identity.

Hindi: Epiphany एक अचानक प्रकट होने या अंतर्दृष्टि का क्षण है, जो अक्सर साहित्य में एक पात्र द्वारा अनुभव किया जाता है। उदाहरण: A Portrait of the Artist as a Young Man में, स्टीफन डेडालस को अपनी पहचान के बारे में एक epiphany होती है।

## 119. Epiphora

English: Epiphora is a rhetorical device involving the repetition of a word or phrase at the end of successive clauses or sentences, emphasizing a point. For example, "I want freedom, we want freedom, they want freedom."

Hindi: Epiphora एक वाक्य रचना उपकरण है जिसमें लगातार उपवाक्यों या वाक्यों के अंत में एक शब्द या वाक्यांश की पुनरावृत्ति होती है, जो एक बिंदु को उजागर करती है। उदाहरण: "मुझे स्वतंत्रता चाहिए, हमें स्वतंत्रता चाहिए, उन्हें स्वतंत्रता चाहिए।"

## 120. Epitaph

English: An epitaph is an inscription on a tombstone or monument honoring a deceased person, often reflecting their life or character.

Hindi: Epitaph एक समाधि या स्मारक पर लिखा गया शिलालेख है जो एक deceased व्यक्ति का सम्मान करता है, अक्सर उनके जीवन या चरित्र को दर्शाता है।

## 121. Epithalamion

English: An epithalamion is a poem or song written to celebrate a marriage, often expressing wishes for happiness and prosperity for the couple.

Hindi: Epithalamion एक कविता या गीत है जो विवाह को मनाने के लिए लिखा जाता है, जो अक्सर युगल के लिए खुशी और समृद्धि की शुभकामनाएँ व्यक्त करता है।

## 122. Epithet

English: An epithet is a descriptive phrase or adjective that expresses a characteristic of a person or thing, often used to highlight a particular quality. For example, "Alexander the Great."

Hindi: Epithet एक वर्णनात्मक वाक्यांश या विशेषण है जो किसी व्यक्ति या वस्तु की एक विशेषता को व्यक्त करता है, जो अक्सर किसी विशेष गुण को उजागर करने के लिए उपयोग किया जाता है। उदाहरण: "अलेक्ज़ेंडर द ग्रेट।"

## 123. Epizeuxis

English: Epizeuxis is a rhetorical device that involves the repetition of a word or phrase in immediate succession for emphasis. For example, "Alone, alone, all, all alone."

Hindi: Epizeuxis एक वैचारिक उपकरण है जिसमें जोर देने के लिए तुरंत एक ही शब्द या वाक्यांश की पुनरावृत्ति होती है। उदाहरण: "अकेला, अकेला, सब, सब अकेला।"

## 124. Equivocation

English: Equivocation is the use of ambiguous language to conceal the truth or avoid committing to a single meaning, often leading to misinterpretation.

Hindi: Equivocation अस्पष्ट भाषा का उपयोग करने को संदर्भित करता है ताकि सत्य को छिपाया जा सके या किसी एक अर्थ के लिए प्रतिबद्ध होने से बचा जा सके, जो अक्सर गलतफहमी का कारण बनता है।

## 125. Escapism

English: Escapism is a literary and artistic theme that allows individuals to escape from reality into a world of imagination, often seen in fantasy literature.

Hindi: Escapism एक साहित्यिक और कलात्मक थीम है जो व्यक्तियों को वास्तविकता से बचने की अनुमति देती है, अक्सर कल्पना की दुनिया में, जो फंतासी साहित्य में देखी जाती है।

## 126. Essay

English: An essay is a short piece of writing on a particular subject, presenting the author's argument, analysis, or perspective. It can be formal or informal, and various types include narrative, descriptive, and argumentative essays.

Hindi: Essay एक विशेष विषय पर लिखी गई एक छोटी रचना है, जो लेखक की तर्क, विश्लेषण या दृष्टिकोण प्रस्तुत करती है। यह औपचारिक या अनौपचारिक हो सकता है, और इसके विभिन्न प्रकारों में वर्णनात्मक, निरूपक, और तर्कसंगत निबंध शामिल हैं।

## 127. Eulogy

English: A eulogy is a speech or piece of writing that praises someone who has died, often delivered at a funeral or memorial service.

Hindi: Eulogy एक भाषण या लिखित रचना है जो किसी deceased व्यक्ति की प्रशंसा करती है, जो अक्सर एक अंतिम संस्कार या स्मृति सेवा में दी जाती है।

## 128. Euphony

English: Euphony refers to a pleasant and harmonious sound, often achieved through the use of melodious words and phrases in poetry or prose.

Hindi: Euphony एक सुखद और सामंजस्यपूर्ण ध्वनि को संदर्भित करता है, जो अक्सर कविता या गद्य में सुरम्य शब्दों और वाक्यांशों के उपयोग के माध्यम से प्राप्त होता है।

## 129. Euphemism

English: A euphemism is a mild or indirect word or expression used in place of one that may be considered harsh or unpleasant.

For example, saying "passed away" instead of "died."

Hindi: Euphemism एक हल्का या अप्रत्यक्ष शब्द या अभिव्यक्ति है जो एक ऐसे शब्द के स्थान पर उपयोग किया जाता है जिसे कठोर या अप्रिय माना जा सकता है। उदाहरण: "गया" कहने के बजाय "मरे गए।"

## 130. Excursus

English: An excursus is a detailed discussion or digression about a particular topic within a larger work, providing additional context or information.

Hindi: Excursus एक विस्तृत चर्चा या भटकाव है जो एक बड़े कार्य के भीतर एक विशेष विषय के बारे में होती है, जो अतिरिक्त संदर्भ या जानकारी प्रदान करती है।

## 131. Exemplum

English: An exemplum is an example or model, often used in literature to illustrate a moral or lesson. It is a narrative that demonstrates a point.

Hindi: Exemplum एक उदाहरण या मॉडल है, जो अक्सर साहित्य में एक नैतिक या पाठ को स्पष्ट करने के लिए उपयोग किया जाता है। यह एक कथा है जो एक बिंदु को प्रदर्शित करती है।

## 132. Exposition

English: Exposition is the introductory part of a story that provides background information, setting, and context for the main narrative.

Hindi: Exposition कहानी के प्रारंभिक भाग को संदर्भित करता है जो मुख्य कथा के लिए पृष्ठभूमि जानकारी, सेटिंग और संदर्भ प्रदान करता है।

## 133. Expressionism

English: Expressionism is an artistic movement that emphasizes the expression of emotional experience rather than physical reality, often using vivid imagery and distortion.

Hindi: Expressionism एक कलात्मक आंदोलन है जो भौतिक वास्तविकता के बजाय भावनात्मक अनुभव की अभिव्यक्ति पर जोर देता है, अक्सर जीवंत चित्रण और विकृति का उपयोग करता है।

## 134. Extended Metaphor

English: An extended metaphor is a metaphor that is developed over several lines or throughout an entire work, drawing a comparison between two unlike things in a sustained way.

Hindi: Extended metaphor एक रूपक है जो कई पंक्तियों या पूरे कार्य में विकसित होता है, दो असमान चीजों के बीच एक निरंतर तुलना करता है।

## 135. Fable

English: A fable is a short story that typically features animals as characters and conveys a moral lesson. A well-known example is Aesop's fables, like "The Tortoise and the Hare."

Hindi: Fable एक लघु कहानी है जो आमतौर पर जानवरों को पात्रों के रूप में पेश करती है और एक नैतिक पाठ को प्रस्तुत करती है। एक प्रसिद्ध उदाहरण एशोप की कहानियाँ हैं, जैसे "कछुआ और खरगोश।"

## 136. Fallacy

English: A fallacy is a flaw in reasoning or a mistaken belief, often used in arguments to mislead or deceive. Common examples include ad hominem attacks and straw man arguments.

Hindi: Fallacy तर्क में एक दोष या गलत विश्वास है, जो अक्सर तर्कों में गुमराह करने या धोखा देने के लिए उपयोग किया जाता है। सामान्य उदाहरणों में व्यक्तिगत हमले और तिनका आदमी के तर्क शामिल हैं।

## 137. Fantasy

English: Fantasy is a genre of literature that involves magical or supernatural elements that are not found in real life, allowing for imaginative storytelling.

Hindi: Fantasy एक साहित्यिक शैली है जिसमें जादुई या अलौकिक तत्व शामिल होते हैं जो वास्तविक जीवन में नहीं पाए जाते हैं, जो कल्पनाशील कथा कहने की अनुमति देता है।

## 138. Farce

English: A farce is a comedic dramatic work that uses exaggerated characters and improbable situations to provoke laughter. It often relies on absurdity and slapstick humor.

Hindi: Farce एक हास्यपूर्ण नाटकीय काम है जो हंसी उत्पन्न करने के लिए अतिरंजित पात्रों और अविश्वसनीय परिस्थितियों का उपयोग करता है। यह अक्सर बेतुकेपन और ठहाके मारने वाले हास्य पर निर्भर करता है।

## 139. Fiction

English: Fiction is a literary genre that involves imaginative storytelling, where the events and characters are created from the author's imagination rather than being based on real events.

Hindi: Fiction एक साहित्यिक शैली है जो कल्पनाशील कहानी कहने को संदर्भित करती है, जहां घटनाएँ और पात्र लेखक की कल्पना से बनाए जाते हैं, न कि वास्तविक घटनाओं पर आधारित होते हैं।

## 140. Foil

English: A foil is a character who contrasts with another character, usually the protagonist, to highlight particular qualities and traits.

Hindi: Foil एक ऐसा पात्र है जो दूसरे पात्र के साथ, आमतौर पर नायक, का विरोध करता है ताकि विशेष गुणों और विशेषताओं को उजागर किया जा सके।

## 141. Folklore

English: Folklore refers to the traditional beliefs, customs, stories, songs, and practices of a particular culture or community, often passed down orally through generations.

Hindi: Folklore किसी विशेष संस्कृति या समुदाय की पारंपरिक विश्वासों, रिवाजों, कहानियों, गीतों और प्रथाओं को संदर्भित करता है, जो अक्सर पीढ़ियों के माध्यम से मौखिक रूप से प्रकट होती हैं।

## 142. Genre (Like- Poetry, Prose, Drama)

English: Genre refers to a category of literature characterized by similarities in form, style, or subject matter. Common genres include poetry, prose, drama, and non-fiction.

Hindi: Genre एक साहित्य की श्रेणी है जो रूप, शैली, या विषय वस्तु में समानताओं से विशेषीकृत होती है। सामान्य शैलियों में कविता, गद्य, नाटक और गैर-कथा शामिल हैं।

## 143. Half-rhyme

English: Half-rhyme, also known as slant rhyme, is a type of rhyme in which the consonants match but the vowel sounds do not, creating a subtle rhyming effect.

Hindi: Half-rhyme, जिसे slant rhyme भी कहा जाता है, एक प्रकार की तुकबंदी है जिसमें व्यंजन मेल खाते हैं लेकिन स्वर ध्वनियाँ मेल नहीं खातीं, जिससे एक सूक्ष्म तुकबंदी प्रभाव उत्पन्न होता है।

## 144. Hamartia

English: Hamartia refers to a tragic flaw or error in judgment that leads to the downfall of a tragic hero in literature. It often involves a misperception or moral weakness.

Hindi: Hamartia एक त्रासदी की कमजोरी या निर्णय में गलती को संदर्भित करता है जो साहित्य में एक त्रासदी नायक के पतन का कारण बनती है। इसमें अक्सर एक गलत धारणा या नैतिक कमजोरी शामिल होती है।

## 145. Homophones

English: Homophones are words that sound the same but have different meanings and often different spellings, such as "bare" and "bear."

Hindi: Homophones वे शब्द हैं जो एक समान ध्वनि करते हैं लेकिन उनके विभिन्न अर्थ होते हैं और अक्सर उनके वर्तनी में भिन्नता होती है, जैसे "bare" और "bear!"

## 146. Homonyms

English: Homonyms are words that are spelled and pronounced the same but have different meanings, such as "bat" (the flying mammal) and "bat" (the sports equipment).

Hindi: Homonyms वे शब्द हैं जो समान रूप से लिखे और उच्चारित होते हैं लेकिन उनके विभिन्न अर्थ होते हैं, जैसे "bat" (उड़ने वाला स्तनपायी) और "bat" (खेल का उपकरण)।

## 147. Harlem Renaissance

English: The Harlem Renaissance was a cultural movement in the 1920s centered in Harlem, New York, where African American writers, artists, and musicians celebrated their cultural heritage and explored social issues.

Hindi: Harlem Renaissance 1920 के दशक में न्यूयॉर्क के हार्लेम में केंद्रित एक सांस्कृतिक आंदोलन था, जहाँ अफ्रीकी अमेरिकी लेखकों, कलाकारों और संगीतकारों ने अपनी सांस्कृतिक विरासत का जश्न मनाया और सामाजिक मुद्दों का पता लगाया।

## 148. Hubris

English: Hubris is excessive pride or self-confidence, often leading to a downfall, particularly in tragic literature where characters overestimate their abilities or knowledge.

Hindi: Hubris अत्यधिक गर्व या आत्म-विश्वास है, जो अक्सर पतन का कारण बनता है, विशेषकर त्रासदी साहित्य में जहां पात्र अपनी क्षमताओं या ज्ञान का अधिक मूल्यांकन करते हैं।

## 149. Humour

English: Humour is the quality of being amusing or

Literary Terms & Movements

entertaining, often expressed through jokes, stories, or characters in literature. It can be used to provide relief or to critique societal norms.

Hindi: Humour मनोरंजक या मनोरंजन करने की गुणवत्ता है, जो अक्सर साहित्य में चुटकुलों, कहानियों, या पात्रों के माध्यम से व्यक्त की जाती है। इसका उपयोग राहत प्रदान करने या सामाजिक मानदंडों की आलोचना करने के लिए किया जा सकता है।

## 150. Hungryalist Poets

English: The Hungryalist poets were a group of Bengali poets and writers in the 1960s who rebelled against traditional literary norms, advocating for a more spontaneous and experimental style of writing.

Hindi: Hungryalist कवि 1960 के दशक में बांग्ला कवियों और लेखकों का एक समूह थे जिन्होंने पारंपरिक साहित्यिक मानदंडों के खिलाफ विद्रोह किया, एक अधिक स्वाभाविक और प्रयोगात्मक लेखन शैली का समर्थन किया।

## 151. Hyperbole

English: Hyperbole is a figure of speech that involves exaggerated statements or claims not meant to be taken literally, often used for emphasis or dramatic effect. For example, "I'm so hungry I could eat a horse."

Hindi: Hyperbole एक अलंकार है जिसमें अतिशयोक्ति वाले कथन या दावे शामिल होते हैं जिन्हें शाब्दिक रूप से नहीं लिया जाता, अक्सर जोर देने या नाटकीय प्रभाव के लिए उपयोग किया जाता है। उदाहरण के लिए, "मैं इतना भूखा हूँ कि पूरा घोड़ा खा सकता हूँ।"

## 152. Hypophora

English: Hypophora is a rhetorical device where a speaker or writer poses a question and then immediately answers it. It is used to engage the audience and provide information. For example, "Why do we study history? To understand our past and shape our future."

Hindi: Hypophora एक अलंकार है जिसमें वक्ता या लेखक एक प्रश्न पूछता है और फिर तुरंत उसका उत्तर देता है। यह दर्शकों को आकर्षित करने और जानकारी प्रदान करने के लिए उपयोग किया जाता है। उदाहरण के लिए, "हम इतिहास क्यों पढ़ते हैं? अपने अतीत को समझने और अपने भविष्य को आकार देने के लिए।"

## 153. Hypotaxis

English: Hypotaxis is the use of subordinating clauses to show the relationship between ideas, often making the sentence complex. For example, "I stayed home because it was raining."

Hindi: Hypotaxis उपवाक्यों का उपयोग करके विचारों के बीच संबंध दिखाने का तरीका है, जो वाक्य को जटिल बनाता है। उदाहरण के लिए, "मैं घर पर रहा क्योंकि बारिश हो रही थी।"

## 154. Illusion

English: Illusion refers to a false perception or deceptive appearance created in literature or art to evoke imagination. For example, a mirage in the desert.

Hindi: Illusion का अर्थ है साहित्य या कला में बनाई गई एक भ्रामक धारणा या धोखा देने वाली उपस्थिति जो कल्पना को प्रेरित करती है। उदाहरण के लिए, रेगिस्तान में मृगतृष्णा।

## 155. Imagery

English: Imagery involves the use of descriptive language to create vivid sensory experiences in the reader's mind. For example, "The golden sunlight filtered through the dense green leaves."

Hindi: Imagery वर्णनात्मक भाषा का उपयोग करके पाठक के मन में जीवंत इंद्रिय अनुभव उत्पन्न करने की तकनीक है। उदाहरण के लिए, "सुनहरी धूप घने हरे पत्तों के बीच से छनकर आई।"

## 156. Imagism

English: Imagism was a literary movement in early 20th-century poetry emphasizing clear, sharp imagery and concise language. For example, Ezra Pound's poems.

Hindi: Imagism 20वीं सदी की प्रारंभिक कविता में एक साहित्यिक आंदोलन था जो स्पष्ट, तीक्ष्ण कल्पना और संक्षिप्त भाषा पर जोर देता था। उदाहरण के लिए, एज़्रा पाउंड की कविताएँ।

## 157. Industrial Novel

English: Industrial novels are works of fiction that focus on social and economic issues during the Industrial Revolution, highlighting the struggles of workers. For example, "Hard Times" by Charles Dickens.

Hindi: Industrial Novel वे उपन्यास हैं जो औद्योगिक क्रांति के दौरान सामाजिक और आर्थिक मुद्दों पर केंद्रित होते हैं और मजदूरों के संघर्ष को उजागर

करते हैं। उदाहरण के लिए, चार्ल्स डिकेंस का "Hard Times"।

## 158. In medias res

English: In medias res is a narrative technique where a story begins in the middle of events, rather than at the start, often creating suspense. For example, "The Odyssey" by Homer.

Hindi: In medias res एक कथन तकनीक है जिसमें कहानी की शुरुआत घटनाओं के बीच से होती है, न कि आरंभ से, जो अक्सर रहस्य पैदा करती है। उदाहरण के लिए, होमर का "The Odyssey"।

## 159. Irony

English: Irony is a literary device where the intended meaning is opposite to the literal meaning, often highlighting contradictions. For example, saying "What a beautiful day!" during a storm.

Hindi: Irony एक साहित्यिक युक्ति है जिसमें अभिप्रेत अर्थ शाब्दिक अर्थ के विपरीत होता है, जो अक्सर विरोधाभासों को उजागर करता है। उदाहरण के लिए, "क्या शानदार दिन है!" कहना जब तूफान हो।

## 160. Innuendo

English: Innuendo is an indirect or subtle remark or hint, often suggesting something negative or critical. For example, "He's very good at his job... when he actually shows up."

Hindi: Innuendo अप्रत्यक्ष या सूक्ष्म टिप्पणी या संकेत है, जो अक्सर कुछ नकारात्मक या आलोचनात्मक इंगित करता है। उदाहरण के लिए, "वह अपने काम में बहुत अच्छा है... जब वह वास्तव में आता है।"

## 161. Intentional Fallacy

English: Intentional Fallacy refers to the error of judging a literary work based on the author's intended meaning rather than the text itself.

Hindi: Intentional Fallacy एक साहित्यिक कृति का मूल्यांकन लेखक के अभिप्रेत अर्थ के आधार पर करने की त्रुटि को संदर्भित करता है, न कि स्वयं पाठ के।

## 162. Intertextuality

English: Intertextuality is the relationship between texts, where one text references or connects to another to add depth or context.

Hindi: Intertextuality पाठों के बीच का संबंध है, जहां एक पाठ दूसरे का संदर्भ देता है या उससे जुड़ता है ताकि गहराई या संदर्भ जोड़ा जा सके।

## 163. Imitation

English: Imitation in literature refers to mimicking or emulating another writer's style, ideas, or themes to create a new work.

Hindi: Imitation साहित्य में किसी अन्य लेखक की शैली, विचारों या विषयों की नकल या अनुकरण करना है ताकि एक नया काम बनाया जा सके।

## 164. Invective

English: Invective refers to vehement or abusive language used to criticize or attack someone or something.

Hindi: Invective कठोर या अपमानजनक भाषा है जो किसी की आलोचना या आक्रमण करने के लिए उपयोग की जाती है।

## 165. Inversion

English: Inversion is the reversal of the normal order of words in a sentence, often used for emphasis or poetic effect. For example, "Never have I seen such beauty."

Hindi: Inversion एक वाक्य में शब्दों के सामान्य क्रम का उलटा है, जिसे अक्सर जोर देने या काव्यात्मक प्रभाव के लिए उपयोग किया जाता है। उदाहरण के लिए, "कभी मैंने ऐसी सुंदरता नहीं देखी।"

## 166. Isocolon (Bicolon, Tricolon, Tetracolon)

English: Isocolon is a rhetorical device where phrases or clauses have the same grammatical structure, rhythm, and length.

Bicolon uses two parallel elements (e.g., "Easy come, easy go").

Tricolon uses three (e.g., "Veni, vidi, vici").

Tetracolon uses four (e.g., "I came, I saw, I conquered, I left").

Hindi: Isocolon एक अलंकार है जिसमें वाक्यांशों या उपवाक्यों का व्याकरणिक ढांचा, लय और लंबाई समान होती है।

Bicolon में दो समांतर तत्व होते हैं (जैसे, "आसानी से आया, आसानी से गया")।

Tricolon में तीन होते हैं (जैसे, "मैं आया, मैंने देखा, मैंने जीता")।

Tetracolon में चार होते हैं (जैसे, "मैं आया, मैंने देखा, मैंने जीता, मैंने छोड़ा")।

## 167. Jargon

English: Jargon refers to specialized language used by a particular profession or group, often difficult for outsiders to understand. For example, medical jargon like "myocardial infarction" for a heart attack.

Hindi: Jargon विशिष्ट पेशे या समूह द्वारा उपयोग की जाने वाली तकनीकी भाषा है, जो बाहरी लोगों के लिए समझना कठिन हो सकता है। उदाहरण के लिए, "दिल के दौरे" के लिए चिकित्सा शब्द "मायोकार्डियल इन्फार्क्शन"।

## 168. Juxtaposition

English: Juxtaposition is the placement of two contrasting ideas, images, or characters side by side to highlight their differences. For example, light and darkness in literature.

Hindi: Juxtaposition दो विपरीत विचारों, छवियों या पात्रों को साथ रखने की तकनीक है ताकि उनके अंतर को उजागर किया जा सके। उदाहरण के लिए, साहित्य में प्रकाश और अंधकार।

## 169. Kataphora

English: Kataphora is a rhetorical device where a word or phrase is used early in a sentence and is referred to later by another word. For example, "He loves his dog; it is always playful."

Hindi: Kataphora एक अलंकार है जिसमें वाक्य के शुरू में उपयोग किए गए शब्द को बाद में किसी अन्य शब्द से संदर्भित किया जाता है। उदाहरण के लिए, "वह अपने कुत्ते से प्यार करता है; यह हमेशा चंचल रहता है।"

## 170. Kennings

English: Kennings are compound expressions with metaphorical meaning, often found in Old English poetry. For example, "whale-road" for the sea.

Hindi: Kennings यौगिक अभिव्यक्तियाँ हैं जिनका रूपकात्मक अर्थ होता है, जो अक्सर पुरानी अंग्रेजी कविता में पाए जाते हैं। उदाहरण के लिए, "व्हेल-रोड" का अर्थ है समुद्र।

## 171. Kinesthesia

English: Kinesthesia is a type of imagery that describes physical sensations or movements, helping readers experience the actions vividly. For example, "Her feet thudded on the soft ground as she ran."

Hindi: Kinesthesia वह कल्पना है जो शारीरिक संवेदनाओं या गतियों का

वर्णन करती है, पाठकों को कार्यों को जीवंत रूप से अनुभव करने में मदद करती है। उदाहरण के लिए, "जैसे ही वह दौड़ी, उसके पैर नरम जमीन पर धमाके करते गए।"

## 172. Lake Poets

English: The Lake Poets were a group of English poets, including Wordsworth, Coleridge, and Southey, who lived in the Lake District and wrote about nature and human emotions.

Hindi: Lake Poets अंग्रेजी कवियों का एक समूह था, जिसमें वर्ड्सवर्थ, कोलरिज, और साउथी शामिल थे, जो लेक डिस्ट्रिक्ट में रहते थे और प्रकृति और मानवीय भावनाओं के बारे में लिखते थे।

योगदान दिया।

## 173. Lampoon

English: A lampoon is a sharp, satirical work aimed at ridiculing or criticizing a person, group, or institution.

Hindi: Lampoon एक तीव्र व्यंग्यात्मक रचना है जो किसी व्यक्ति, समूह या संस्था का मजाक उड़ाने या आलोचना करने के उद्देश्य से लिखी जाती है।

## 174. Lay

English: A lay is a short narrative poem, often sung, that recounts a tale of adventure, love, or heroism.

Hindi: Lay एक छोटा सा कथात्मक कविता है, जिसे अक्सर गाया जाता है और जो साहसिक कार्य, प्रेम, या वीरता की कहानी सुनाती है।

## 175. Limerick

English: A limerick is a five-line humorous poem with a specific rhyme scheme (AABBA) and a bouncy rhythm.

Hindi: Limerick पाँच पंक्तियों की हास्य कविता है जिसमें एक विशेष तुकबंदी योजना (AABBA) और लय होती है।

## 176. Litotes

English: Litotes is a figure of speech that uses understatement to emphasize a point by negating its opposite. For example, "Not bad" meaning "Good."

Hindi: Litotes एक अलंकार है जो किसी बिंदु पर जोर देने के लिए उसके विपरीत को नकार कर न्यूनता का उपयोग करता है। उदाहरण के लिए, "बुरा नहीं" का अर्थ "अच्छा।"

## Literary Terms & Movements

### 177. Madrigal

English: A madrigal is a secular vocal music composition of the Renaissance, often unaccompanied and focused on love themes.

Hindi: Madrigal पुनर्जागरण काल का एक धर्मनिरपेक्ष गायन संगीत रचना है, जो अक्सर बिना संगत के होती है और प्रेम विषयों पर केंद्रित होती है।

### 178. Magic Realism (Fabulism)

English: Magic realism is a literary genre where magical elements are integrated into realistic settings, often to explore complex social or political themes. For example, "One Hundred Years of Solitude" by Gabriel García Márquez.

Hindi: Magic Realism एक साहित्यिक शैली है जिसमें जादुई तत्वों को यथार्थवादी परिवेश में शामिल किया जाता है, अक्सर जटिल सामाजिक या राजनीतिक विषयों की पड़ताल के लिए। उदाहरण के लिए, गेब्रियल गार्सिया मार्केज़ का "One Hundred Years of Solitude"।

### 179. Malapropism

English: Malapropism is the humorous misuse of a word by confusing it with another similar-sounding word. For example, "He is the pineapple of politeness" instead of "pinnacle."

Hindi: Malapropism किसी शब्द को उसके समान ध्वनि वाले अन्य शब्द के साथ भ्रमित करके हास्यास्पद रूप से उपयोग करने की तकनीक है। उदाहरण के लिए, "वह शिष्टता का 'पाइनएप्पल' है" के बजाय "पिनेकल।"

### 180. Memoir

English: A memoir is a non-fiction narrative focused on the author's personal experiences and reflections.

Hindi: Memoir एक गैर-कथात्मक रचना है जो लेखक के व्यक्तिगत अनुभवों और विचारों पर केंद्रित होती है।

### 181. Metaphysical Conceit

English: A metaphysical conceit is a type of extended metaphor used by metaphysical poets to connect abstract ideas with surprising or unconventional comparisons, often blending intellectual and emotional elements. For example, John Donne compares lovers to a compass in "A Valediction: Forbidding Mourning."

Hindi: Metaphysical Conceit एक प्रकार का विस्तारित रूपक है, जिसका उपयोग Metaphysical कवियों द्वारा अमूर्त विचारों को अप्रत्याशित या असामान्य तुलना के साथ जोड़ने के लिए किया जाता है। जैसे, जॉन डन ने "A Valediction: Forbidding Mourning" में प्रेमियों की तुलना कंपास से की है।

## 182. Metaphysical Poets

English: The Metaphysical Poets were a group of 17th-century English poets, including John Donne, Andrew Marvell, and George Herbert, known for their intellectual depth, complex imagery, and use of metaphysical conceits to explore themes like love, faith, and mortality.

Hindi: Metaphysical Poets 17वीं शताब्दी के अंग्रेजी कवियों का एक समूह था, जिसमें जॉन डन, एंड्रयू मार्वल, और जॉर्ज हर्बर्ट शामिल थे। ये अपनी बौद्धिक गहराई, जटिल कल्पना, और Metaphysical Conceits के उपयोग के लिए प्रसिद्ध हैं, जो प्रेम, विश्वास और मृत्यु जैसे विषयों की जांच करते हैं।

## 183. Modernism

English: Modernism was a literary movement in the late 19th and early 20th centuries characterized by a break from traditional forms, experimentation in style, and a focus on alienation, fragmentation, and existential questions. Key authors include James Joyce ("Ulysses") and T.S. Eliot ("The Waste Land").

Hindi: Modernism 19वीं शताब्दी के अंत और 20वीं शताब्दी की शुरुआत में एक साहित्यिक आंदोलन था, जो पारंपरिक रूपों से अलगाव, शैली में प्रयोग, और अलगाव, विखंडन, और अस्तित्व संबंधी प्रश्नों पर ध्यान केंद्रित करता है। प्रमुख लेखक: जेम्स जॉयस ("Ulysses"), टी.एस. इलियट ("The Waste Land")।

## 184. Motif

English: A motif is a recurring element, symbol, or idea in a literary work that helps develop the theme. For example, the motif of light and darkness in "Romeo and Juliet" symbolizes love and conflict.

Hindi: Motif एक ऐसा आवर्ती तत्व, प्रतीक, या विचार है जो किसी साहित्यिक कृति में विषय को विकसित

करने में मदद करता है। उदाहरण: "Romeo and Juliet" में प्रकाश और अंधकार का Motif प्रेम और संघर्ष का प्रतीक है।

## 185. Myth

English: A myth is a traditional story that explains natural phenomena, cultural practices, or beliefs, often involving gods, heroes, or supernatural events. Example: Greek mythology includes tales of Zeus and Mount Olympus.

Hindi: Myth एक पारंपरिक कहानी है जो प्राकृतिक घटनाओं, सांस्कृतिक प्रथाओं, या विश्वासों को समझाती है और आमतौर पर देवताओं, नायकों, या अलौकिक घटनाओं को शामिल करती है। उदाहरण: ग्रीक मिथक में ज़्यूस और माउंट ओलंपस की कहानियाँ।

## 186. Naturalism

English: Naturalism is a literary movement emphasizing the influence of environment and heredity on human behavior. Writers like Émile Zola and Stephen Crane depicted characters as victims of forces beyond their control.

Hindi: Naturalism एक साहित्यिक आंदोलन है जो मानव व्यवहार पर पर्यावरण और वंशानुक्रम के प्रभाव को रेखांकित करता है। एमिल ज़ोला और स्टीफन क्रेन जैसे लेखकों ने पात्रों को उनके नियंत्रण से परे शक्तियों का शिकार दिखाया।

## 187. Negative Capability

English: Negative Capability, a term coined by John Keats, refers to an artist's ability to embrace uncertainty, ambiguity, and doubt without seeking concrete answers, allowing creativity to flourish.

Hindi: Negative Capability, जॉन कीट्स द्वारा गढ़ा गया शब्द, कलाकार की उस क्षमता को संदर्भित करता है जिसमें वह अनिश्चितता, अस्पष्टता और संदेह को अपनाता है और ठोस उत्तरों की तलाश किए बिना रचनात्मकता को पनपने देता है।

## 188. Nemesis

English: A nemesis is a character or force that represents punishment or retribution for wrongdoing, often serving as a moral force in literature. Example: Iago in "Othello" becomes Othello's nemesis.

Hindi: Nemesis एक ऐसा पात्र या शक्ति है जो गलत कार्यों के लिए दंड या प्रतिशोध का प्रतिनिधित्व करता है और

अक्सर साहित्य में नैतिक शक्ति के रूप में कार्य करता है। उदाहरण: "Othello" में इआगो ओथेलो की Nemesis बनता है।

## 189. Neologism

English: A neologism is a newly coined word or expression, often introduced in literature to describe new concepts or ideas. Example: The word "cyberspace" introduced in William Gibson's "Neuromancer."

Hindi: Neologism एक नया गढ़ा हुआ शब्द या अभिव्यक्ति है, जिसे अक्सर साहित्य में नए विचारों या अवधारणाओं का वर्णन करने के लिए प्रस्तुत किया जाता है। उदाहरण: विलियम गिब्सन की "Neuromancer" में "cyberspace"।

## 190. The Newgate Novels

English: The Newgate novels were a genre of 19th-century fiction centered on crime and criminals, inspired by the Newgate Calendar, a publication detailing the lives of notorious criminals. Example: Charles Dickens' "Oliver Twist."

Hindi: Newgate Novels 19वीं शताब्दी की वह कथा शैली थी जो अपराध और अपराधियों पर केंद्रित थी, और जिसे Newgate Calendar से प्रेरणा मिली थी, जो कुख्यात अपराधियों के जीवन का विवरण देती थी। उदाहरण: चार्ल्स डिकेंस की "Oliver Twist.

## 191. Nonfiction

English: Nonfiction refers to prose writing based on real events, facts, or people, such as biographies, essays, or history books. It aims to inform, explain, or persuade.

Hindi: Nonfiction गद्य लेखन को संदर्भित करता है जो वास्तविक घटनाओं, तथ्यों, या लोगों पर आधारित होता है, जैसे आत्मकथाएँ, निबंध, या इतिहास की पुस्तकें। इसका उद्देश्य जानकारी देना, समझाना, या प्रेरित करना है।

## 192. Novella

English: A novella is a short prose narrative, longer than a short story but shorter than a novel, often focusing on a single conflict or theme. Example: Franz Kafka's "The Metamorphosis."

Hindi: Novella एक संक्षिप्त गद्य कथा है, जो एक लघु कहानी से लंबी लेकिन उपन्यास से छोटी होती है, और अक्सर एक ही संघर्ष या विषय पर केंद्रित होती

है। उदाहरण: फ्रांज़ काफ्का की "The Metamorphosis."

## 193. Obituary

English: An obituary is a written tribute published in newspapers or magazines, honoring a deceased person by highlighting their achievements and life events.

Hindi: Obituary एक लिखित श्रद्धांजलि है, जो समाचार पत्रों या पत्रिकाओं में प्रकाशित होती है और मृतक व्यक्ति की उपलब्धियों और जीवन की घटनाओं को उजागर करती है।

## 194. Objective Correlative

English: Objective Correlative is a literary technique where an emotion is evoked through a set of objects, situations, or events, coined by T.S. Eliot. Example: The storm in Shakespeare's "King Lear" reflects inner turmoil.

Hindi: Objective Correlative एक साहित्यिक तकनीक है, जिसमें किसी भावना को वस्तुओं, परिस्थितियों, या घटनाओं के माध्यम से व्यक्त किया जाता है। यह टी.एस. इलियट द्वारा गढ़ा गया शब्द है। उदाहरण: शेक्सपियर के "King Lear" में तूफान आंतरिक उथल-पुथल को दर्शाता है।

## 195. Oulipo

English: Oulipo (Ouvroir de Littérature Potentielle) is a French literary movement that explores the use of mathematical and structural constraints in writing, founded in 1960. Example: Georges Perec's "A Void," written without using the letter "e."

Hindi: Oulipo (Ouvroir de Littérature Potentielle) एक फ्रांसीसी साहित्यिक आंदोलन है, जो लेखन में गणितीय और संरचनात्मक सीमाओं के उपयोग की जांच करता है। इसकी स्थापना 1960 में हुई। उदाहरण: जॉर्ज पैरेक की "A Void," जिसमें "e" अक्षर का उपयोग नहीं किया गया।

## 196. Parable

English: A parable is a short, simple story with a moral or religious lesson, often using everyday events or characters to convey a deeper meaning. It is commonly found in religious texts like the Bible. For example, "The Parable of the Good Samaritan" teaches kindness and compassion.

Hindi: Parable एक छोटी और सरल कहानी है जो नैतिक या धार्मिक शिक्षा प्रदान करती है। यह अक्सर रोज़मर्रा की

घटनाओं या पात्रों के माध्यम से एक गहरे अर्थ को व्यक्त करती है। इसे धार्मिक ग्रंथों, जैसे बाइबिल में पाया जाता है। उदाहरण के लिए, "The Parable of the Good Samaritan" दया और करुणा सिखाती है।

## 197. Paralipsis

English: Paralipsis is a rhetorical device where a speaker or writer emphasizes something by claiming to omit or avoid mentioning it. For instance, saying, "I won't even mention the fact that you were late today," subtly highlights the point while pretending to ignore it.

Hindi: Paralipsis एक अलंकारिक उपकरण है जिसमें वक्ता या लेखक किसी बात को छोड़ने या उल्लेख न करने का दावा करते हुए उस पर ज़ोर देता है। जैसे, "मैं यह तो नहीं कहूँगा कि आप आज देर से आए," यह बात अनदेखी करने का दिखावा करते हुए इसे उजागर करता है।

## 198. Parody

English: A parody is a humorous or satirical imitation of a serious work, often exaggerating its style or content to criticize or entertain. For example, "Don Quixote" by Cervantes parodies traditional chivalric romances.

Hindi: Parody एक हास्यपूर्ण या व्यंग्यात्मक अनुकरण है जो किसी गंभीर कृति की शैली या सामग्री को बढ़ा-चढ़ाकर पेश करता है, ताकि आलोचना या मनोरंजन किया जा सके। उदाहरण के लिए, सर्वेंटेस की "Don Quixote" पारंपरिक शौर्य रोमांस का मज़ाक उड़ाती है।

## 199. Paronomasia

English: Paronomasia, or a pun, is a play on words that exploits the similarity in sound between two words with different meanings. For example, "Time flies like an arrow; fruit flies like a banana."

Hindi: Paronomasia, जिसे pun भी कहते हैं, शब्दों का ऐसा खेल है जो ध्वनि में समानता और अर्थ में भिन्नता का उपयोग करता है। उदाहरण: "Time flies like an arrow; fruit flies like a banana."

## 200. Paronym

English: A paronym refers to words that are derived from the same root but have different meanings or forms, such as "wise" and "wisdom."

Hindi: Paronym उन शब्दों को कहते हैं जो एक ही मूल से उत्पन्न होते हैं लेकिन उनके अर्थ या रूप अलग-अलग होते हैं, जैसे "wise" और "wisdom."

## 201. Pastiche

English: A pastiche is a literary, artistic, or musical work that imitates the style of another work or combines multiple styles to pay homage or for satire. For example, modern TV shows like "Stranger Things" often pastiche 1980s pop culture.

Hindi: Pastiche एक साहित्यिक, कलात्मक, या संगीत रचना है जो किसी अन्य कृति की शैली की नकल करती है या कई शैलियों को मिलाकर श्रद्धांजलि देने या व्यंग्य के लिए प्रस्तुत करती है। उदाहरण के लिए, आधुनिक टीवी शो "Stranger Things" 1980 के दशक की पॉप संस्कृति का pastiche है।

## 202. Pathetic Fallacy

English: Pathetic fallacy is a literary device where human emotions are attributed to nature or inanimate objects. For example, "The weeping clouds mourned his loss."

Hindi: Pathetic Fallacy एक साहित्यिक उपकरण है जिसमें मानव भावनाओं को प्रकृति या निर्जीव वस्तुओं से जोड़ा जाता है। उदाहरण: "The weeping clouds mourned his loss."

## 203. Peripeteia

English: Peripeteia refers to a sudden and unexpected reversal of fortune or circumstances in a story, often marking a turning point. In "Oedipus Rex," the revelation of Oedipus's true identity is an example of peripeteia.

Hindi: Peripeteia किसी कहानी में भाग्य या परिस्थितियों के अचानक और अप्रत्याशित उलटफेर को कहते हैं, जो अक्सर एक महत्वपूर्ण मोड़ होता है। "Oedipus Rex" में ओडिपस की वास्तविक पहचान का खुलासा peripeteia का उदाहरण है।

## 204. Periphrasis

English: Periphrasis is the use of a longer or indirect way of saying something instead of a concise expression. For example, saying "the king of the jungle" instead of "lion."

Hindi: Periphrasis किसी बात को सीधे कहने के बजाय लंबे या अप्रत्यक्ष तरीके से व्यक्त करने को कहते हैं। उदाहरण: "the king of the jungle" कहना, "lion" के बजाय।

## 205. Persona

English: A persona is the voice or character created by the author to narrate a story, which may not reflect the author's own personality or views. For instance, the narrator in "The Catcher in the Rye" is Holden Caulfield, a persona created by J.D. Salinger.

Hindi: Persona वह स्वर या पात्र है जिसे लेखक कहानी सुनाने के लिए रचता है, जो लेखक के व्यक्तित्व या विचारों को प्रतिबिंबित नहीं कर सकता। उदाहरण: "The Catcher in the Rye" में Holden Caulfield, J.D. Salinger द्वारा रचित एक persona है।

## 206. Personification

English: Personification is a literary device where human qualities are attributed to animals, objects, or ideas. For example, "The wind whispered through the trees."

Hindi: Personification एक साहित्यिक उपकरण है जिसमें जानवरों, वस्तुओं या विचारों को मानव गुण दिए जाते हैं।

उदाहरण: "The wind whispered through the trees."

## 207. Plagiarism

English: Plagiarism is the act of using someone else's work, ideas, or expressions without proper acknowledgment, presenting them as one's own. It is considered unethical and illegal in academic and creative fields.

Hindi: Plagiarism किसी और के काम, विचारों, या अभिव्यक्तियों को बिना उचित मान्यता के अपने नाम से प्रस्तुत करने की प्रक्रिया है। इसे शैक्षिक और रचनात्मक क्षेत्रों में अनैतिक और अवैध माना जाता है।

## 208. Pleonasm

English: Pleonasm is the use of redundant words or phrases that do not add any extra meaning. For example, "free gift" or "burning fire."

Hindi: Pleonasm में अनावश्यक शब्दों या वाक्यांशों का उपयोग किया जाता है जो कोई अतिरिक्त अर्थ नहीं जोड़ते। उदाहरण: "free gift" या "burning fire."

## 209. Poetasters

English: Poetasters refers to inferior or mediocre poets, often mocked for their lack of skill or originality in writing poetry.

## Literary Terms & Movements

Hindi: Poetasters ऐसे निम्न स्तर के कवियों को कहते हैं जिन्हें उनकी कविताओं में कौशल या मौलिकता की कमी के लिए उपहासित किया जाता है।

### 210. Poetic Justice

English: Poetic justice is a literary device where virtue is rewarded, and vice is punished in a way that feels appropriate or satisfying within the story. For example, in Shakespeare's "Macbeth," Macbeth's downfall is poetic justice for his ambition and crimes.

Hindi: Poetic Justice एक साहित्यिक उपकरण है जिसमें गुण को पुरस्कृत किया जाता है और दोष को दंडित किया जाता है, जो कहानी के भीतर उचित या संतोषजनक लगता है। उदाहरण: शेक्सपियर के "Macbeth" में, मैकबेथ का पतन उसके महत्त्वाकांक्षा और अपराधों के लिए poetic justice है।

### 211. Poetic License

English: Poetic License refers to the freedom that poets and writers have to deviate from standard rules of language, grammar, or facts to create artistic effects or emphasize particular ideas. For instance, a poet might use incorrect grammar or invent a word to maintain rhyme or rhythm. Shakespeare often used poetic license to coin new words or phrases.

Hindi: Poetic License कवियों और लेखकों को भाषा, व्याकरण, या तथ्यों के सामान्य नियमों से विचलित होने की स्वतंत्रता देता है ताकि कलात्मक प्रभाव बनाया जा सके या किसी विशेष विचार को उजागर किया जा सके। उदाहरण के लिए, कवि तुक या लय बनाए रखने के लिए गलत व्याकरण या नया शब्द गढ़ सकते हैं। शेक्सपियर ने कई बार नए शब्द या वाक्यांश गढ़ने के लिए poetic license का उपयोग किया।

### 212. Point of View (First person, Second person, Third person)

English: Point of view refers to the narrative perspective from which a story is told:

1. First Person: The narrator is a character in the story and uses "I" or "we" (e.g., The Catcher in the Rye by J.D. Salinger).

2. Second Person: The narrator addresses the reader as "you," making the reader

part of the story (e.g., Choose Your Own Adventure series).

3. Third Person: The narrator is outside the story and uses "he," "she," or "they." It can be:

Omniscient: All-knowing about every character.

Limited: Focused on one character's perspective.

Hindi: Point of View वह दृष्टिकोण है जिससे कहानी कही जाती है:

1. First Person: कहानी का वर्णनकर्ता खुद एक पात्र होता है और "मैं" या "हम" का उपयोग करता है (जैसे, The Catcher in the Rye by J.D. Salinger)।
2. Second Person: वर्णनकर्ता पाठक को "तुम" कहकर संबोधित करता है और उसे कहानी का हिस्सा बनाता है (जैसे, Choose Your Own Adventure श्रृंखला)।
3. Third Person: वर्णनकर्ता कहानी से बाहर होता है और "वह," "वे" जैसे शब्दों का उपयोग करता है। यह हो सकता है:
4. Omniscient: सभी पात्रों के बारे में सबकुछ जानने वाला।

Limited: केवल एक पात्र के दृष्टिकोण पर केंद्रित।

## 213. Polyptoton

English: Polyptoton is a rhetorical device where a word is repeated in different grammatical forms within the same sentence or passage. It emphasizes the meaning and creates a rhythmic effect. For example, "Love is not love / Which alters when it alteration finds" (Shakespeare, Sonnet 116).

Hindi: Polyptoton एक अलंकार है जिसमें एक ही शब्द को वाक्य या अनुच्छेद में विभिन्न व्याकरणिक रूपों में दोहराया जाता है। यह अर्थ पर बल देता है और लयात्मक प्रभाव पैदा करता है। उदाहरण: "Love is not love / Which alters when it alteration finds" (शेक्सपियर, सॉनेट 116)।

## 214. Portmanteau

English: A portmanteau is a word formed by blending two or more words together to create a new word with combined meanings. For example, "brunch" (breakfast + lunch) or "smog" (smoke + fog). It is often used in literature to create imaginative language.

Hindi: Portmanteau वह शब्द है जो दो या अधिक शब्दों को मिलाकर बनाया

जाता है और उनके अर्थों का संयोजन करता है। उदाहरण: "brunch" (breakfast + lunch) या "smog" (smoke + fog)। यह साहित्य में कल्पनाशील भाषा बनाने के लिए उपयोग किया जाता है।

## 215. Postcolonialism

English: Postcolonialism is a literary theory and cultural movement focusing on the effects of colonization on cultures, societies, and literature. It critiques colonial ideologies, explores identity, and highlights the struggles of formerly colonized people. Notable authors include Chinua Achebe (Things Fall Apart) and Salman Rushdie (Midnight's Children).

Hindi: Postcolonialism एक साहित्यिक सिद्धांत और सांस्कृतिक आंदोलन है जो उपनिवेशवाद के प्रभावों, संस्कृतियों, समाजों और साहित्य पर केंद्रित है। यह औपनिवेशिक विचारधाराओं की आलोचना करता है, पहचान की खोज करता है, और उपनिवेशित लोगों के संघर्षों को उजागर करता है। प्रमुख लेखक: चिनुआ अचेबे (Things Fall Apart), सलमान रुश्दी (Midnight's Children)।

## 216. Postmodernism

English: Postmodernism is a literary and cultural movement that emerged in the mid-20th century, characterized by skepticism towards universal truths, fragmentation, and experimental forms. It often blurs boundaries between high and low art, reality, and fiction. Key texts include "Slaughterhouse-Five" by Kurt Vonnegut and "The Waste Land" by T.S. Eliot.

Hindi: Postmodernism 20वीं सदी के मध्य में उभरा एक साहित्यिक और सांस्कृतिक आंदोलन है, जो सार्वभौमिक सत्य, खंडित संरचना, और प्रयोगात्मक रूपों के प्रति संदेह से परिभाषित होता है। यह उच्च और निम्न कला, वास्तविकता और कल्पना के बीच की सीमाओं को धुंधला करता है। प्रमुख कृतियाँ: "Slaughterhouse-Five" by Kurt Vonnegut, "The Waste Land" by T.S. Eliot।

## 217. Prakalpana Movement

English: The Prakalpana Movement is a Bengali avant-garde literary movement that emerged in the 1960s. It combines prose, poetry, and visual arts to create experimental and unconventional works. Pioneers include poets like Subimal Basak and Tridib Mitra, who sought to break traditional boundaries in literature.

Hindi: Prakalpana Movement 1960 के दशक में उभरा एक बंगाली अवांट-गार्डे साहित्यिक आंदोलन है। यह गद्य, कविता, और दृश्य कला को मिलाकर प्रयोगात्मक और अपरंपरागत रचनाएँ करता है। इसके अग्रदूतों में सुभिमल बसाक और त्रिदिब मित्रा जैसे कवि शामिल हैं, जिन्होंने साहित्य में पारंपरिक सीमाओं को तोड़ने का प्रयास किया।

## 218. Movement

English: A Movement in literature refers to a collective group of writers or a literary trend that shares a common ideology, style, or purpose during a specific period. Movements often reflect societal, political, or cultural changes. Examples include Romanticism, Modernism, and the Harlem Renaissance, each characterized by unique themes, techniques, and goals.

Hindi: Movement साहित्य में एक सामूहिक समूह या साहित्यिक प्रवृत्ति को संदर्भित करता है, जिसमें एक विशिष्ट अवधि के दौरान साझा विचारधारा, शैली, या उद्देश्य होता है। आंदोलन अक्सर सामाजिक, राजनीतिक, या सांस्कृतिक परिवर्तनों को प्रतिबिंबित करते हैं। उदाहरण: रोमैंटिसिज़्म, मॉडर्निज़्म, और हार्लेम रिनेसाँ, जिनकी अपनी अनूठी थीम, तकनीक और लक्ष्य होते हैं।

## 219. Procatalepsis

English: Procatalepsis is a rhetorical device where the speaker anticipates an objection or counterargument and addresses it before it is raised. This technique strengthens the argument by showing awareness and providing a preemptive response. For instance, "Some might say this plan is too ambitious, but let me explain why it is achievable."

Hindi: Procatalepsis एक अलंकार है जिसमें वक्ता किसी आपत्ति या प्रतिवाद की पहले से कल्पना करता है और उसे उठने से पहले संबोधित करता है। यह तकनीक तर्क को मजबूत करती है क्योंकि यह जागरूकता दिखाती है और पहले से उत्तर प्रदान करती है। उदाहरण: "कुछ लोग कह सकते हैं कि यह योजना बहुत महत्वाकांक्षी है, लेकिन मैं समझाता हूँ कि यह कैसे संभव है।"

## 220. Proletarian Novel

English: A Proletarian Novel focuses on the struggles, lives, and aspirations of the working-class or proletariat. It often critiques capitalist systems and highlights social inequalities. This genre gained prominence during the 20th century with works like The Grapes of Wrath by John Steinbeck and Germinal by Émile Zola.

Hindi: Proletarian Novel श्रमिक वर्ग या मजदूरों के संघर्षों, जीवन, और आकांक्षाओं पर केंद्रित होती है। यह अक्सर पूंजीवादी प्रणालियों की आलोचना करती है और सामाजिक असमानताओं को उजागर करती है। यह विधा 20वीं सदी के दौरान प्रमुख हुई, जैसे जॉन स्टीनबेक की The Grapes of Wrath और एमील ज़ोला की Germinal।

## 221. Condition of England Novel

English: The Condition of England Novel is a genre of social novels that emerged in the 19th century, addressing the issues of industrialization, poverty, class struggle, and social reform. Notable examples include North and South by Elizabeth Gaskell and Hard Times by Charles Dickens.

Hindi: Condition of England Novel 19वीं सदी में उभरी एक सामाजिक उपन्यास विधा है, जो औद्योगिकीकरण, गरीबी, वर्ग संघर्ष, और सामाजिक सुधार जैसे मुद्दों को संबोधित करती है। प्रमुख उदाहरण: एलिज़ाबेथ गैस्केल की North and South और चार्ल्स डिकेन्स की Hard Times।

## 222. Prologue

English: A Prologue is an introductory section in a literary work, typically a play or novel, that provides background information, sets the stage for the story, or offers context. In Shakespeare's Romeo and Juliet, the prologue outlines the tragic fate of the lovers.

Hindi: Prologue साहित्यिक कृति का प्रारंभिक भाग है, विशेषकर नाटक या उपन्यास में, जो पृष्ठभूमि की जानकारी प्रदान करता है, कहानी का आधार तैयार करता है, या संदर्भ प्रस्तुत करता है। शेक्सपियर के Romeo and Juliet में, प्रोलॉग प्रेमियों की दुखद नियति का संकेत देता है।

## 223. Proslepsis

English: Proslepsis is an advanced form of paralipsis where a speaker pretends to omit information but subtly reveals it in detail. For example, "I won't even mention how late you were, how disorganized your presentation was, or how you offended the audience."

Hindi: Proslepsis परलिप्सिस का एक उन्नत रूप है, जहाँ वक्ता जानकारी छोड़ने का दिखावा करता है, लेकिन उसे विस्तार से प्रकट कर देता है। उदाहरण: "मैं यह भी नहीं कहूंगा कि आप कितने देर से आए, आपकी प्रस्तुति कितनी अव्यवस्थित थी, या आपने दर्शकों को कैसे नाराज़ किया।"

## 224. Prosody

English: Prosody is the study of rhythm, meter, and intonation in poetry and language. It examines how syllables, stresses, and sounds contribute to the musical quality of verse. For instance, iambic pentameter, often used by Shakespeare, is a type of prosody.

Hindi: Prosody काव्य और भाषा में लय, मीटर, और स्वरों के अध्ययन को कहते हैं। यह जांचता है कि कैसे अक्षर, जोर, और ध्वनियाँ कविता की संगीतमय गुणवत्ता में योगदान करती हैं। उदाहरण: शेक्सपियर द्वारा उपयोग किया गया iambic pentameter, prosody का एक प्रकार है।

## 225. Prosthesis

English: Prosthesis is a rhetorical device and linguistic term where an additional sound or syllable is added to the beginning of a word for poetic or stylistic effect. For instance, "belovèd" where an extra syllable emphasizes the word's rhythm or emotion.

Hindi: Prosthesis एक अलंकार और भाषाई शब्द है, जिसमें एक शब्द के आरंभ में ध्वनि या अक्षर जोड़ा जाता है ताकि काव्यात्मक या शैलीगत प्रभाव पैदा हो। उदाहरण: "belovèd" में अतिरिक्त अक्षर शब्द की लय या भावना को उभारता है।

## 226. Proverb

English: A proverb is a short, traditional saying that expresses a general truth or practical advice. Proverbs are often metaphorical and reflect common human experiences. For example, "A stitch in time saves nine" advises timely action to avoid bigger problems later.

Hindi: Proverb एक छोटा और पारंपरिक कथन है जो किसी सामान्य सत्य या व्यावहारिक सलाह को व्यक्त करता है। ये अक्सर रूपकात्मक होते हैं और सामान्य मानव अनुभवों को दर्शाते हैं। उदाहरण: "समय पर टाका नौ बचाता है," यह समय पर कार्रवाई करने की सलाह देता है ताकि बाद में बड़ी समस्याओं से बचा जा सके।

## 227. Pseudonym

English: A pseudonym is a fictitious name used by a writer, artist, or individual to hide their real identity. Writers like Mark Twain (Samuel Clemens) and George Eliot (Mary Ann Evans) used pseudonyms for various personal or professional reasons.

Hindi: Pseudonym एक काल्पनिक नाम है जिसे लेखक, कलाकार या व्यक्ति अपनी वास्तविक पहचान छिपाने के लिए उपयोग करते हैं। उदाहरण: मार्क ट्वेन (सैमुअल क्लेमेन्स) और जॉर्ज इलियट (मैरी एन्न इवांस) ने व्यक्तिगत या पेशेवर कारणों से छद्म नामों का उपयोग किया।

## 228. Realism

English: Realism is a literary movement focused on portraying life as it is, without romanticizing or idealizing it. It emphasizes everyday experiences and societal issues. Authors like Leo Tolstoy and Charles Dickens used realism to explore social injustices.

Hindi: Realism एक साहित्यिक आंदोलन है जो जीवन को यथार्थ रूप में प्रस्तुत करने पर केंद्रित है, बिना इसे आदर्श बनाने या रोमांटिक बनाने के। यह दैनिक अनुभवों और सामाजिक समस्याओं पर जोर देता है। उदाहरण: लियो टॉल्स्टॉय और चार्ल्स डिकेन्स ने यथार्थवाद का उपयोग सामाजिक अन्यायों को उजागर करने के लिए किया।

## 229. Rebuttal

English: A rebuttal is a counterargument presented to disprove or contradict an opposing claim. It is commonly used in debates, essays, and speeches to provide evidence or reasoning against a point.

Hindi: Rebuttal एक प्रतिवाद है जो किसी विरोधी दावे को गलत या विरोधाभासी साबित करने के लिए प्रस्तुत किया जाता है। यह अक्सर बहस, निबंध, और भाषणों में एक बिंदु के खिलाफ प्रमाण या तर्क देने के लिए उपयोग किया जाता है।

## 230. Red Herring

English: A Red Herring is a misleading or irrelevant detail

introduced into an argument or story to divert attention from the main issue. For example, a detective novel might include false clues to mislead the reader.

Hindi: Red Herring एक भ्रामक या अप्रासंगिक विवरण है जिसे किसी तर्क या कहानी में मुख्य मुद्दे से ध्यान भटकाने के लिए पेश किया जाता है। उदाहरण: एक जासूसी उपन्यास में पाठक को गुमराह करने के लिए झूठे सुराग शामिल हो सकते हैं।

## 231. Reductio ad Absurdum

English: Reductio ad Absurdum is a logical technique that demonstrates a statement's absurdity by showing its illogical or contradictory outcomes. For instance, arguing that everyone should lie all the time reveals the absurdity of the concept.

Hindi: Reductio ad Absurdum एक तार्किक तकनीक है जो किसी कथन की असंगति को उसके तर्कहीन या विरोधाभासी परिणामों को दिखाकर स्पष्ट करती है। उदाहरण: यह तर्क देना कि सभी को हमेशा झूठ बोलना चाहिए, इस विचार की असंगति को उजागर करता है।

## 232. Refrain

English: A refrain is a repeated line or group of lines in a poem or song, often at the end of a stanza, used for emphasis or rhythm. For example, "Nevermore" in Edgar Allan Poe's The Raven is a refrain.

Hindi: Refrain एक कविता या गीत में बार-बार दोहराई जाने वाली पंक्ति या पंक्तियों का समूह है, जो अक्सर अंत में जोर देने या लय के लिए उपयोग किया जाता है। उदाहरण: एडगर एलन पो की द रेवेन में "नेवरमोर" एक refrain है।

## 233. Renaissance

English: The Renaissance was a cultural and intellectual movement that began in Europe during the 14th century, emphasizing art, science, and humanism. Figures like Leonardo da Vinci and William Shakespeare thrived during this period.

Hindi: Renaissance एक सांस्कृतिक और बौद्धिक आंदोलन था जो 14वीं शताब्दी में यूरोप में शुरू हुआ, जिसमें कला, विज्ञान और मानवतावाद पर जोर दिया गया। इस समय के प्रमुख व्यक्ति लियोनार्डो दा विंची और विलियम शेक्सपियर थे।

## 234. Resolution

English: Resolution refers to the conclusion or outcome of a story, where conflicts are resolved, and the narrative reaches its end. For example, in Romeo and Juliet, the resolution occurs when the families reconcile after the tragedy.

Hindi: Resolution किसी कहानी के समापन या परिणाम को संदर्भित करता है, जहां संघर्षों का समाधान होता है और कथा समाप्त होती है। उदाहरण: रोमियो और जूलियट में, जब त्रासदी के बाद परिवार सुलह करते हैं, तो resolution होता है।

## 235. Rhetorical Question

English: A Rhetorical Question is a question asked for effect or emphasis, not requiring an answer. For example, "Isn't it obvious?" is a rhetorical question used to stress a point.

Hindi: Rhetorical Question एक ऐसा प्रश्न है जिसे प्रभाव या जोर देने के लिए पूछा जाता है, न कि उत्तर की आवश्यकता के लिए। उदाहरण: "क्या यह स्पष्ट नहीं है?" एक rhetorical question है जो एक बिंदु पर जोर देने के लिए उपयोग किया जाता है।

## 236. Rhythm

English: Rhythm is the patterned flow of sound in poetry, created by stressed and unstressed syllables. It enhances the musical quality of a poem and helps in creating mood and emotion.

Hindi: Rhythm कविता में ध्वनि का पैटर्नयुक्त प्रवाह है, जो बलयुक्त और निर्बल अक्षरों से बनता है। यह कविता की संगीतात्मक गुणवत्ता को बढ़ाता है और मनोदशा और भावना पैदा करने में मदद करता है।

## 237. Rhyme

English: Rhyme is the repetition of similar sounds, often at the end of lines in poetry. It adds musicality and helps in memorability. For example, "twinkle, twinkle, little star, how I wonder what you are."

Hindi: Rhyme कविता में समान ध्वनियों की पुनरावृत्ति है, जो अक्सर पंक्तियों के अंत में होती है। यह संगीतात्मकता जोड़ता है और यादगार बनाता है। उदाहरण: "ट्विंकल, ट्विंकल, लिटिल स्टार, हाउ आई वंडर व्हाट यू आर।"

## 238. Romanticism

English: Romanticism was a literary and artistic movement in the late 18th and early 19th centuries, emphasizing emotion, nature, and individuality. Poets like Wordsworth and Keats were key figures of Romanticism.

Hindi: Romanticism 18वीं शताब्दी के अंत और 19वीं शताब्दी की शुरुआत का एक साहित्यिक और कलात्मक आंदोलन था, जिसमें भावना, प्रकृति और व्यक्तिगतता पर जोर दिया गया। वर्ड्सवर्थ और कीट्स इस आंदोलन के प्रमुख व्यक्ति थे।

## 239. Run-on Sentence

English: A Run-on Sentence occurs when two or more independent clauses are joined without proper punctuation or conjunction. For example: "I went to the store I forgot my wallet."

Hindi: Run-on Sentence तब होता है जब दो या अधिक स्वतंत्र उपवाक्य बिना उचित विराम चिह्न या संयोजक के जोड़े जाते हैं। उदाहरण: "मैं दुकान गया मैं अपना बटुआ भूल गया।"

## 240. Sarcasm

English: Sarcasm is the use of irony to mock or convey contempt, often in a sharp or witty manner. For example, "Oh great, another homework assignment!" expresses frustration sarcastically.

Hindi: Sarcasm विडंबना का उपयोग है जो मजाक या तिरस्कार व्यक्त करने के लिए किया जाता है, अक्सर तीखे या चतुर तरीके से। उदाहरण: "ओह, बढ़िया, एक और होमवर्क असाइनमेंट!" व्यंग्यात्मक रूप से निराशा व्यक्त करता है।

## 241. Satire

English: Satire is a literary device or genre that uses humor, irony, ridicule, and exaggeration to criticize or expose societal flaws, human vices, and follies. It often aims to provoke thought and inspire change by highlighting the absurdity or hypocrisy of certain behaviors or beliefs. Satirical works can be found in literature, art, and media. Examples include George Orwell's Animal Farm and Jonathan Swift's A Modest Proposal.

Hindi: Satire एक साहित्यिक उपकरण या शैली है जो हास्य, विडंबना, उपहास और अतिशयोक्ति का उपयोग करके समाज की खामियों, मानव दोषों और

मूर्खताओं की आलोचना करती है। इसका उद्देश्य अक्सर सोच को प्रेरित करना और बदलाव लाना होता है। जैसे, जॉर्ज ऑरवेल की एनीमल फार्म और जोनाथन स्विफ्ट की ए मॉडेस्ट प्रपोजल।

## 242. Horatian

English: Horatian satire is a light-hearted, humorous, and playful form of satire. It gently mocks societal norms, individuals, or institutions to entertain and encourage improvement without being harsh. Named after the Roman poet Horace, this type of satire is found in works like Alexander Pope's The Rape of the Lock.

Hindi: Horatian satire एक हल्की-फुल्की, हास्यपूर्ण और मनोरंजक व्यंग्य शैली है। यह समाज के नियमों, व्यक्तियों, या संस्थानों का मज़ाक उड़ाने के साथ सुधार का सुझाव देती है। इसका नाम रोमन कवि होरेस के नाम पर रखा गया है। उदाहरण: अलेक्जेंडर पोप की द रेप ऑफ द लॉक।

## 243. Juvenalian

English: Juvenalian satire is darker, more serious, and harsh compared to Horatian satire. It criticizes corruption, social injustices, and moral decay with scorn and anger. Named after the Roman satirist Juvenal, it is evident in works like Jonathan Swift's A Modest Proposal.

Hindi: Juvenalian satire होरेशियन व्यंग्य की तुलना में गंभीर, कठोर और गहन होता है। यह भ्रष्टाचार, सामाजिक अन्याय और नैतिक पतन की आलोचना क्रोध और तिरस्कार के साथ करता है। इसका नाम रोमन व्यंग्यकार जुवेनल के नाम पर रखा गया है। उदाहरण: जोनाथन स्विफ्ट की ए मॉडेस्ट प्रपोजल।

## 244. Menippean

English: Menippean satire criticizes mental attitudes and philosophical beliefs rather than individuals or institutions. It blends prose and verse, often using a mix of humor, parody, and absurdity. Named after the Greek satirist Menippus, an example is Alice in Wonderland by Lewis Carroll.

Hindi: Menippean satire मानसिक दृष्टिकोण और दार्शनिक विश्वासों की आलोचना करता है, न कि व्यक्तियों या संस्थानों की। यह गद्य और पद्य का मिश्रण करता है और हास्य, पैरोडी, और विसंगति का उपयोग करता है। उदाहरण: लुईस कैरोल की एलिस इन वंडरलैंड।

## 245. Semantic

English: Semantics is the study of meaning in language, exploring how words, phrases, and sentences convey meaning. It involves analyzing word meanings, their relationships, and how context affects interpretation. For instance, the word "bank" can mean a financial institution or the side of a river.

Hindi: Semantics भाषा में अर्थ का अध्ययन है, जो यह विश्लेषण करता है कि शब्द, वाक्यांश और वाक्य कैसे अर्थ व्यक्त करते हैं। यह शब्दों के अर्थ, उनके संबंध, और संदर्भ के प्रभाव का अध्ययन करता है। जैसे, "bank" का अर्थ बैंक (वित्तीय संस्था) या नदी का किनारा हो सकता है।

## 246. Setting

English: Setting refers to the time, place, and environment in which a story takes place. It provides context, atmosphere, and mood, influencing characters and events. For example, the desolate moors in Wuthering Heights create a haunting atmosphere.

Hindi: Setting कहानी के घटने का समय, स्थान, और वातावरण है। यह संदर्भ, माहौल, और मूड प्रदान करता है, जो पात्रों और घटनाओं को प्रभावित करता है। उदाहरण: वदरिंग हाइट्स में सुनसान मैदान भयावह वातावरण पैदा करता है।

## 247. Soliloquy

English: A soliloquy is a dramatic monologue where a character speaks their thoughts aloud, often revealing inner conflicts, emotions, or plans. It is usually addressed to no one in particular and serves to inform the audience. A famous example is Hamlet's "To be or not to be" in Shakespeare's Hamlet.

Hindi: Soliloquy एक नाटकीय एकालाप है जिसमें पात्र अपनी भावनाओं, अंतर्द्वंद्व, या योजनाओं को जोर से व्यक्त करता है। इसे आमतौर पर दर्शकों को सूचित करने के लिए उपयोग किया जाता है। उदाहरण: शेक्सपीयर के हैमलेट में "To be or not to be"।

## 248. Southern Agrarians

English: The Southern Agrarians were a group of American writers and poets in the early 20th century who defended traditional rural values against industrialization and urbanization. Their manifesto,

I'll Take My Stand, emphasized the importance of agriculture and community.

Hindi: Southern Agrarians 20वीं सदी की शुरुआत में अमेरिकी लेखकों और कवियों का एक समूह था, जिसने औद्योगीकरण और शहरीकरण के खिलाफ पारंपरिक ग्रामीण मूल्यों का समर्थन किया। उनकी घोषणा-पत्र I'll Take My Stand कृषि और समुदाय के महत्व पर जोर देती है।

## 249. Stream of Consciousness

English: Stream of consciousness is a narrative technique that captures a character's thoughts, feelings, and memories as they occur, often in a nonlinear and fragmented manner. It gives insight into the character's psyche. Examples include James Joyce's Ulysses and Virginia Woolf's MrConsciousnes

Hindi: Stream of Consciousness एक कथात्मक तकनीक है जो पात्र के विचारों, भावनाओं, और स्मृतियों को उसी क्रम में प्रस्तुत करती है जैसे वे घटित होते हैं। उदाहरण: जेम्स जॉयस की यूलिसिस और वर्जीनिया वूल्फ की मिसेज़ डैलोवे।

## 250. Solecism

English: A solecism is a grammatical mistake or improper use of language, often creating an unintended comedic or awkward effect. For example, saying "She don't know" instead of "She doesn'tSolecis

Hindi: Solecism एक व्याकरणिक त्रुटि या भाषा का अनुचित उपयोग है, जो अक्सर अनपेक्षित हास्य या अजीब प्रभाव पैदा करता है। उदाहरण: "She don't know" के बजाय "She doesn't know"।

## 251. Stridentism

English: Stridentism was an early 20th-century Mexican avant-garde movement in literature and art that combined modernist aesthetics with political and social commentary. It sought to break away from traditional forms.

Hindi: Stridentism 20वीं सदी की शुरुआत में मेक्सिको का एक अवांगार्ड आंदोलन था, जो साहित्य और कला में आधुनिकतावादी सौंदर्यशास्त्र को राजनीतिक और सामाजिक टिप्पणी के साथ जोड़ता था।

## 252. Surrealism

English: Surrealism is an artistic and literary movement that sought to unleash the unconscious mind through irrational and dream-like imagery. It challenges logic and reality. Salvador Dalí's paintings and André Breton's writings are notable examples.

Hindi: Surrealism एक कलात्मक और साहित्यिक आंदोलन है जो अचेतन मन को तर्कहीन और स्वप्न जैसी छवियों के माध्यम से व्यक्त करने का प्रयास करता है। उदाहरण: साल्वाडोर डाली की पेंटिंग और आंद्रे ब्रेटन की रचनाएँ।

## 253. Syllogism

English: A syllogism is a form of logical reasoning where a conclusion is drawn from two premises. Example:

Premise 1: All humans are mortal.

Premise 2: Socrates is a human.

Conclusion: Socrates is mortal.

Hindi: Syllogism एक तार्किक तर्क का रूप है, जहाँ दो पूर्वधारणाओं से निष्कर्ष निकाला जाता है। उदाहरण:

पूर्वधारणा 1: सभी मनुष्य नश्वर हैं।

पूर्वधारणा 2: सुकरात एक मनुष्य है।

निष्कर्ष: सुकरात नश्वर है।

## 254. Symbol

English: A symbol can represent abstract ideas or concepts, enhancing the depth of a literary work. For example, in Nathaniel Hawthorne's The Scarlet Letter, the scarlet letter "A" symbolizes sin and guilt. Symbols can be universal, like the heart representing love, or specific to a text.

Hindi: Symbol अमूर्त विचारों या अवधारणाओं को दर्शाता है, जिससे साहित्यिक कृति की गहराई बढ़ती है। उदाहरण: नाथानिएल हॉथोर्न की द स्कारलेट लेटर में "A" पाप और अपराधबोध का प्रतीक है। प्रतीक सार्वभौमिक हो सकते हैं, जैसे दिल प्रेम का प्रतीक है, या किसी विशेष पाठ से संबंधित हो सकते हैं।

## 255. Symbolism

English: Symbolism is a literary movement and technique where writers use symbols to suggest deeper meanings and evoke emotions. It emerged in late 19th-century France as a reaction against realism, emphasizing imagination and spirituality. Symbolists believed that art should express the unseen. Famous works include Charles Baudelaire's Les Fleurs du mal and William Blake's poetry.

Hindi: Symbolism एक साहित्यिक आंदोलन और तकनीक है जिसमें लेखक गहरे अर्थ व्यक्त करने और भावनाएँ जगाने के लिए प्रतीकों का उपयोग करते हैं। यह 19वीं सदी के अंत में फ्रांस में यथार्थवाद के विरोध के रूप में उभरा। प्रतीकवादियों का मानना था कि कला को अदृश्य चीज़ों को व्यक्त करना चाहिए। उदाहरण: चार्ल्स बौडलेयर की लेस फ्लेयर्स डू माल और विलियम ब्लेक की कविताएँ।

## 256. Synesthesia

English: Synesthesia is a literary device where one sensory experience is described using terms of another, creating a blend of senses. For example, phrases like "loud colors" or "sweet sound" combine visual and auditory sensations. Writers use synesthesia to create vivid imagery and evoke complex emotional responses.

Hindi: Synesthesia एक साहित्यिक उपकरण है जिसमें एक इंद्रिय अनुभव को दूसरी इंद्रिय की शर्तों में वर्णित किया जाता है, जिससे इंद्रियों का मिश्रण होता है। उदाहरण के लिए, "loud colors" या "sweet sound" जैसे वाक्यांश दृष्टि और श्रवण संवेदनाओं को जोड़ते हैं। लेखक जीवंत चित्र बनाने और जटिल भावनात्मक प्रतिक्रियाओं को जगाने के लिए Synesthesia का उपयोग करते हैं।

## 257. Tautology

English: Tautology refers to the repetitive use of words or phrases that convey the same meaning, often unnecessarily. For example, "free gift" or "added bonus" repeats an idea redundantly. While tautology can add emphasis, excessive use may make the writing appear redundant or verbose.

Hindi: Tautology का मतलब शब्दों या वाक्यांशों के दोहराव से है जो एक ही अर्थ व्यक्त करते हैं, अक्सर अनावश्यक रूप से। उदाहरण: "Free gift" या "Added bonus" एक ही विचार को अनावश्यक रूप से दोहराते हैं। हालांकि, Tautology जोर देने के लिए उपयोगी हो सकती है, लेकिन अधिक उपयोग लेखन को अनावश्यक या बेजोड़ बना सकता है।

## 258. Theatre of the Absurd

English: Theatre of the Absurd is a 20th-century literary movement characterized by plays that explore existential themes, meaninglessness, and the absurdity of human existence. It often uses disjointed dialogue, illogical plots, and surreal settings. Samuel Beckett's Waiting for Godot is a classic example, highlighting the futility of human action.

Hindi: Theatre of the Absurd 20वीं सदी का एक साहित्यिक आंदोलन है जिसमें नाटकों के माध्यम से अस्तित्व संबंधी विषयों, जीवन के अर्थहीनता, और मानव अस्तित्व के बेतुकेपन की खोज की जाती है। इसमें असंबद्ध संवाद, अव्यवस्थित कथानक, और अतियथार्थवादी सेटिंग्स का उपयोग किया जाता है। सैमुअल बैकेट का Waiting for Godot इसका एक क्लासिक उदाहरण है।

## 259. The Lost Generation

English: The Lost Generation refers to a group of American writers in the post-World War I era who expressed disillusionment with society, war, and traditional values. Key figures include Ernest Hemingway, F. Scott Fitzgerald, and Gertrude Stein. Their works often focus on themes of aimlessness and moral decay, as seen in Hemingway's The Sun Also Rises.

Hindi: The Lost Generation उन अमेरिकी लेखकों के समूह को संदर्भित करता है जिन्होंने प्रथम विश्व युद्ध के बाद समाज, युद्ध और पारंपरिक मूल्यों के प्रति मोहभंग व्यक्त किया। प्रमुख लेखक: अर्नेस्ट हेमिंग्वे, एफ. स्कॉट फिट्ज़गेराल्ड, और गर्ट्रूड स्टीन। उनके कार्य अक्सर लक्ष्यहीनता और नैतिक पतन के विषयों पर केंद्रित होते हैं, जैसे हेमिंग्वे के The Sun Also Rises में देखा गया।

## 260. The Pre-Raphaelite Brotherhood

English: The Pre-Raphaelite Brotherhood was a 19th-century artistic and literary movement in England that sought to revive the detail, color, and spirituality of medieval art. Founded by Dante Gabriel Rossetti, William Holman Hunt, and John Everett Millais, it opposed industrialization and idealized nature, romance, and symbolism.

Hindi: The Pre-Raphaelite Brotherhood 19वीं सदी का एक कलात्मक और साहित्यिक आंदोलन था, जो मध्यकालीन कला के विस्तार, रंग, और आध्यात्मिकता को पुनर्जीवित करना चाहता था। इसकी स्थापना दांते

गेब्रियल रोसेटी, विलियम होल्मन हंट, और जॉन एवरट मिलाइस ने की थी। यह औद्योगिकीकरण का विरोध करता था और प्रकृति, रोमांस, और प्रतीकवाद को आदर्श मानता था।

## 261. Brotherhood

English: Brotherhood refers to a group of individuals united by common interests, goals, or principles. In literature, it often signifies camaraderie and shared purpose, as seen in movements like the Pre-Raphaelite Brotherhood, where artists and poets collaborated to bring a shared vision to life.

Hindi: Brotherhood व्यक्तियों के एक ऐसे समूह को संदर्भित करता है जो समान रुचियों, लक्ष्यों या सिद्धांतों से जुड़ा होता है। साहित्य में, यह अक्सर एकजुटता और साझा उद्देश्य का प्रतीक होता है, जैसे Pre-Raphaelite Brotherhood में, जहाँ कलाकारों और कवियों ने एक साझा दृष्टि को जीवन में लाने के लिए सहयोग किया।

## 262. Theme

English: A theme is the central idea or underlying message in a literary work. It reflects the author's perspective on universal issues like love, power, or morality. For example, the theme of power and corruption is central to George Orwell's Animal Farm. Themes give depth and coherence to the narrative.

Hindi: Theme किसी साहित्यिक कृति का मुख्य विचार या अंतर्निहित संदेश है। यह प्रेम, शक्ति, या नैतिकता जैसे सार्वभौमिक मुद्दों पर लेखक के दृष्टिकोण को दर्शाता है। उदाहरण: जॉर्ज ऑरवेल के Animal Farm में शक्ति और भ्रष्टाचार की थीम प्रमुख है। थीम कथा को गहराई और संगति प्रदान करता है।

## 263. Tone

English: Tone refers to the author's attitude toward the subject or audience, conveyed through word choice, style, and mood. For instance, Jane Austen's tone in Pride and Prejudice is often ironic and satirical. The tone influences how readers perceive the text.

Hindi: Tone लेखक के विषय या पाठक के प्रति दृष्टिकोण को संदर्भित करता है, जिसे शब्द चयन, शैली और मूड के माध्यम से व्यक्त किया जाता है। उदाहरण: जेन ऑस्टेन के Pride and Prejudice में अक्सर व्यंग्यात्मक और हास्यपूर्ण टोन है। टोन यह प्रभावित करता

है कि पाठक पाठ को कैसे अनुभव करते हैं।

## 264. Tmesis

English: Tmesis is a literary device where a word or phrase is split into two parts, with an intervening word inserted for effect. It is often used for emphasis or humor. Example: "Un-bloody-believable!" or "What-so-ever."

Hindi: Tmesis एक साहित्यिक उपकरण है जिसमें किसी शब्द या वाक्यांश को दो भागों में विभाजित किया जाता है, और उनके बीच में एक अन्य शब्द डाला जाता है। इसे जोर देने या हास्य के लिए उपयोग किया जाता है। उदाहरण: "Un-bloody-believable!" या "What-so-ever"।

## 265. Tragic Flaw

English: A tragic flaw is a character's inherent defect or weakness that leads to their downfall in a tragedy. For instance, in Macbeth, Macbeth's ambition serves as his tragic flaw, ultimately causing his demise. It is a hallmark of classical tragedy.

Hindi: Tragic Flaw एक पात्र की अंतर्निहित कमजोरी या दोष है, जो किसी त्रासदी में उनके पतन का कारण बनता है। उदाहरण: Macbeth में, मैकबेथ की महत्वाकांक्षा उसकी त्रासदी का कारण बनती है। यह शास्त्रीय त्रासदी की विशेषता है।

## 266. Transcendentalism

English: Transcendentalism is a 19th-century philosophical and literary movement that emphasized the spiritual connection between humans and nature, individualism, and self-reliance. Key figures include Ralph Waldo Emerson and Henry David Thoreau, whose works like Walden inspire reflection on simplicity and spirituality.

Hindi: Transcendentalism 19वीं सदी का एक दार्शनिक और साहित्यिक आंदोलन है, जिसने मानव और प्रकृति के बीच आध्यात्मिक संबंध, व्यक्तिवाद, और आत्मनिर्भरता पर जोर दिया। प्रमुख व्यक्ति राल्फ वाल्डो इमर्सन और हेनरी डेविड थॉरो हैं, जिनकी रचनाएँ जैसे Walden सादगी और आध्यात्मिकता पर चिंतन को प्रेरित करती हैं।

## 267. Tricolon

English: A tricolon is a rhetorical device where three parallel phrases or clauses are used to create emphasis and rhythm. For example, Julius Caesar's quote, "Veni, Vidi, Vici" (I came, I saw, I conquered), uses tricolon for impact.

Hindi: Tricolon एक आलंकारिक उपकरण है जिसमें तीन समानांतर वाक्यांशों या खंडों का उपयोग किया जाता है ताकि प्रभाव और लय बनाई जा सके। यह शैली पाठकों या श्रोताओं पर एक स्थायी प्रभाव छोड़ने के लिए उपयोगी होती है। उदाहरण: जूलियस सीज़र का उद्धरण "Veni, Vidi, Vici" (मैं आया, मैंने देखा, मैंने विजय प्राप्त की) इस उपकरण का उत्कृष्ट उदाहरण है।

## 268. Trimeter

English: Trimeter is a poetic meter in which each line consists of three metrical feet, creating a rhythmic and concise structure. It is commonly used in poetry to maintain brevity while retaining a musical quality. Example: "The only news I know" (Emily Dickinson).

Hindi: Trimeter एक काव्यात्मक मीटर है, जिसमें प्रत्येक पंक्ति में तीन छंदात्मक खंड (metrical feet) होते हैं। यह काव्य को संक्षिप्त और लयबद्ध बनाने के लिए उपयोग किया जाता है। उदाहरण: "The only news I know" (एमिली डिकिंसन)।

## 269. Understatement

English: Understatement is a literary device where a writer deliberately makes a situation seem less important or serious than it actually is. It is often used for irony or humor. For example, saying, "It's just a scratch" when referring to a large wound.

Hindi: Understatement एक साहित्यिक उपकरण है जिसमें लेखक किसी स्थिति को जानबूझकर उसकी वास्तविक गंभीरता या महत्व से कम दिखाते हैं। यह आमतौर पर व्यंग्य या हास्य के लिए उपयोग किया जाता है। उदाहरण: एक बड़े घाव के लिए कहना, "यह तो बस एक खरोंच है।"

## 270. Undertone

English: An undertone is a subtle or underlying meaning, mood, or feeling in a piece of writing, often different from its overt tone. For example, a story might seem cheerful on the surface but carry an undertone of sadness or despair.

Hindi: Undertone किसी लेखन में सूक्ष्म या अंतर्निहित अर्थ, मूड, या भावना है, जो अक्सर उसके स्पष्ट स्वर (tone) से

अलग हो सकती है। उदाहरण: एक कहानी सतह पर खुशी का आभास दे सकती है, लेकिन इसके पीछे उदासी या निराशा का undertone हो सकता है।

### 271. University Wits

English: The University Wits were a group of late 16th-century English playwrights and poets educated at Oxford or Cambridge. They significantly influenced English drama during the Elizabethan era and paved the way for Shakespeare. Key figures include Christopher Marlowe, Robert Greene, and Thomas Nashe. Their works focused on themes like human ambition, tragedy, and heroism.

Hindi: University Wits 16वीं शताब्दी के उत्तरार्ध में ऑक्सफोर्ड या कैम्ब्रिज विश्वविद्यालय में शिक्षित अंग्रेजी नाटककारों और कवियों का एक समूह था। इन्होंने एलिज़ाबेथ युग के दौरान अंग्रेजी नाटक पर गहरा प्रभाव डाला और शेक्सपियर के लिए मार्ग प्रशस्त किया। प्रमुख व्यक्तित्वों में क्रिस्टोफर मार्लो, रॉबर्ट ग्रीन और थॉमस नैश शामिल हैं। उनके कार्य मानव महत्वाकांक्षा, त्रासदी और वीरता जैसे विषयों पर केंद्रित थे।

### 272. Utopia

English: A utopia is an ideal society where social, political, and economic structures work perfectly to create harmony and happiness. The term originates from Sir Thomas More's book Utopia (1516), which describes an imagined perfect society. It's often used to critique existing societal flaws.

Hindi: Utopia एक आदर्श समाज है जहां सामाजिक, राजनीतिक और आर्थिक ढांचे पूर्णता से काम करते हैं ताकि सामंजस्य और खुशी पैदा हो। यह शब्द सर थॉमस मोर की पुस्तक Utopia (1516) से आया है, जो एक काल्पनिक आदर्श समाज का वर्णन करती है। यह अक्सर मौजूदा सामाजिक खामियों की आलोचना के लिए उपयोग किया जाता है।

### 273. Verse Libre (Free Verse)

English: Verse libre, or free verse, is poetry without a fixed rhyme scheme, meter, or rhythm. It relies on natural speech patterns to create a flow. This style gives poets creative freedom to express ideas uniquely. Notable free-verse poets include Walt Whitman and T.S. Eliot.

Hindi: Verse Libre या Free Verse वह कविता है जिसमें कोई निश्चित तुकबंदी, छंद या लय नहीं होती। यह प्राकृतिक भाषण की लय पर निर्भर करती है। यह शैली कवियों को विचारों को अनोखे तरीके से व्यक्त करने की रचनात्मक स्वतंत्रता देती है। प्रसिद्ध फ्री-वर्स कवि वॉल्ट व्हिटमैन और टी.एस. इलियट हैं।

## 274. Verisimilitude

English: Verisimilitude refers to the appearance of being true or real in literature. It ensures that the events, characters, and settings in a work of fiction feel believable. For instance, George Orwell's 1984 creates verisimilitude by reflecting real political and societal fears.

Hindi: Verisimilitude साहित्य में सत्य या वास्तविकता का आभास कराना है। यह सुनिश्चित करता है कि किसी कथा में घटनाएं, पात्र और सेटिंग्स विश्वसनीय लगें। उदाहरण के लिए, जॉर्ज ऑरवेल की 1984 वास्तविक राजनीतिक और सामाजिक भय को प्रतिबिंबित करके विश्वसनीयता पैदा करती है।

## 275. Vernacular

English: Vernacular refers to the everyday language spoken by ordinary people in a specific region or community, as opposed to a formal or literary language. Writers like Chaucer and Mark Twain used vernacular to make their works relatable and authentic.

Hindi: Vernacular उस आम भाषा को संदर्भित करता है जिसे किसी विशिष्ट क्षेत्र या समुदाय के साधारण लोग बोलते हैं, औपचारिक या साहित्यिक भाषा के विपरीत। चॉसर और मार्क ट्वेन जैसे लेखकों ने अपने कार्यों को प्रासंगिक और प्रामाणिक बनाने के लिए वर्नाक्यूलर का उपयोग किया।

## 276. Verse

English: A verse is a single line of poetry or a group of lines forming a stanza. It's a fundamental unit of poetry and often has rhythm and rhyme. The term is also used to distinguish poetry from prose.

Hindi: Verse कविता की एक पंक्ति या पंक्तियों का एक समूह है जो एक stanza बनाता है। यह कविता की एक बुनियादी इकाई है और अक्सर इसमें लय और तुकबंदी होती है। यह शब्द कविता को गद्य से अलग करने के लिए भी उपयोग किया जाता है।

## 277. Vignette

English: A vignette is a short, descriptive scene or sketch in literature, focusing on a single moment, character, or idea. It doesn't have a complete plot but provides deep emotional or sensory impressions.

Hindi: Vignette साहित्य में एक छोटा, वर्णनात्मक दृश्य या रेखाचित्र है, जो एक ही पल, चरित्र या विचार पर केंद्रित होता है। इसमें एक पूर्ण कथानक नहीं होता, लेकिन यह गहरी भावनात्मक या इंद्रियात्मक छाप छोड़ता है।

## 278. Villanelle

English: A villanelle is a 19-line poetic form with a specific structure: five tercets (three-line stanzas) followed by a quatrain (four-line stanza). It uses repeating lines and a strict rhyme scheme (ABA ABA ABA ABA ABA ABAA). Dylan Thomas's Do Not Go Gentle into That Good Night is a famous example.

Hindi: Villanelle 19-पंक्तियों का एक कवितात्मक रूप है जिसमें एक विशिष्ट संरचना होती है: पांच तिहरे (तीन-पंक्ति वाले stanza) और एक चतुर्थांश (चार-पंक्ति वाला stanza)। इसमें दोहराव वाली पंक्तियाँ और एक सख्त तुकबंदी योजना (ABA ABA ABA ABA ABA ABAA) होती है। डायलन थॉमस की Do Not Go Gentle into That Good Night इसका एक प्रसिद्ध उदाहरण है।

## 279. Volta

English: Volta refers to the shift in tone or argument in a poem, especially in sonnets. In an Italian (Petrarchan) sonnet, it occurs between the octave and sestet. In Shakespearean sonnets, it's usually found in the final couplet.

Hindi: Volta कविता, विशेषकर सॉनेट में, स्वर या तर्क में बदलाव को संदर्भित करता है। एक इतालवी (पेत्रार्कन) सॉनेट में यह अष्टक और षट्क के बीच आता है। शेक्सपियर के सॉनेट्स में यह आमतौर पर अंतिम युग्म में होता है।

## 280. Wit

English: Wit is a form of intelligent humor characterized by cleverness and wordplay. It often involves quick, sharp remarks or the ability to make an audience laugh or think simultaneously. Oscar Wilde was known for his wit.

Hindi: Wit एक प्रकार का बुद्धिमान हास्य है, जो चतुराई और शब्दों के खेल

से पहचाना जाता है। इसमें तेज, तीखे उत्तर या दर्शकों को हंसाने और सोचने पर मजबूर करने की क्षमता शामिल होती है। ऑस्कर वाइल्ड अपनी चतुराई के लिए प्रसिद्ध थे।

## 281. Zeugma

English: Zeugma is a figure of speech where a single word governs two or more parts of a sentence, often creating a humorous or dramatic effect. Example: "She broke his car and his heart."

Hindi: Zeugma एक अलंकार है जिसमें एक ही शब्द वाक्य के दो या अधिक भागों पर लागू होता है, जो अक्सर हास्य या नाटकीय प्रभाव पैदा करता है।

उदाहरण: "उसने उसकी कार और उसका दिल तोड़ दिया।"

## 282. Zoomorphism

English: Zoomorphism is attributing animal qualities, behaviors, or forms to humans, gods, or objects. It's used to create vivid imagery or symbolism. For example, calling someone "lion-hearted" suggests courage.

Hindi: Zoomorphism वह प्रक्रिया है जिसमें जानवरों के गुण, व्यवहार, या रूप मानव, देवता या वस्तुओं को दिया जाता है। इसका उपयोग जीवंत चित्रण या प्रतीकात्मकता बनाने के लिए किया जाता है। उदाहरण: किसी को "सिंह हृदय वाला" कहना साहस को दर्शाता है।

**The End**

# Unit-2
# (Part-2)
## *Most Important Literary Terms*

### 1. Ethical Criticism

**English Explanation:** Ethical criticism focuses on analyzing a literary work based on the moral implications it has for its audience. It evaluates whether the work promotes virtuous behavior or reflects unethical behavior.

Example: To Kill a Mockingbird by Harper Lee critiques racial injustice and highlights the importance of empathy and moral courage.

Hindi Explanation: नैतिक आलोचना साहित्यिक कृतियों का मूल्यांकन उनके नैतिक प्रभावों के आधार पर करती है। यह यह परखती है कि क्या कोई कृति अच्छे कार्यों को बढ़ावा देती है या अनुचित आचरण को दर्शाती है।

उदाहरण: हार्पर ली की टू किल अ मॉकिंगबर्ड नस्लीय अन्याय की आलोचना करती है और सहानुभूति तथा नैतिक साहस के महत्व को प्रदर्शित करती है।

### 2. Ethnic Studies

**English Explanation:** Ethnic studies examines the histories, cultures, and experiences of specific ethnic groups, especially those that have been historically marginalized. This field looks at how race, culture, and identity affect people's lives.

Example: Beloved by Toni Morrison delves into the African-American experience, particularly the trauma of slavery.

Hindi Explanation: जातीय अध्ययन विशिष्ट जातीय समूहों के इतिहास, संस्कृति और अनुभवों का अध्ययन करता है, विशेष रूप से उन समूहों का जो ऐतिहासिक रूप से हाशिए पर रहे हैं। यह यह देखता है कि जाति, संस्कृति और

पहचान किस प्रकार लोगों के जीवन को प्रभावित करती हैं।

उदाहरण: टोनी मॉरिसन की बिलवेड अफ्रीकी-अमेरिकी अनुभवों में गुलामी के दुःस्वप्नों की पड़ताल करती है।

### 3. Ethnocentrism

English Explanation: Ethnocentrism is the belief that one's own culture or ethnicity is superior to others. It leads to the judgment of other cultures based on one's own cultural norms, often resulting in prejudice.

Example: In Shakespeare's The Tempest, the character of Caliban is portrayed as savage, showing a European perspective of superiority over indigenous cultures.

Hindi Explanation: जातीय केंद्रवाद यह विश्वास है कि अपनी जाति या संस्कृति अन्य संस्कृतियों से श्रेष्ठ होती है। यह अपनी सांस्कृतिक मान्यताओं के आधार पर अन्य संस्कृतियों का मूल्यांकन करने की प्रवृत्ति है, जो अक्सर पूर्वाग्रह का कारण बनती है।

उदाहरण: शेक्सपियर की द टेम्पेस्ट में कालिबन को "जंगली" के रूप में चित्रित किया गया है, जो यूरोपीय दृष्टिकोण को दर्शाता है।

### 4. Eurocentrism

English Explanation: Eurocentrism refers to a worldview that places European culture and history at the center of human civilization, often neglecting or misrepresenting non-European cultures.

Example: In The Tempest, Shakespeare's European characters are depicted as cultured and civilized, while Caliban, the native character, is portrayed as savage.

Hindi Explanation: यूरोकेंद्रवाद वह दृष्टिकोण है जो यूरोपीय संस्कृति और इतिहास को मानव सभ्यता के केंद्र में रखता है, जबकि गैर-यूरोपीय संस्कृतियों को नजरअंदाज करता है या गलत तरीके से प्रस्तुत करता है।

उदाहरण: शेक्सपियर की द टेम्पेस्ट में यूरोपीय पात्रों को सभ्य और संस्कृत दिखाया गया है, जबकि कालिबन को जंगली के रूप में दिखाया गया है।

### 5. Exilliterature

English Explanation: Exilliterature refers to literary works created by authors living in exile. These works often explore themes like loss, identity, and displacement, focusing on the challenges of living away from one's homeland.

Example: The Unbearable Lightness of Being by Milan Kundera examines the effects of exile under an oppressive regime.

Hindi Explanation: निर्वासन साहित्य उन साहित्यिक कृतियों को कहा जाता है जो निर्वासन में रहने वाले लेखकों द्वारा लिखी जाती हैं। इन कृतियों में अक्सर हानि, पहचान और विस्थापन जैसे विषय होते हैं, और यह अपने देश से दूर रहने के संघर्षों पर ध्यान केंद्रित करती हैं।

उदाहरण: मिलान कुंडेरा की द अनबियरेबल लाइटनेस ऑफ बीइंग एक निरंकुश शासन में निर्वासन के प्रभावों की जांच करती है।

## 6. Experimentalism

English Explanation: Experimentalism in literature involves the use of innovative styles, structures, and techniques. It breaks traditional literary conventions to create new forms of expression.

Example: Ulysses by James Joyce uses stream-of-consciousness, a new technique at the time, to explore the inner thoughts of its protagonist.

Hindi Explanation: प्रयोगवाद साहित्य में नई शैलियों, संरचनाओं और तकनीकों का उपयोग करने की प्रवृत्ति है। यह पारंपरिक साहित्यिक मानकों को तोड़कर अभिव्यक्ति के नए रूपों को विकसित करता है।

उदाहरण: जेम्स जॉयस की यूलिसिस धारा प्रवाह लेखन तकनीक का उपयोग करती है, जो उस समय एक नई तकनीक थी, और नायक के आंतरिक विचारों की जांच करती है।

## 7. Explication

English Explanation: Explication is the process of analyzing and interpreting a text in great detail. It involves explaining the deeper meanings, structures, and themes of the text.

Example: The Waste Land by T.S. Eliot requires extensive explication due to its dense symbolism and complex allusions.

Hindi Explanation: व्याख्या एक पाठ का गहरे से विश्लेषण और व्याख्यान करने की प्रक्रिया है। इसमें पाठ की गहरी अर्थों, संरचनाओं और विषयों की व्याख्या की जाती है।

## Literary Terms & Movements

उदाहरण: टी.एस. इलियट की द वेस्ट लैंड को इसके जटिल प्रतीकवाद और संदर्भों के कारण विस्तृत व्याख्या की आवश्यकता है।

### 8. Expurgate

English Explanation: To expurgate means to remove offensive or inappropriate material from a text, especially to make it acceptable for a certain audience.

Example: Huckleberry Finn by Mark Twain has been expurgated in some editions, where racial slurs have been removed to make the text more suitable for modern readers.

Hindi Explanation: संशोधन का मतलब है किसी पाठ से आपत्तिजनक या अनुपयुक्त सामग्री को हटाना, ताकि यह एक विशिष्ट दर्शक वर्ग के लिए स्वीकार्य हो सके।

उदाहरण: मार्क ट्वेन की हकलबेरी फिन के कुछ संस्करणों में जातिवादी शब्दों को हटाकर पाठ को आधुनिक पाठकों के लिए उपयुक्त बनाया गया है।

### 9. Extravaganza

English Explanation: Extravaganza refers to an elaborate and spectacular production, often involving extravagant displays of art, music, or drama. It's a large-scale, sensational performance.

Example: Broadway musicals, such as The Phantom of the Opera, can be seen as extravaganzas because of their lavish sets and dramatic performances.

Hindi Explanation: अतिशयोक्ति एक भव्य और अद्भुत प्रस्तुति को कहा जाता है, जिसमें कला, संगीत या नाटक के शानदार प्रदर्शन शामिल होते हैं। यह एक विशाल और उत्तेजक प्रदर्शन होता है।

उदाहरण: ब्रॉडवे म्यूजिकल्स, जैसे द फैंटम ऑफ द ओपेरा, को अतिशयोक्ति के रूप में देखा जा सकता है क्योंकि इनमें शानदार सेट और नाटकीय प्रदर्शन होते हैं।

### 10. Fabula

English Explanation: Fabula is the raw, chronological order of events in a story, as opposed to the plot (which arranges events in a specific structure or order).

Example: In The Odyssey, the fabula would involve the actual journey of Odysseus, while the plot would include the specific narrative structure of flashbacks and storytelling.

Hindi Explanation: फैबुला एक कहानी में घटनाओं का कच्चा, कालक्रमानुसार क्रम है, जबकि कथानक उसे एक विशेष संरचना या क्रम में प्रस्तुत करता है।

उदाहरण: द ओडिसी में फैबुला में ओडिसियस की वास्तविक यात्रा को दर्शाया जाएगा, जबकि कथानक फ्लैशबैक और कहानी कहने की संरचना को शामिल करेगा।

## 11. Fabulation

English Explanation: Fabulation is a literary technique where authors create imaginative, fantastical stories that blur the lines between reality and fiction. These narratives often feature elements like myth, fantasy, or surrealism, and explore symbolic meanings rather than realistic events.

Example: In One Hundred Years of Solitude by Gabriel García Márquez, magical elements like ghosts and flying carpets exist in a normal world, showing how the extraordinary becomes part of reality.

Hindi Explanation: फैबुलेशन एक साहित्यिक तकनीक है जिसमें लेखक काल्पनिक और अतियथार्थिक कहानियाँ बनाते हैं, जो वास्तविकता और कल्पना के बीच की सीमा को धुंधला कर देती हैं। इसमें मिथक, कल्पना, या अतियथार्थवाद जैसे तत्व होते हैं, जो वास्तविक घटनाओं की बजाय प्रतीकात्मक अर्थों को अन्वेषित करते हैं।

उदाहरण: गैब्रियल गार्सिया मार्केज़ की One Hundred Years of Solitude में भूत, उड़ते कालीन जैसे जादुई तत्व सामान्य दुनिया में रहते हैं, जो असाधारण को वास्तविकता का हिस्सा बनाते हैं।

## 12. Falkentheorie

English Explanation: Falkentheorie, or the theory of the falcon, is a literary concept that involves a narrative structure where the focus is on a central event or motif, typically symbolized by a falcon. This is often found in works where a specific motif serves as a focal point to connect various elements within the narrative.

Example: In literature, a story that revolves around a central object, like a falcon representing freedom or a lost opportunity, would apply this theory.

Hindi Explanation: फाल्केथ्योरी या बाज़ के सिद्धांत एक साहित्यिक अवधारणा है जिसमें एक केंद्रीय घटना या रूपक पर ध्यान केंद्रित किया जाता है, जिसे आमतौर पर बाज़ द्वारा प्रतीकित किया जाता है। यह उस कृति में देखा जाता है जहाँ कोई विशेष रूपक कथा के भीतर विभिन्न तत्वों को जोड़ने के लिए केंद्रीय बिंदु के रूप में कार्य करता है।

उदाहरण: साहित्य में ऐसी कहानी जहाँ कोई केंद्रीय वस्तु, जैसे एक बाज़ जो स्वतंत्रता या खोया हुआ अवसर प्रतीकित करता हो, कथा की धारा के रूप में काम करती है, उसे फाल्केथ्योरी कहा जा सकता है।

## 13. Falling Action

English Explanation: Falling action is the part of a story that follows the climax and leads to the resolution or conclusion. It involves the unraveling of the story's conflict and the moving towards closure.

Example: In Romeo and Juliet, the falling action occurs after the deaths of the protagonists, as the families reconcile and the tragic events come to an end.

Hindi Explanation: गिरती हुई क्रिया वह हिस्सा है जो चरमोत्कर्ष के बाद आता है और कहानी के समाधान या निष्कर्ष की ओर ले जाता है। इसमें कहानी के संघर्ष का समाधान और समापन की ओर बढ़ना शामिल होता है।

उदाहरण: रोमियो और जूलियट में गिरती हुई क्रिया तब होती है जब नायकों की मृत्यु के बाद परिवारों के बीच सुलह होती है और त्रासद घटनाएँ समाप्त होती हैं।

## 14. Fancy

English Explanation: Fancy refers to the creative and imaginative aspect of the human mind. It is often associated with whimsical thoughts, spontaneous ideas, or something fanciful, not bound by reality.

Example: The world in Alice's Adventures in Wonderland is a product of fancy, where anything is possible, from talking animals to growing and shrinking.

Hindi Explanation: कल्पना मानव मस्तिष्क के रचनात्मक और काल्पनिक पहलू को कहा जाता है। यह अक्सर कल्पनाशील विचारों, स्वाभाविक विचारों या कुछ काल्पनिक चीजों से जुड़ा होता है, जो वास्तविकता से बंधे नहीं होते।

उदाहरण: एलिस इन वंडरलैंड की दुनिया एक कल्पना का परिणाम है, जहाँ कुछ भी संभव है, जैसे बात करने वाले जानवर और बढ़ते-घटते आकार।

## 15. Fastnachtspiel

English Explanation: Fastnachtspiel refers to a type of medieval German drama associated with the pre-Lenten celebrations. It typically involves themes of morality, community, and the last celebrations before Lent. These plays were performed to entertain people during the carnival season.

Example: A classic Fastnachtspiel might include scenes of comical interactions between characters, celebrating the last days of indulgence before the solemn season of Lent begins.

Hindi Explanation: फास्टनाचस्पील एक प्रकार का मध्यकालीन जर्मन नाटक है, जो उपवास से पहले के उत्सवों से जुड़ा होता है। इसमें आम तौर पर नैतिकता, समुदाय और उपवास से पहले के आखिरी उत्सवों के विषय होते हैं। ये नाटक लोगन को कार्निवल के मौसम में मनोरंजन देने के लिए प्रस्तुत किए जाते थे।

उदाहरण: एक पारंपरिक फास्टनाचस्पील में पात्रों के बीच हास्यपूर्ण संवाद हो सकते हैं, जो उपवास से पहले के आखिरी दिनों का जश्न मनाने को दर्शाते हैं।

## 16. Festschrift

English Explanation: A Festschrift is a collection of writings or essays presented as a tribute to a scholar or intellectual on a significant occasion, usually their retirement or anniversary.

Example: A Festschrift might be published in honor of a professor, containing articles from colleagues and students that reflect on their academic contributions.

Hindi Explanation: फेस्टश्रिफ्ट एक लेखों या निबंधों का संग्रह होता है जो किसी विद्वान या बौद्धिक व्यक्ति को उनके योगदान और उपलब्धियों के सम्मान में एक महत्वपूर्ण अवसर पर प्रस्तुत किया जाता है, जैसे उनकी सेवानिवृत्ति या सालगिरह।

उदाहरण: एक फेस्टश्रिफ्ट किसी प्रोफेसर के सम्मान में प्रकाशित किया जा सकता है, जिसमें उनके सहकर्मियों और छात्रों द्वारा लेख होते हैं जो उनके अकादमिक योगदान पर विचार करते हैं।

## 17. Fazetie

English Explanation: A Fazetie is a humorous, satirical piece of writing or speech, often exaggerating reality for comedic effect.

Example: In a Fazetie, a writer might humorously exaggerate a simple event, like making fun of a social custom, to show its absurdity.

Hindi Explanation: फाज़ेटी एक हास्यपूर्ण और व्यंग्यात्मक लेख या भाषण होता है, जो आमतौर पर वास्तविकता को हास्य के प्रभाव के लिए अतिरंजित करता है।

उदाहरण: एक फाज़ेटी में, लेखक किसी साधारण घटना को हास्यपूर्ण तरीके से अतिरंजित कर सकता है, जैसे किसी सामाजिक रीति-रिवाज का मजाक बनाना, ताकि उसकी बेतुकीता को उजागर किया जा सके।

## 18. Fellow Travelers

English Explanation: Fellow Travelers refers to people who support or share an ideology, but are not formally committed to it. It often describes individuals who associate with a political or social movement without being fully involved.

Example: During the 1960s, many artists and intellectuals were considered fellow travelers of Marxist ideologies, supporting them in principle but not necessarily as active members.

Hindi Explanation: फैलो ट्रैवलर्स उन लोगों को कहा जाता है जो किसी विचारधारा का समर्थन करते हैं या उसके साथ जुड़े होते हैं, लेकिन उसमें पूरी तरह से शामिल नहीं होते। यह उन व्यक्तियों का वर्णन करता है जो एक राजनीतिक या सामाजिक आंदोलन के साथ जुड़ते हैं, लेकिन सक्रिय रूप से उसमें शामिल नहीं होते।

उदाहरण: 1960 के दशक में, कई कलाकारों और बौद्धिकों को मार्क्सवादी विचारधाराओं के फैलो ट्रैवलर्स माना जाता था, जो सिद्धांत रूप में उनका समर्थन करते थे, लेकिन जरूरी नहीं कि सक्रिय सदस्य होते।

## 19. Feminist Criticism

English Explanation: Feminist Criticism is a literary theory that examines literature through the lens of gender inequality, focusing on how works of literature portray the roles, struggles, and perspectives of women, often highlighting patriarchy and gender bias.

Example: A feminist criticism of Shakespeare's Hamlet might explore how Ophelia's character is portrayed as weak and passive, reflecting societal views on women's roles in Elizabethan times.

Hindi Explanation: नारीवादी आलोचना एक साहित्यिक सिद्धांत है जो साहित्य को लिंग असमानता के परिप्रेक्ष्य से देखता है, यह ध्यान केंद्रित करता है कि साहित्यिक कृतियाँ महिलाओं की भूमिकाओं, संघर्षों और दृष्टिकोणों को कैसे प्रस्तुत करती हैं, और अक्सर पुरुष प्रधान समाज और लिंग भेदभाव को उजागर करती हैं।

उदाहरण: शेक्सपियर के हैमलेट का एक नारीवादी आलोचना यह हो सकती है कि कैसे ओफेलिया का पात्र कमजोरी और निष्क्रियता के रूप में प्रस्तुत किया गया है, जो एलिज़ाबेथन समय में महिलाओं की भूमिकाओं पर समाजिक दृष्टिकोण को दर्शाता है।

## 20. Ficelle

English Explanation: Ficelle is a term used in literature to describe a minor character who plays a specific supporting role in a story, often to move the plot forward or provide context.

Example: In many detective novels, the police officer who assists the detective could be considered a ficelle.

Hindi Explanation: फिसेले एक साहित्यिक शब्द है जिसका उपयोग एक छोटे पात्र को वर्णित करने के लिए किया जाता है, जो कहानी में एक विशिष्ट सहायक भूमिका निभाता है, आमतौर पर कथानक को आगे बढ़ाने या संदर्भ प्रदान करने के लिए।

उदाहरण: कई जासूसी उपन्यासों में, पुलिस अधिकारी जो जासूस की मदद करता है, उसे फिसेले माना जा सकता है।

## 21. Flashback

English Explanation: A flashback is a literary device that interrupts the chronological order of events to reveal an earlier time in the story, providing important context or backstory.

Example: In The Great Gatsby, Nick Carraway's recollections of Gatsby's past are a flashback that reveal key details about his character.

Hindi Explanation: फ्लैशबैक एक साहित्यिक उपकरण है जो घटनाओं के कालक्रम को बाधित करता है ताकि कहानी के पहले के समय को प्रकट किया जा सके, जो महत्वपूर्ण संदर्भ या पिछले घटनाओं को उजागर करता है।

उदाहरण: द ग्रेट गैट्सबी में, निक कैरावे की गैट्सबी के अतीत की यादें फ्लैशबैक

हैं जो उनके पात्र के बारे में महत्वपूर्ण विवरण प्रकट करती हैं।

## 22. Flat Character

English Explanation: A flat character is a character who is uncomplicated and lacks depth, often only showing one or two traits. They do not undergo significant development throughout the story.

Example: In many fairy tales, characters like the evil stepmother are often portrayed as flat characters with only negative traits.

Hindi Explanation: फ्लैट पात्र वह पात्र होते हैं जो सरल होते हैं और जिनमें गहराई नहीं होती, आमतौर पर केवल एक या दो गुण होते हैं। ये पात्र कहानी के दौरान महत्वपूर्ण विकास नहीं करते।

उदाहरण: कई परीकथाओं में, पात्र जैसे कि दुष्ट सौतेली माँ को अक्सर फ्लैट पात्र के रूप में प्रस्तुत किया जाता है जिनमें केवल नकारात्मक गुण होते हैं।

## 23. Round Character

English Explanation: A round character is a complex character with a well-developed personality, often displaying a range of emotions and traits. They evolve and grow throughout the story.

Example: In Pride and Prejudice, Elizabeth Bennet is a round character, showing various layers of emotions and growth throughout the novel.

Hindi Explanation: राउंड पात्र एक जटिल पात्र होते हैं जिनका व्यक्तित्व पूरी तरह से विकसित होता है, और अक्सर कई प्रकार की भावनाएँ और गुण दिखाते हैं। ये पात्र कहानी के दौरान विकसित और बदलते हैं।

उदाहरण: प्राइड एंड प्रेजुडिस में, एलिज़ाबेथ बेनेट एक राउंड पात्र हैं, जो उपन्यास के दौरान विभिन्न प्रकार की भावनाओं और विकास को प्रदर्शित करती हैं।

## 24. Fleshy School of Poetry

English Explanation: The Fleshy School of Poetry refers to a style of poetry that focuses on vivid, sensory images and emotional expression, often using sensual or bodily imagery to convey deeper meanings.

Example: John Keats' poem Ode to a Grecian Urn exemplifies the fleshy school of poetry, using rich, descriptive language to appeal to the senses.

Hindi Explanation: फ्लेशी स्कूल ऑफ पोएट्री कविता की एक शैली को संदर्भित करता है जो जीवंत, संवेदी चित्रों और भावनात्मक अभिव्यक्ति पर ध्यान केंद्रित करती है, जो अक्सर गहरे अर्थों को व्यक्त करने के लिए इंद्रियात्मक या शारीरिक चित्रण का उपयोग करती है।

उदाहरण: जॉन कीट्स की कविता Ode to a Grecian Urn फ्लेशी स्कूल ऑफ पोएट्री का उदाहरण है, जो इंद्रियों को आकर्षित करने के लिए समृद्ध, वर्णनात्मक भाषा का उपयोग करती है।

## 25. Flyting

English Explanation: Flyting is a form of verbal contest or exchange of insults, often found in medieval literature or poetry. It involves two or more individuals trading sharp, witty, or insulting remarks.

Example: In Beowulf, the protagonist engages in flyting with Unferth, exchanging insults and taunts as part of the verbal battle.

Hindi Explanation: फ्लाइटिंग एक मौखिक प्रतियोगिता या अपशब्दों का आदान-प्रदान होता है, जो अक्सर मध्यकालीन साहित्य या कविता में पाया जाता है। इसमें दो या दो से अधिक लोग तीखे, चतुर या अपमानजनक बयान करते हैं।

उदाहरण: बियोवुल्फ में, नायक फ्लाइटिंग करता है अनफर्थ के साथ, अपमान और ताने बदलते हुए, जो मौखिक संघर्ष का हिस्सा होते हैं।

## 26. Focalization

English Explanation: Focalization refers to the perspective or point of view from which a story is told. It involves the choice of what information the narrator reveals and how the events are presented based on the character's perception.

Example: In The Great Gatsby, the story is told through Nick Carraway's perspective, making his view of Gatsby the focal point of the narrative.

Hindi Explanation: फोकलाइजेशन उस दृष्टिकोण या दृष्टिकोण को संदर्भित करता है जिससे कोई कहानी सुनाई जाती है। इसमें यह चुनाव शामिल होता है कि कथावाचक क्या जानकारी प्रकट करता है और घटनाओं को पात्र की धारणा के आधार पर कैसे प्रस्तुत किया जाता है।

उदाहरण: द ग्रेट गैट्सबी में, कहानी निक कैरावे के दृष्टिकोण से सुनाई जाती है, जिससे गैट्सबी की छवि कथा का फोकल प्वाइंट बन जाती है।

## 27. Folio

English Explanation: A folio is a large sheet of paper that is folded once to form two pages of a book. It can also refer to a book or manuscript made in this way, particularly in early printing.

Example: The folio editions of Shakespeare's works are highly valuable, as they contain his plays in their original format.

Hindi Explanation: फोलियो एक बड़ा कागज़ का पन्ना होता है जिसे एक बार मोड़ा जाता है ताकि वह किताब के दो पन्नों का रूप ले सके। यह उस तरह से बनाई गई किताब या पांडुलिपि को भी संदर्भित कर सकता है, विशेष रूप से प्राचीन मुद्रण में।

उदाहरण: शेक्सपियर के कार्यों के फोलियो संस्करण बहुत मूल्यवान होते हैं, क्योंकि इनमें उनके नाटकों का मूल प्रारूप होता है।

## 28. Folk Drama

English Explanation: Folk drama refers to traditional theatrical performances that depict stories and characters from folk culture. These dramas often represent local customs, myths, or historical events.

Example: The folk drama of the Ram Lila depicts the life and struggles of Lord Ram and is performed in various parts of India during the Dussehra festival.

Hindi Explanation: लोक नाटक पारंपरिक नाट्य प्रदर्शन को कहा जाता है जो लोक संस्कृति की कहानियों और पात्रों को प्रस्तुत करते हैं। ये नाटक अक्सर स्थानीय रीति-रिवाजों, मिथकों या ऐतिहासिक घटनाओं को दर्शाते हैं।

उदाहरण: लोक नाटक रामलीला भगवान राम के जीवन और संघर्षों को प्रदर्शित करता है, और इसे भारत के विभिन्न हिस्सों में दशहरे के त्योहार के दौरान प्रस्तुत किया जाता है।

## 29. Folksong

English Explanation: A folksong is a traditional song that is passed down through generations and reflects the cultural heritage, customs, and beliefs of a community.

Example: The folksong "Greensleeves" has been passed down for centuries and reflects English traditions.

Hindi Explanation: लोक गीत एक पारंपरिक गीत होता है जो पीढ़ी दर पीढ़ी सौंपा जाता है और यह किसी समुदाय की

सांस्कृतिक धरोहर, रीति-रिवाजों और विश्वासों को दर्शाता है।

उदाहरण: लोक गीत "ग्रीनस्लीव्स" सदियों से सौंपा गया है और यह अंग्रेजी परंपराओं को दर्शाता है।

## 30. Folktale

English Explanation: A folktale is a traditional narrative or story passed down orally among generations. These tales often feature myths, legends, and moral lessons from a particular culture or community.

Example: The folktale of Cinderella has been told in various cultures with slight variations, but the central theme remains the same—overcoming adversity.

Hindi Explanation: लोक कथा एक पारंपरिक कथा या कहानी होती है जिसे मौखिक रूप से पीढ़ी दर पीढ़ी सौंपा जाता है। ये कथाएँ अक्सर मिथक, किंवदंतियाँ और एक विशेष संस्कृति या समुदाय से संबंधित नैतिक शिक्षा प्रदान करती हैं।

उदाहरण: लोक कथा सींदरैला विभिन्न संस्कृतियों में थोड़े बदलाव के साथ बताई जाती है, लेकिन इसका केंद्रीय विषय वही रहता है—कठिनाईयों को पार करना।

## 31. Foregrounding

English Explanation: Foregrounding refers to the technique in literature where a particular aspect of a text is emphasized or highlighted to attract attention. It can involve a range of literary devices like repetition, imagery, and unusual syntax to make certain elements stand out.

Example: In Shakespeare's Macbeth, the repeated references to blood serve as a form of foregrounding, highlighting the themes of guilt and murder.

Hindi Explanation: फोरग्राउंडिंग साहित्य में एक तकनीक को कहा जाता है जहाँ किसी विशेष पहलू को प्रमुख रूप से उभारा जाता है। यह कुछ विशेष तत्वों को उजागर करने के लिए पुनरावृत्ति, चित्रकला, और असामान्य वाक्य संरचना जैसे साहित्यिक उपकरणों का उपयोग कर सकता है।

उदाहरण: शेक्सपियर के मैकबेथ में, रक्त के बार-बार उल्लेख फोरग्राउंडिंग का एक रूप हैं, जो अपराध और अपराधबोध के विषयों को प्रमुख रूप से उजागर करते हैं।

## 32. Formalism

English Explanation: Formalism is a literary theory that

emphasizes the form and structure of a literary work rather than its content or social context. It focuses on elements like syntax, meter, and rhyme in poetry, or narrative structure and character development in prose.

Example: The work of Russian Formalists such as Viktor Shklovsky, who advocated for analyzing a text by focusing on its formal qualities, is a classic example of formalism.

Hindi Explanation: फॉर्मलिज़्म एक साहित्यिक सिद्धांत है जो साहित्यिक कृति के रूप और संरचना को इसके विषय या सामाजिक संदर्भ से अधिक महत्व देता है। यह कविता में वाक्य रचनाएँ, मीटर, और तुकबंदी जैसी बातों पर और गद्य में कथा संरचना और पात्र विकास पर ध्यान केंद्रित करता है।

उदाहरण: रशियन फॉर्मलिस्ट जैसे विक्टर श्कलोवस्की, जो साहित्यिक कृति का विश्लेषण उसके रूपात्मक गुणों पर केंद्रित करके करते थे, फॉर्मलिज़्म का एक क्लासिक उदाहरण हैं।

## 33. Four Ages of Poetry

English Explanation: The Four Ages of Poetry is a concept proposed by the poet and critic Philip Sidney in his Defence of Poesy. It divides the history of poetry into four distinct ages: the Golden Age, the Silver Age, the Brass Age, and the Iron Age, each representing a decline in the quality of poetry.

Example: Sidney argues that the Golden Age of poetry represented the ideal state of poetic expression, while the Iron Age marked its decline.

Hindi Explanation: कविता की चार युगों की अवधारणा को कवि और आलोचक फिलिप सिडनी ने अपनी डिफेन्स ऑफ पोएसी में प्रस्तुत किया था। यह कविता के इतिहास को चार भिन्न युगों में बाँटता है: स्वर्ण युग, चांदी युग, पीतल युग, और लौह युग, जो कविता की गुणवत्ता में गिरावट को दर्शाते हैं।

उदाहरण: सिडनी का कहना है कि कविता का स्वर्ण युग आदर्श काव्य अभिव्यक्ति की स्थिति को दर्शाता था, जबकि लौह युग इसके गिरावट का प्रतीक था।

## 34. Freytag's Pyramid

English Explanation: Freytag's Pyramid is a model for structuring dramatic works, particularly in plays. It outlines the five parts of a typical plot: exposition, rising action, climax, falling action, and resolution. It was created by the German playwright Gustav Freytag.

Example: In Shakespeare's Romeo and Juliet, the pyramid can be applied: the exposition introduces the characters, rising action builds tension, the climax is the death of Mercutio, falling action leads to the deaths of the lovers, and the resolution is the reconciliation of the families.

Hindi Explanation: फ्रेटैग का पिरामिड एक मॉडल है जो नाटकीय कार्यों की संरचना के लिए प्रयोग किया जाता है, विशेष रूप से नाटकों में। यह एक सामान्य कथा की पांच प्रमुख हिस्सों की रूपरेखा प्रस्तुत करता है: उद्घाटन, उत्कर्ष क्रिया, चरमोत्कर्ष, गिरती हुई क्रिया, और समाधान। इसे जर्मन नाटककार गुस्ताव फ्रेटैग ने बनाया था।

उदाहरण: शेक्सपियर के रोमियो और जूलियट में, इस पिरामिड को लागू किया जा सकता है: उद्घाटन पात्रों को प्रस्तुत करता है, उत्कर्ष क्रिया तनाव बढ़ाती है, चरमोत्कर्ष मर्कुटियो की मृत्यु है, गिरती हुई क्रिया प्रेमियों की मृत्यु की ओर बढ़ती है, और समाधान परिवारों के बीच सुलह है।

## 35. Four-hander

English Explanation: A four-hander is a play, typically in the theatre, that is written for four actors. It focuses on the interactions between the four characters and often involves an intense, character-driven narrative.

Example: The play The Cocktail Hour by A.R. Gurney is an example of a four-hander, with four main characters engaged in witty dialogue and social interactions.

Hindi Explanation: फोर-हैंडर एक नाटक है, जो आमतौर पर थिएटर में चार अभिनेता के लिए लिखा जाता है। यह चार पात्रों के बीच संवादों पर ध्यान केंद्रित करता है और अक्सर यह एक गहरे, पात्र-प्रेरित कथानक को प्रस्तुत करता है।

उदाहरण: A.R. गर्नी का नाटक द कॉकटेल ऑवर एक फोर-हैंडर का उदाहरण है, जिसमें चार मुख्य पात्र बुद्धिमत्तापूर्वक संवाद करते हैं और सामाजिक इंटरएक्शन करते हैं।

## 36. Futurism

English Explanation: Futurism is an artistic and literary movement that originated in Italy in the early 20th century. It emphasizes speed, technology, and innovation, rejecting the past and advocating for the

## Literary Terms & Movements

glorification of modernity and the future.

Example: In poetry, Filippo Tommaso Marinetti's The Founding and Manifesto of Futurism embodies the futurism movement, with its focus on modern technology and the celebration of the future.

Hindi Explanation: फ्यूचरिज़्म एक कला और साहित्यिक आंदोलन है जो 20वीं सदी के प्रारंभ में इटली में उत्पन्न हुआ। यह गति, प्रौद्योगिकी और नवाचार पर जोर देता है, अतीत को अस्वीकार करता है और आधुनिकता और भविष्य की महिमा की वकालत करता है।

उदाहरण: कविता में, फिलिप्पो टोमासो मारिनेटी का फ्यूचरिज़्म का संस्थापन और घोषणापत्र फ्यूचरिज़्म आंदोलन को व्यक्त करता है, जो आधुनिक प्रौद्योगिकी पर ध्यान केंद्रित करता है और भविष्य का उत्सव करता है।

### 37. Gaff

English Explanation: A gaff refers to a mistake, blunder, or a social faux pas. It can also refer to a type of pole used for handling fish.

Example: In the context of speech, calling a woman by the wrong name during a formal meeting is considered a gaff.

Hindi Explanation: गैफ एक गलती, चूक या सामाजिक भूल को कहा जाता है। यह मछली संभालने के लिए प्रयोग किए जाने वाले खंभे को भी संदर्भित कर सकता है।

उदाहरण: वक्ता के संदर्भ में, औपचारिक बैठक के दौरान एक महिला को गलत नाम से पुकारना एक गैफ माना जाता है।

### 38. Gay and Lesbian Criticism

English Explanation: Gay and Lesbian Criticism focuses on the representation of LGBTQ+ individuals and themes in literature. It critiques how gender and sexuality are portrayed in texts, analyzing issues like discrimination, identity, and the complexities of sexual orientation.

Example: The works of Virginia Woolf, such as Orlando, have been analyzed through gay and lesbian criticism, particularly in their exploration of gender fluidity and sexual identity.

Hindi Explanation: गे और लेस्बियन आलोचना साहित्य में LGBTQ+ व्यक्तियों और विषयों के

चित्रण पर केंद्रित होती है। यह इस बात की आलोचना करती है कि लिंग और यौनिकता को कैसे चित्रित किया गया है, और इसमें भेदभाव, पहचान और यौन उन्मुखता की जटिलताओं का विश्लेषण किया जाता है।

उदाहरण: वर्जीनिया वूल्फ के कार्य, जैसे ऑर्लैंडो, गे और लेस्बियन आलोचना के दृष्टिकोण से विश्लेषित किए गए हैं, विशेष रूप से लिंग तरलता और यौन पहचान के अन्वेषण में।

## 39. The Globe Theatre

English Explanation: The Globe Theatre was a famous theatre in London, most associated with William Shakespeare. It was constructed in 1599 and was the primary venue for Shakespeare's plays. The theatre was open-air, with a circular structure and a large stage.

Example: Shakespeare's plays, such as Hamlet and Macbeth, were performed at The Globe Theatre, attracting audiences with its dynamic and engaging performances.

Hindi Explanation: ग्लोब थियेटर लंदन में एक प्रसिद्ध थिएटर था, जो विलियम शेक्सपियर से जुड़ा हुआ था। इसे 1599 में बनाया गया था और यह शेक्सपियर के नाटकों का प्रमुख स्थान था। यह एक खुले आकाश वाला थिएटर था, जिसका गोलाकार रूप और बड़ा मंच था।

उदाहरण: शेक्सपियर के नाटक जैसे हैमलेट और मैकबेथ ग्लोब थियेटर में प्रदर्शन किए गए, जिनका उद्देश्य दर्शकों को उनके जीवंत और आकर्षक प्रस्तुतियों से जोड़ना था।

## 40. Goliardic Verse

English Explanation: Goliardic verse refers to a type of medieval Latin poetry, characterized by satire, irreverence, and humor, often associated with the Goliardic poets. These poets were often clerics who critiqued church practices and social issues.

Example: The Goliardic poems were often filled with witty and irreverent language, as seen in the work of Peter Abelard, a well-known Goliardic poet.

Hindi Explanation: गोलियार्डिक कविता मध्यकालीन लैटिन कविता की एक शैली है, जो व्यंग्य, उपेक्षा और हास्य से भरी होती है, और इसे गोलियार्डिक कवियों से जोड़ा जाता है। ये कवि अक्सर पादरी होते थे जो चर्च के प्रथाओं और सामाजिक मुद्दों की आलोचना करते थे।

उदाहरण: गोलियार्डिक कविताएँ अक्सर चतुर और उपेक्षात्मक भाषा से भरी होती थीं, जैसा कि पीटर एबेलार्ड के कार्यों में देखा जा सकता है, जो एक प्रसिद्ध गोलियार्डिक कवि थे।

## 41. Gothic Novel/Fiction or Gothic Romance

English Explanation: The Gothic novel is a genre of fiction that combines elements of horror, mystery, and romance, often set in dark, gloomy settings like castles or ruins. These novels typically feature supernatural elements, decay, and the exploration of human emotion.

Example: Mary Shelley's Frankenstein is a classic example of Gothic fiction, with its dark themes, haunted settings, and exploration of the consequences of unchecked ambition.

Hindi Explanation: गॉथिक उपन्यास एक प्रकार का साहित्यिक शैली है, जो हॉरर, रहस्य और रोमांस के तत्वों को जोड़ती है, और इसे अक्सर अंधेरे, उदासीन वातावरण में सेट किया जाता है जैसे किले या खंडहर। इन उपन्यासों में प्रायः अलौकिक तत्व, क्षय, और मानव भावना की खोज की जाती है।

उदाहरण: मैरी शेली का फ्रेंकेनस्टीन गॉथिक उपन्यास का एक क्लासिक उदाहरण है, जिसमें अंधेरे विषय, प्रेतवाधित स्थान और अनियंत्रित महत्वाकांक्षा के परिणामों की खोज की जाती है।

## 42. Grand Narrative/Master Narrative

English Explanation: Grand narrative or Master narrative refers to an overarching story or ideology that justifies and explains historical, cultural, and social events. It is often used to dominate or frame discussions within a larger, culturally accepted context.

Example: In post-colonial literature, the Grand narrative of Western superiority is often deconstructed and challenged, as seen in the works of authors like Chinua Achebe.

Hindi Explanation: ग्रैंड नैरेटिव या मास्टर नैरेटिव एक व्यापक कथा या विचारधारा को कहा जाता है जो ऐतिहासिक, सांस्कृतिक और सामाजिक घटनाओं को सही ठहराती है और व्याख्या करती है। इसका उपयोग अक्सर बड़े, सांस्कृतिक रूप से स्वीकृत संदर्भ में चर्चाओं को प्रभुत्व में रखने या फ्रेम करने के लिए किया जाता है।

उदाहरण: पोस्ट-कॉलीनियल साहित्य में, पश्चिमी श्रेष्ठता की ग्रैंड नैरेटिव को अक्सर विघटित और चुनौती दी जाती है, जैसा कि चिनुआ आचेबे जैसे लेखकों के कार्यों में देखा जाता है।

## 43. Grand Style

English Explanation: Grand style is a term used to describe a high, formal, and elevated style of writing, often associated with classical rhetoric. It uses elaborate language, grandiose imagery, and complex sentence structures to convey a sense of nobility and dignity.

Example: The works of John Milton, especially Paradise Lost, are examples of grand style in literature, using elevated language and formal tone to depict epic themes.

Hindi Explanation: ग्रैंड स्टाइल एक शब्द है जिसका उपयोग लेखन की एक उच्च, औपचारिक और उन्नत शैली का वर्णन करने के लिए किया जाता है, जो प्रायः शास्त्रीय शास्त्रवाक्य के साथ जुड़ी होती है। इसमें विस्तृत भाषा, भव्य चित्रण और जटिल वाक्य संरचनाओं का उपयोग किया जाता है ताकि एक उच्चता और गरिमा की भावना व्यक्त की जा सके।

उदाहरण: जॉन मिल्टन के कार्य, विशेष रूप से पैरेडाइस लॉस्ट, ग्रैंड स्टाइल के उदाहरण हैं, जो महाकाव्य विषयों को चित्रित करने के लिए उच्च भाषा और औपचारिक स्वर का उपयोग करते हैं।

## 44. Graveyard School of Poetry

English Explanation: The Graveyard school of poetry refers to a group of 18th-century poets who were preoccupied with death, the afterlife, and human mortality. The term was coined by critics to describe their dark, meditative style.

Example: Thomas Gray's Elegy Written in a Country Churchyard is a key work of the Graveyard school, focusing on themes of death and the transient nature of life.

Hindi Explanation: ग्रेवयार्ड स्कूल ऑफ पोएट्री 18वीं सदी के कवियों का एक समूह है, जो मृत्यु, परलोक और मानव मृत्यु दर पर ध्यान केंद्रित करते थे। आलोचकों ने उनके अंधेरे और चिंतनशील शैली को वर्णित करने के लिए यह शब्द गढ़ा।

उदाहरण: थॉमस ग्रे की एलेजी रिटन इन अ कंट्री चर्चयार्ड ग्रेवयार्ड स्कूल का एक प्रमुख कार्य है, जो मृत्यु और जीवन की क्षणभंगुरता के विषयों पर केंद्रित है।

## 45. The Great Chain of Being

English Explanation: The Great Chain of Being is a hierarchical structure of all matter and life, where every being, from the lowest forms of life to the highest, has a specific place. It was a concept in medieval and Renaissance thought.

Example: In Shakespeare's King Lear, the theme of the Great Chain of Being is explored, particularly through Lear's downfall and the disruption of natural order.

Hindi Explanation: द ग्रेट चेन ऑफ बीइंग सभी पदार्थ और जीवन का एक पदानुक्रमित संरचना है, जिसमें प्रत्येक प्राणी, जीवन के सबसे निचले रूप से लेकर उच्चतम रूपों तक, एक विशेष स्थान रखता है। यह मध्यकालीन और पुनर्जागरण विचारधारा में एक अवधारणा थी।

उदाहरण: शेक्सपियर के किंग लियर में, द ग्रेट चेन ऑफ बीइंग के विषय का अन्वेषण किया गया है, विशेष रूप से लियर के पतन और प्राकृतिक व्यवस्था के विघटन के माध्यम से।

## 46. Grotesque

English Explanation: The grotesque refers to a literary and artistic style that blends elements of the strange, unnatural, and absurd. It often evokes both fascination and discomfort by combining elements of horror, fantasy, and exaggeration.

Example: Franz Kafka's The Metamorphosis features a grotesque character in Gregor Samsa, who transforms into a giant insect, highlighting the absurdity of his situation.

Hindi Explanation: ग्रोटेस्क एक साहित्यिक और कलात्मक शैली है जो अजीब, अस्वाभाविक और अतिरंजित तत्वों को मिलाकर बनती है। यह अक्सर भय, कल्पना और अतिशयोक्ति के तत्वों को जोड़कर उत्तेजना और असुविधा उत्पन्न करती है।

उदाहरण: फ्रांज काफ्का की द मेटामॉर्फोसिस में ग्रेगोर सैम्सा एक विशाल कीड़े में बदल जाता है, जो उसकी स्थिति की अतिरंजित और असंभाव्य वास्तविकता को प्रदर्शित करता है।

## 47. Grub Street

English Explanation: Grub Street refers to a street in

London once associated with impoverished writers and publishers in the 17th and 18th centuries. It has come to symbolize low-quality, hackneyed writing produced for commercial purposes.

Example: The term Grub Street is often used to describe writers who produce formulaic or shallow works primarily for monetary gain, rather than artistic merit.

Hindi Explanation: ग्रब स्ट्रीट लंदन की एक सड़क थी जो 17वीं और 18वीं सदी में गरीब लेखकों और प्रकाशकों से जुड़ी हुई थी। यह व्यावसायिक उद्देश्य से लिखे गए निम्न-गुणवत्ता वाले, सामान्य लेखन को प्रदर्शित करने का प्रतीक बन गया।

उदाहरण: ग्रब स्ट्रीट शब्द का उपयोग अक्सर उन लेखकों का वर्णन करने के लिए किया जाता है जो कला की बजाय केवल आर्थिक लाभ के लिए साधारण और फॉर्मूला आधारित कार्य करते हैं।

## 48. Gynocritics

English Explanation: Gynocritics is a critical theory that focuses on women's writing and aims to study literature from a female perspective. It examines how gender influences the themes, styles, and identities presented in women's texts.

Example: Elaine Showalter's work on gynocritics explores the unique contributions of women writers and their distinct literary tradition.

Hindi Explanation: गाइनोक्रीटिक्स एक आलोचनात्मक सिद्धांत है जो महिलाओं के लेखन पर ध्यान केंद्रित करता है और महिला दृष्टिकोण से साहित्य का अध्ययन करने का उद्देश्य रखता है। यह अध्ययन करता है कि लिंग साहित्य में प्रस्तुत विषयों, शैलियों और पहचान पर कैसे प्रभाव डालता है।

उदाहरण: एलेन शोवाल्टर का गाइनोक्रीटिक्स पर कार्य महिला लेखकों के अद्वितीय योगदानों और उनकी अलग साहित्यिक परंपरा का अन्वेषण करता है।

## 49. Hagiography

English Explanation: Hagiography refers to the biography of a saint or religious figure. It often idealizes its subject, presenting them as morally perfect and divinely inspired.

Example: The Life of Saint Francis of Assisi is a hagiography that portrays the saint's life as a model of piety and holiness.

Hindi Explanation: हैगियोग्राफी किसी संत या धार्मिक व्यक्ति की जीवनी को कहा जाता है। यह अपने विषय को अक्सर आदर्श रूप में प्रस्तुत करता है, उन्हें नैतिक रूप से पूर्ण और ईश्वरीय प्रेरणा से युक्त दिखाता है।

उदाहरण: संत फ्रांसिस ऑफ अस्सी की जीवनी एक हैगियोग्राफी है, जो संत के जीवन को पवित्रता और धर्मनिष्ठा का आदर्श प्रस्तुत करती है।

## 50. Hegemony

English Explanation: Hegemony refers to the dominance of one group or ideology over others, particularly in politics, culture, and society. It describes the ways in which one power maintains control over others through consent rather than force.

Example: In post-colonial studies, the concept of hegemony is used to explain how Western powers maintain cultural and political dominance over former colonies.

Hindi Explanation: हेजेमनी एक समूह या विचारधारा का दूसरों पर प्रभुत्व है, विशेष रूप से राजनीति, संस्कृति और समाज में। यह उस तरीके को वर्णित करता है जिसमें एक शक्ति दूसरों पर बल के बजाय सहमति के माध्यम से नियंत्रण बनाए रखती है।

उदाहरण: पोस्ट-कोलोनियल अध्ययन में, हेजेमनी की अवधारणा का उपयोग यह समझाने के लिए किया जाता है कि कैसे पश्चिमी शक्तियाँ पूर्व उपनिवेशों पर सांस्कृतिक और राजनीतिक प्रभुत्व बनाए रखती हैं।

## 51. Hermeneutics

English Explanation: Hermeneutics is the study of interpretation, especially the interpretation of texts, symbols, and language. It explores how meanings are constructed and understood, particularly in literature, law, and philosophy.

Example: In biblical studies, hermeneutics is used to interpret religious texts, understanding them in historical and cultural contexts.

Hindi Explanation: हर्मेनेयूटिक्स अर्थों की व्याख्या का अध्ययन है, विशेष रूप से ग्रंथों, प्रतीकों और भाषा की व्याख्या। यह यह अन्वेषण करता है कि अर्थ कैसे रचित और समझे जाते हैं, विशेष रूप से साहित्य, कानून और दर्शनशास्त्र में।

उदाहरण: धार्मिक ग्रंथों के अध्ययन में, हर्मेनेयूटिक्स का उपयोग धार्मिक ग्रंथों की व्याख्या करने के लिए किया जाता है, और उन्हें ऐतिहासिक और सांस्कृतिक संदर्भों में समझा जाता है।

## 52. Heroic Drama/Heroic Tragedy

English Explanation: Heroic drama or heroic tragedy is a genre of drama that focuses on grand, noble heroes who struggle against overwhelming odds, often leading to their tragic downfall. The plots are marked by high-stakes conflict and moral dilemmas.

Example: John Dryden's All for Love is an example of heroic drama, portraying the tragic love story of Antony and Cleopatra with lofty ideals and tragic consequences.

Hindi Explanation: हीरोइक ड्रामा या हीरोइक ट्रैजेडी नाट्यशास्त्र की एक शैली है, जो महान और शूरवीर नायकों पर केंद्रित होती है, जो अपार समस्याओं का सामना करते हैं, और अक्सर उनका पतन त्रासदी के रूप में होता है। इसकी कथाएँ उच्च-स्तरीय संघर्ष और नैतिक दुविधाओं से भरी होती हैं।

उदाहरण: जॉन ड्राइडन का ऑल फॉर लव एक हीरोइक ड्रामा का उदाहरण है, जो एंटनी और क्लियोपेट्रा की त्रासद प्रेम कहानी को उच्च आदर्शों और दुखद परिणामों के साथ प्रस्तुत करता है।

## 53. High Comedy

English Explanation: High comedy is a type of comedy that is intellectual, refined, and sophisticated. It often involves witty dialogue, complex characters, and explores serious issues in a humorous light.

Example: Oscar Wilde's The Importance of Being Earnest is an example of high comedy, with its clever dialogue and satirical examination of social conventions.

Hindi Explanation: हाई कॉमेडी एक प्रकार की कॉमेडी है जो बौद्धिक, परिष्कृत और परिष्कृत होती है। इसमें अक्सर चतुर संवाद, जटिल पात्र होते हैं और गंभीर मुद्दों को हास्यपूर्ण दृष्टिकोण से प्रस्तुत किया जाता है।

उदाहरण: ऑस्कर वाइल्ड का द इंपॉर्टेंस ऑफ बीइंग अर्नेस्ट हाई कॉमेडी का उदाहरण है, जिसमें चतुर संवाद और सामाजिक मान्यताओं की व्यंग्यपूर्ण जांच होती है।

## 54. Heteroglossia

English Explanation: Heteroglossia is a concept from literary theory, particularly associated with Mikhail Bakhtin. It refers to the presence of multiple voices, dialects, or perspectives within a single text, reflecting the diversity of society and human experience.

Example: In The Adventures of Huckleberry Finn, Mark Twain employs heteroglossia, using different dialects and voices to represent the various characters and their social backgrounds.

Hindi Explanation: हेटेरोग्लोसिया साहित्यिक सिद्धांत का एक विचार है, जो विशेष रूप से मिखाइल बाक्टिन से जुड़ा हुआ है। यह एकल पाठ में विभिन्न आवाजों, बोलियों या दृष्टिकोणों की उपस्थिति को संदर्भित करता है, जो समाज और मानव अनुभव की विविधता को प्रदर्शित करता है।

उदाहरण: द एडवेंचर्स ऑफ हकलबेरी फिन में, मार्क ट्वेन हेटेरोग्लोसिया का उपयोग करते हैं, जिसमें विभिन्न पात्रों और उनके सामाजिक पृष्ठभूमियों को दर्शाने के लिए विभिन्न बोलियों और आवाजों का प्रयोग किया जाता है।

## 55. Historical Novel

English Explanation: A historical novel is a genre of fiction that reconstructs past events and social conditions, often blending real historical figures with fictional characters and events. It aims to provide a deep sense of the time period.

Example: Leo Tolstoy's War and Peace is an iconic historical novel, depicting the Napoleonic Wars and Russian society during that era.

Hindi Explanation: ऐतिहासिक उपन्यास एक प्रकार का कथा साहित्य है जो अतीत की घटनाओं और सामाजिक स्थितियों को फिर से निर्मित करता है, अक्सर वास्तविक ऐतिहासिक पात्रों को काल्पनिक पात्रों और घटनाओं के साथ मिश्रित करता है। इसका उद्देश्य उस समय अवधि का गहरा अनुभव देना होता है।

उदाहरण: लियो टॉल्स्टॉय का वॉर एंड पीस एक प्रतिष्ठित ऐतिहासिक उपन्यास है, जो नेपोलियन युद्धों और उस युग के रूसी समाज को चित्रित करता है।

## 56. Higher Criticism

English Explanation: Higher criticism refers to the analysis and evaluation of the origins, authorship, and historical context of biblical texts or literary works. It goes beyond the content to question the source and context.

Example: Scholars of biblical higher criticism often debate the authorship of the Pentateuch, analyzing its sources and historical development.

Hindi Explanation: हायर क्रिटिसिज़म धार्मिक ग्रंथों या साहित्यिक कार्यों के उत्पत्ति, लेखन और ऐतिहासिक संदर्भ के विश्लेषण और मूल्यांकन को कहा जाता है। यह सामग्री से आगे बढ़कर स्रोत और संदर्भ पर प्रश्न उठाता है।

उदाहरण: धार्मिक हायर क्रिटिसिज़म के विद्वान अक्सर पेंटाटेच का लेखकत्व बहस करते हैं, इसके स्रोतों और ऐतिहासिक विकास का विश्लेषण करते हैं।

## 57. Horatian Ode

English Explanation: A Horatian ode is a type of lyric poem that is calm, reflective, and meditative. It is often characterized by a serene tone and addresses themes of personal virtue or philosophical contemplation.

Example: Horace's own odes, such as Ode to Pyrrha, are examples of Horatian odes, marked by their peaceful tone and personal reflection.

Hindi Explanation: हौरैटियन ओड एक प्रकार की लिरिक कविता है जो शांत, चिंतनशील और ध्यानपूर्ण होती है। इसमें अक्सर एक शांत स्वर होता है और यह व्यक्तिगत गुण या दार्शनिक विचारों के विषयों को संबोधित करती है।

उदाहरण: होरस की अपनी ओड्स, जैसे ओड टू पिर्रा, हौरैटियन ओड्स के उदाहरण हैं, जो उनके शांत स्वर और व्यक्तिगत चिंतन द्वारा चिह्नित हैं।

## 58. Horatian Satire

English Explanation: Horatian satire is a type of satire that is light-hearted, humorous, and aimed at gently mocking or criticizing human vices and follies, without harshness or cruelty. It often uses wit and clever humor to expose societal flaws and human weaknesses.

Example: In The Rape of the Lock, Alexander Pope uses Horatian satire to humorously criticize the absurdities of high society and the superficial concerns of the time.

Hindi Explanation: हौरैटियन सैटायर एक प्रकार की सैटायर है जो हल्की-

फुल्की, हास्यपूर्ण होती है और मानव दोषों और मूर्खताओं की नर्म तरीके से आलोचना करने का उद्देश्य रखती है। इसमें समाज की खामियों और मानव की कमजोरियों को उजागर करने के लिए बुद्धिमत्ता और चतुर हास्य का उपयोग किया जाता है।

उदाहरण: अलेक्जेंडर पोप की द रेप ऑफ़ द लॉक में, होरैटियन सैटायर का उपयोग उच्च समाज की बेवकूफियों और उस समय की सतही चिंताओं की हास्यपूर्ण आलोचना करने के लिए किया गया है।

## 59. Horizon of Expectations

English Explanation: Horizon of expectations refers to the cultural and historical context in which a text is read. It involves the set of assumptions, norms, and expectations that readers bring to a text based on their own time, background, and experiences. This concept helps to explain how readers interpret a text differently depending on their societal position.

Example: The Horizon of Expectations concept can be seen in how modern readers interpret Shakespeare's works differently compared to those in Elizabethan England, due to changes in societal norms and values.

Hindi Explanation: होराइज़न ऑफ़ एक्सपेक्टेशंस एक साहित्यिक अवधारणा है जो उस सांस्कृतिक और ऐतिहासिक संदर्भ को संदर्भित करती है जिसमें एक पाठ को पढ़ा जाता है। इसमें वे धारणाएँ, मानक और अपेक्षाएँ शामिल होती हैं, जिन्हें पाठक अपने समय, पृष्ठभूमि और अनुभवों के आधार पर पाठ से जोड़ते हैं। यह अवधारणा यह समझाने में मदद करती है कि पाठक एक पाठ को अपने सामाजिक स्थिति के आधार पर अलग-अलग तरीके से क्यों व्याख्यायित करते हैं।

उदाहरण: होराइज़न ऑफ़ एक्सपेक्टेशंस का उदाहरण यह देखा जा सकता है कि आधुनिक पाठक शेक्सपियर के कार्यों को एलिज़बेथन इंग्लैंड के पाठकों की तुलना में कैसे अलग तरीके से व्याख्यायित करते हैं, क्योंकि समाज के मानक और मूल्यों में बदलाव हो चुका है।

## 60. Hubris

English Explanation: Hubris refers to excessive pride, arrogance, or self-confidence, often leading to a downfall. In literature, it is typically the tragic flaw of a protagonist, leading to their eventual destruction as they defy the gods or natural laws.

Example: In Greek tragedies, characters like Oedipus or Macbeth demonstrate hubris by defying fate or divine warnings, ultimately leading to their tragic end.

Hindi Explanation: हब्रीस अत्यधिक घमंड, अराजकता या आत्मविश्वास को कहा जाता है, जो अक्सर पतन का कारण बनता है। साहित्य में यह प्रायः नायक की त्रासदी दोष होता है, जो भगवान या प्राकृतिक नियमों को चुनौती देकर अपनी नष्टता का कारण बनता है।

उदाहरण: ग्रीक त्रासदियों में, ओएडिपस या मैकबेथ जैसे पात्र हब्रीस का प्रदर्शन करते हैं, जो भाग्य या ईश्वरीय चेतावनियों को नकारते हुए अंततः अपने त्रासद अंत की ओर बढ़ते हैं।

## 61. Humanism

English Explanation: Humanism is a philosophical and cultural movement emphasizing human values, reason, and individual dignity over divine or supernatural beliefs. In literature, it focuses on themes of human potential, ethics, and the pursuit of knowledge. Originating during the Renaissance, humanism shaped works like those of Shakespeare, which explore human nature and moral dilemmas.

Hindi Explanation: ह्यूमनिज़्म एक दार्शनिक और सांस्कृतिक आंदोलन है जो मानव मूल्यों, तर्क और व्यक्तिगत गरिमा को ईश्वरीय या अलौकिक विश्वासों के ऊपर प्राथमिकता देता है। साहित्य में यह मानव क्षमता, नैतिकता और ज्ञान के अन्वेषण पर केंद्रित होता है। पुनर्जागरण काल में इसकी उत्पत्ति हुई और शेक्सपियर जैसे लेखकों के कार्यों में इसे देखा जा सकता है।

## 62. Hybridity

English Explanation: Hybridity, in postcolonial studies, refers to the mixing of cultures, identities, and ideas, often resulting from colonial encounters. It highlights how cultures influence each other and create new, hybrid identities.

Example: Salman Rushdie's Midnight's Children explores the hybridity of Indian culture after British colonization.

Hindi Explanation: हाइब्रिडिटी पोस्टकोलोनियल अध्ययन में संस्कृतियों, पहचानों और विचारों के मिश्रण को संदर्भित करती है, जो अक्सर उपनिवेशी संपर्क के परिणामस्वरूप होता है। यह दिखाती है कि कैसे संस्कृतियाँ एक-दूसरे

को प्रभावित करती हैं और नई, मिश्रित पहचानें बनाती हैं।

उदाहरण: सलमान रुश्दी की मिडनाइट्स चिल्ड्रन में उपनिवेश के बाद भारतीय संस्कृति की हाइब्रिडिटी को दिखाया गया है।

## 63. Hypertext

English Explanation: Hypertext refers to a system of linked text, often seen in digital formats, that allows readers to navigate between related pieces of information. It's a non-linear way of presenting content, as used in websites or digital literature.

Example: The structure of Wikipedia, where users can click on links to explore related topics, is an example of hypertext.

Hindi Explanation: हाइपरटेक्स्ट एक प्रणाली है जिसमें जुड़े हुए टेक्स्ट होते हैं, जो अक्सर डिजिटल प्रारूप में देखे जाते हैं और पाठकों को संबंधित जानकारी के बीच नेविगेट करने की अनुमति देते हैं। यह सामग्री प्रस्तुत करने का एक गैर-रेखीय तरीका है।

उदाहरण: विकिपीडिया की संरचना, जहां उपयोगकर्ता संबंधित विषयों को खोजने के लिए लिंक पर क्लिक कर सकते हैं, हाइपरटेक्स्ट का एक उदाहरण है।

## 64. Idyll or Idyl

English Explanation: An idyll is a short poem or prose work that depicts an idealized, peaceful, and rustic life. It often celebrates the beauty of nature and simple living.

Example: Alfred Lord Tennyson's Idylls of the King romanticizes pastoral and chivalric life.

Hindi Explanation: आइडिल एक छोटी कविता या गद्य रचना है जो एक आदर्श, शांतिपूर्ण और ग्रामीण जीवन को चित्रित करती है। यह अक्सर प्रकृति की सुंदरता और सरल जीवन की प्रशंसा करती है।

उदाहरण: अल्फ्रेड लॉर्ड टेनिसन की आइडिल्स ऑफ द किंग ग्रामीण और शिष्ट जीवन का महिमामंडन करती है।

## 65. Illocutionary Act

English Explanation: In linguistics, an illocutionary act is the intention behind a speaker's statement, such as commanding, questioning, or promising. It is part of speech act theory introduced by J.L. Austin.

Example: Saying "I promise to help you" is an illocutionary act of promising.

Hindi Explanation: भाषाविज्ञान में, इलोक्यूशनरी एक्ट वक्ता के वक्तव्य के पीछे के उद्देश्य को संदर्भित करता है, जैसे आदेश देना, प्रश्न करना या वादा करना। यह जे.एल. ऑस्टिन द्वारा प्रस्तुत स्पीच एक्ट थ्योरी का हिस्सा है।

उदाहरण: "मैं वादा करता हूँ कि मैं आपकी मदद करूंगा" कहना वादे का इलोक्यूशनरी एक्ट है।

## 66. Ideal Reader

English Explanation: The ideal reader is a hypothetical reader who fully understands and interprets a text as intended by the author. They possess the knowledge and sensitivity required to appreciate the nuances of the text.

Hindi Explanation: आइडियल रीडर एक काल्पनिक पाठक है जो लेखक द्वारा पाठ में निहित सभी अर्थों और व्याख्याओं को पूरी तरह समझता और सराहता है। उनके पास पाठ के बारीकियों को समझने के लिए आवश्यक ज्ञान और संवेदनशीलता होती है।

## 67. Ideal Spectator

English Explanation: The ideal spectator is a concept in drama and literature, referring to an audience member who reacts to the play or text in the way the author intended, understanding its themes and emotions.

Hindi Explanation: आइडियल स्पेक्टेटर नाटक और साहित्य में एक अवधारणा है, जो उस दर्शक को संदर्भित करती है जो नाटक या पाठ पर लेखक द्वारा वांछित तरीके से प्रतिक्रिया करता है और उसके विषयों और भावनाओं को समझता है।

## 68. Identity Politics

English Explanation: Identity politics focuses on the interests and perspectives of social groups based on race, gender, ethnicity, or sexuality. It seeks to challenge oppression and advocate for equal rights.

Example: The Civil Rights Movement in the USA was driven by identity politics related to race and equality.

Hindi Explanation: पहचान की राजनीति उन सामाजिक समूहों के हितों और दृष्टिकोणों पर केंद्रित होती है जो जाति, लिंग, जातीयता या यौन पहचान के आधार पर गठित होते हैं। यह उत्पीड़न को चुनौती देने और समान अधिकारों के लिए वकालत करने का प्रयास करती है।

उदाहरण: अमेरिका में सिविल राइट्स मूवमेंट नस्ल और समानता से संबंधित पहचान की राजनीति का एक उदाहरण है।

## 69. Imagism

English Explanation: Imagism was a modernist literary movement in early 20th-century poetry that emphasized clarity, precision, and the use of sharp, vivid imagery. It rejected traditional poetic forms and focused on free verse and economy of language.

Example: Ezra Pound's poem In a Station of the Metro:

"The apparition of these faces in the crowd;

Petals on a wet, black bough."

Hindi Explanation: इमेजिज्म 20वीं सदी के प्रारंभ में आधुनिकतावादी काव्य आंदोलन था, जो स्पष्टता, सटीकता और तीव्र, सजीव छवियों के उपयोग पर जोर देता था। इसने पारंपरिक काव्य रूपों को अस्वीकार किया और मुक्त छंद और भाषा की संक्षिप्तता पर ध्यान केंद्रित किया।

उदाहरण: एजरा पाउंड की कविता इन अ स्टेशन ऑफ द मेट्रो:

"भीड़ में इन चेहरों का प्रकट होना;

गीली, काली शाखा पर पंखुड़ियाँ।"

## 70. Imitation

English Explanation: Imitation is a literary and philosophical concept, often associated with Aristotle, suggesting that art imitates life or nature. In literature, it refers to the practice of drawing inspiration or reproducing elements from earlier works or reality.

Example: Shakespeare's plays often imitate real human emotions and conflicts, making them relatable.

Hindi Explanation: इमिटेशन एक साहित्यिक और दार्शनिक अवधारणा है, जिसे अक्सर अरस्तू से जोड़ा जाता है, जिसमें कहा गया है कि कला जीवन या प्रकृति की नकल करती है। साहित्य में, यह पहले के कार्यों या वास्तविकता से प्रेरणा लेने या तत्वों को पुन: उत्पन्न करने का अभ्यास है।

उदाहरण: शेक्सपियर के नाटक अक्सर वास्तविक मानवीय भावनाओं और संघर्षों की नकल करते हैं, जिससे वे संबंधित लगते हैं।

## 71. Infrahistoria

English Explanation: Infrahistoria, a term used in historiography, refers to the study of everyday life and ordinary people, focusing on cultural and social practices often overlooked in grand historical narratives.

Hindi Explanation: इंफ्राहिस्टोरिया इतिहासलेखन में एक शब्द है, जो रोज़मर्रा के जीवन और साधारण लोगों के अध्ययन को संदर्भित करता है। यह अक्सर बड़े ऐतिहासिक आख्यानों में अनदेखी की गई सांस्कृतिक और सामाजिक प्रथाओं पर ध्यान केंद्रित करता है।

## 72. Intentional Fallacy

English Explanation: The intentional fallacy is a literary criticism concept that argues against interpreting a work of art based solely on the author's intentions. It focuses on the text itself, rather than external factors like the author's life or stated purpose.

Example: Instead of asking, "What did the author mean?" the focus shifts to "What does the text say?"

Hindi Explanation: इंटेंशनल फेलेसी एक साहित्यिक आलोचना की अवधारणा है, जो केवल लेखक की मंशा के आधार पर कला के कार्य की व्याख्या करने का विरोध करती है। यह पाठ पर ही ध्यान केंद्रित करती है, न कि लेखक के जीवन या उद्देश्य पर।

उदाहरण: "लेखक क्या कहना चाहता था?" पूछने के बजाय, "पाठ क्या कहता है?" पर ध्यान दिया जाता है।

## 73. Interlude

English Explanation: An interlude is a short performance, scene, or period of time inserted between the main acts of a play or work. It can also refer to a musical piece played between parts of a larger composition.

Hindi Explanation: इंटरल्यूड एक छोटी प्रस्तुति, दृश्य या समय अवधि है, जिसे नाटक या रचना के मुख्य अंशों के बीच डाला जाता है। यह एक संगीत रचना के हिस्सों के बीच बजाए गए संगीत के टुकड़े को भी संदर्भित कर सकता है।

## 74. Interpolation

English Explanation: Interpolation is the insertion of additional material into a text, often without the author's consent, which may alter the original meaning or structure. It is commonly discussed in biblical and classical texts.

Hindi Explanation: इंटरपोलेशन एक पाठ में अतिरिक्त सामग्री जोड़ने की

प्रक्रिया है, जो अक्सर लेखक की सहमति के बिना होती है और मूल अर्थ या संरचना को बदल सकती है। यह बाइबिल और प्राचीन ग्रंथों में आमतौर पर चर्चा का विषय है।

## 75. Intertextuality

English Explanation: Intertextuality is the relationship between texts, where one text references or is influenced by another. It highlights how texts derive meaning through connections with other works.

Example: T.S. Eliot's The Waste Land is filled with intertextual references to mythology, religion, and literature.

Hindi Explanation: इंटरटेक्सचुअलिटी पाठों के बीच के संबंध को संदर्भित करती है, जहाँ एक पाठ दूसरे का संदर्भ देता है या उससे प्रभावित होता है। यह दिखाती है कि पाठ अन्य कृतियों के साथ संबंधों के माध्यम से अर्थ प्राप्त करते हैं।

उदाहरण: टी.एस. इलियट की द वेस्ट लैंड पौराणिक कथाओं, धर्म और साहित्य के इंटरटेक्सचुअल संदर्भों से भरी हुई है।

## 76. Intonation

English Explanation: Intonation refers to the rise and fall in the pitch of the voice during speech, which conveys meaning, emotion, or emphasis. It is significant in understanding spoken language as it affects the interpretation of statements, questions, or commands.

Example: A rising intonation at the end of a sentence can indicate a question:

"You are coming, aren't you?"

Hindi Explanation: इंटोनेशन का अर्थ है बोलते समय आवाज के स्वर की ऊँचाई और गिरावट, जो अर्थ, भावना, या जोर को व्यक्त करती है। यह बोले गए भाषा को समझने में महत्वपूर्ण है क्योंकि यह बयानों, प्रश्नों या आदेशों की व्याख्या को प्रभावित करता है।

उदाहरण: वाक्य के अंत में बढ़ता हुआ स्वर एक प्रश्न को संकेत कर सकता है:

"तुम आ रहे हो, है ना?"

## 77. Interpellation

English Explanation: Interpellation, a term from Marxist theory, particularly Althusser, describes how individuals are "hailed" or positioned as subjects within societal structures by ideology. It explains how people accept roles and identities imposed by society.

Hindi Explanation: इंटरपलेशन, मार्क्सवादी सिद्धांत (विशेषकर अल्थूसर) से लिया गया एक शब्द है, जो बताता है कि विचारधारा कैसे व्यक्तियों को सामाजिक संरचनाओं के भीतर "पुकारती" है या उनकी पहचान निर्धारित करती है। यह समझाता है कि लोग समाज द्वारा थोपे गए भूमिकाओं और पहचान को कैसे स्वीकार करते हैं।

## 78. Intrusive Narrator

English Explanation: An intrusive narrator directly addresses the reader, offering opinions, commentary, or insights beyond the narrative. This narrator often breaks the "fourth wall" to guide or influence the reader's interpretation.

Example: In Vanity Fair by William Makepeace Thackeray, the narrator frequently comments on the characters and events.

Hindi Explanation: इंट्रूसिव नैरेटर वह कथावाचक होता है, जो सीधे पाठक को संबोधित करता है और कथा के बाहर अपनी राय, टिप्पणी या अंतर्दृष्टि प्रदान करता है। यह नैरेटर अक्सर "चौथी दीवार" को तोड़ता है।

उदाहरण: विलियम मेकपीस थैकरे के वैनिटी फेयर में नैरेटर अक्सर पात्रों और घटनाओं पर टिप्पणी करता है।

## 79. Invocation

English Explanation: Invocation is a literary device in which a poet or writer appeals to a deity, muse, or higher power for inspiration or guidance, often at the beginning of an epic or poem.

Example: Homer's The Iliad begins with an invocation to the Muse: "Sing, O Muse, of the rage of Achilles…"

Hindi Explanation: इनवोकेशन एक साहित्यिक उपकरण है, जिसमें कवि या लेखक किसी देवता, म्यूज (प्रेरणा की देवी), या उच्च शक्ति से प्रेरणा या मार्गदर्शन के लिए प्रार्थना करता है, अक्सर महाकाव्य या कविता की शुरुआत में।

उदाहरण: होमर के द इलियड में म्यूज से प्रार्थना की गई है: "गाओ, हे म्यूज, अकीलिस के क्रोध का…"

## 80. Iterability/Iteration

English Explanation: Iterability refers to the quality of something being repeated or reproduced. In literary theory, it suggests that the meaning of a text depends on its ability to be reinterpreted or quoted in different contexts.

Example: A famous line from Shakespeare's plays can gain new meanings when quoted in a different context.

Hindi Explanation: इटरेबिलिटी का अर्थ है किसी चीज़ के दोहराए जाने या पुन: प्रस्तुत किए जाने की क्षमता। साहित्यिक सिद्धांत में, यह सुझाव देता है कि किसी पाठ का अर्थ इस पर निर्भर करता है कि इसे अलग-अलग संदर्भों में कैसे पुनः व्याख्यायित किया जा सकता है।

उदाहरण: शेक्सपियर के नाटकों की प्रसिद्ध पंक्ति को नए संदर्भ में उद्धृत करने पर नए अर्थ प्राप्त हो सकते हैं।

## 81. Ivory Tower

English Explanation: "Ivory Tower" refers to a state of intellectual detachment from the practical concerns of everyday life. It often describes scholars or writers who focus on abstract or theoretical ideas, disconnected from real-world issues.

Hindi Explanation: "आइवरी टॉवर" का तात्पर्य बौद्धिक अलगाव की स्थिति से है, जिसमें व्यक्ति रोज़मर्रा के जीवन की व्यावहारिक चिंताओं से दूर रहता है। यह अक्सर विद्वानों या लेखकों का वर्णन करता है, जो अमूर्त या सैद्धांतिक विचारों पर ध्यान केंद्रित करते हैं।

## 82. Jongleur

English Explanation: A jongleur was a medieval entertainer in Europe who performed songs, stories, and acrobatics, often traveling between courts and fairs.

Hindi Explanation: जॉन्गलर मध्ययुगीन यूरोप का एक कलाकार था, जो गाने, कहानियाँ और कलाबाज़ी प्रस्तुत करता था और अक्सर दरबारों और मेलों के बीच यात्रा करता था।

## 83. Jouissance

English Explanation: Jouissance, a term from French psychoanalytic theory (Lacan), refers to an intense pleasure or bliss that transcends simple enjoyment, often associated with creative or transformative experiences.

Hindi Explanation: जुइसांसे फ्रेंच मनोविश्लेषणात्मक सिद्धांत (लाकान) का एक शब्द है, जो तीव्र आनंद या परमानंद को संदर्भित करता है, जो साधारण आनंद से परे होता है और अक्सर रचनात्मक या परिवर्तनकारी अनुभवों से जुड़ा होता है।

## 84. Jeremiad

English Explanation: A jeremiad is a literary work or speech expressing a bitter lament or complaint, often warning about societal decline or calling for reform.

Hindi Explanation: जेरमियाड एक साहित्यिक रचना या भाषण है, जो कड़वी शिकायत या शोक व्यक्त करता है और अक्सर सामाजिक पतन के बारे में चेतावनी देता है या सुधार की मांग करता है।

## 85. Jeu parti

English Explanation: Jeu parti is a medieval poetic debate where two poets argue contrasting opinions, often on love or morality, in a structured and formal manner.

Hindi Explanation: ज्यू पार्टि मध्ययुगीन काव्यात्मक बहस है, जिसमें दो कवि प्यार या नैतिकता पर विपरीत विचार प्रस्तुत करते हैं और इसे औपचारिक तरीके से संरचित करते हैं।

## 86. Juvenilia

English Explanation: Juvenilia refers to the early works of an author, often created in their youth, which may lack the polish or maturity of their later works but show promise or developing talent.

Hindi Explanation: जुवेनिलिया लेखक की प्रारंभिक रचनाओं को संदर्भित करता है, जो अक्सर उनके युवावस्था में बनाई गई होती हैं और जिनमें उनके परिपक्व कार्यों की परिपक्वता या परिष्करण की कमी हो सकती है, लेकिन प्रतिभा या विकासशील कौशल दिखाती हैं।

## 87. Kailyard School

English Explanation: The Kailyard School was a late 19th-century Scottish literary movement that focused on idealized rural life and sentimental stories, often criticized for lacking realism.

Hindi Explanation: कैलीयार्ड स्कूल 19वीं सदी के अंत का एक स्कॉटिश साहित्यिक आंदोलन था, जो ग्रामीण जीवन के आदर्शवादी चित्रण और भावुक कहानियों पर केंद्रित था। इसे अक्सर यथार्थवाद की कमी के लिए आलोचना की गई।

## 88. Kit-Cat Club

English Explanation: The Kit-Cat Club was an 18th-century English association of writers, poets, and politicians promoting Whig ideals and literary culture.

Hindi Explanation: किट-कैट क्लब 18वीं सदी का एक अंग्रेजी संघ था, जिसमें लेखक, कवि और राजनीतिज्ञ शामिल थे, जो व्हिग आदर्शों और साहित्यिक संस्कृति को बढ़ावा देते थे।

## 89. Kitchen-Sink Drama

English Explanation: Kitchen-sink drama, a term from 1950s British theatre, depicts the gritty realism of working-class life, focusing on domestic struggles and social issues.

Hindi Explanation: किचन-सिंक ड्रामा 1950 के दशक के ब्रिटिश थिएटर से लिया गया एक शब्द है, जो श्रमिक वर्ग के जीवन की कठोर वास्तविकता को दर्शाता है और घरेलू संघर्षों और सामाजिक मुद्दों पर केंद्रित होता है।

## 90. Künstlerroman

English Explanation: A Künstlerroman is a subtype of the Bildungsroman, focusing on the development of an artist or creative individual as they mature.

Example: James Joyce's A Portrait of the Artist as a Young Man.

Hindi Explanation: कुंस्टलररोमान बिल्डुंग्सरोमान का एक प्रकार है, जो एक कलाकार या रचनात्मक व्यक्ति के विकास और परिपक्वता पर केंद्रित है।

उदाहरण: जेम्स जॉयस की ए पोर्ट्रेट ऑफ द आर्टिस्ट एज ए यंग मैन।

## 91. Lai or Lay

English Explanation: A lai (or lay) is a type of medieval French lyric or narrative poem, often focused on chivalric romance or supernatural themes. It is usually short and written in octosyllabic couplets.

Example: Marie de France's The Lais.

Hindi Explanation: लई (या ले) मध्यकालीन फ्रेंच काव्य या कथा कविता का एक प्रकार है, जो अक्सर शौर्यपूर्ण प्रेम कथा या अलौकिक विषयों पर आधारित होती है। यह आमतौर पर छोटी और अष्टाक्षरी युग्मक में लिखी जाती है।

उदाहरण: मैरी डी फ्रांस की द लईज़।

## 92. Langue

English Explanation: Langue, a concept from Ferdinand de Saussure's linguistic theory, refers to the structured system of a language shared by a community, including grammar, vocabulary, and conventions.

Hindi Explanation: लैंग, फर्डिनेंड डी सॉस्योर के भाषाई सिद्धांत का एक अवधारणा है, जो भाषा की उस संरचित प्रणाली को संदर्भित करता है, जिसे समुदाय साझा करता है, जिसमें व्याकरण, शब्दावली, और परंपराएँ शामिल होती हैं।

## 93. Leitmotif

English Explanation: A leitmotif is a recurring theme, phrase, or idea in literature, music, or art, associated with a particular character, idea, or situation.

Example: The musical themes associated with characters in Wagner's operas.

Hindi Explanation: लाइटमोटिफ एक आवर्ती विषय, वाक्यांश, या विचार है, जो साहित्य, संगीत, या कला में किसी विशेष पात्र, विचार, या स्थिति से जुड़ा होता है।

उदाहरण: वाग्नर के ओपेरा में पात्रों से जुड़ी संगीतात्मक थीम।

## 94. Lexis

English Explanation: Lexis refers to the total vocabulary or set of words used in a language, a particular field, or by an individual.

Hindi Explanation: लेक्सिस उस कुल शब्दावली या शब्दों के सेट को संदर्भित करता है, जो किसी भाषा, किसी विशेष क्षेत्र, या किसी व्यक्ति द्वारा उपयोग की जाती है।

## 95. Liberal Humanism

English Explanation: Liberal humanism emphasizes individual dignity, freedom, and rationality, valuing literature as a means of understanding universal human nature and fostering moral growth.

Hindi Explanation: लिबरल ह्यूमैनिज़्म व्यक्ति की गरिमा, स्वतंत्रता, और तर्कशीलता पर जोर देता है। यह साहित्य को सार्वभौमिक मानवीय स्वभाव को समझने और नैतिक विकास को बढ़ावा देने के साधन के रूप में मानता है।

## 96. Libretto

English Explanation: Libretto is the text or script of an opera, musical, or other extended musical work, containing lyrics and dialogue.

Hindi Explanation: लिब्रेट्टो ओपेरा, म्यूजिकल, या अन्य विस्तारित संगीत कृति का पाठ या स्क्रिप्ट है, जिसमें गीत और संवाद शामिल होते हैं।

## 97. Lipogram

English Explanation: A lipogram is a form of constrained writing where a specific letter or group of letters is deliberately omitted from the text.

Example: Ernest Vincent Wright's Gadsby, which excludes the letter "e."

Hindi Explanation: लिपोग्राम एक प्रकार की प्रतिबंधित लेखन शैली है, जिसमें जानबूझकर एक विशेष अक्षर या अक्षरों के समूह को पाठ से हटा दिया जाता है।

उदाहरण: अर्नेस्ट विंसेंट राइट की गैड्सबी, जिसमें "e" अक्षर का उपयोग नहीं किया गया।

## 98. Light Verse

English Explanation: Light verse is a type of poetry characterized by humor, wit, or playfulness, often addressing trivial or entertaining subjects.

Hindi Explanation: लाइट वर्स एक प्रकार की कविता है, जो हास्य, चातुर्य, या चंचलता से भरी होती है और अक्सर सामान्य या मनोरंजक विषयों को संबोधित करती है।

## 99. Lisible

English Explanation: Lisible, a term from Barthes' theory, refers to a "readerly text," which is straightforward, easy to understand, and requires minimal interpretation.

Hindi Explanation: लिसिबल, बार्थेस के सिद्धांत से लिया गया एक शब्द है, जो "रीडरली टेक्स्ट" को संदर्भित करता है, जो सरल, आसानी से समझने योग्य, और न्यूनतम व्याख्या की मांग करता है।

## 100. Literati

English Explanation: Literati refers to the educated or intellectual elite, especially those engaged in literary or scholarly activities.

Hindi Explanation: लिटराटी उन शिक्षित या बौद्धिक अभिजात वर्ग को संदर्भित करता है, जो विशेष रूप से साहित्यिक या विद्वत्तापूर्ण गतिविधियों में संलग्न होते हैं।

## 101. Liturgical Drama

English Explanation: Liturgical drama refers to early medieval plays that originated in church rituals and were performed to teach biblical stories to illiterate audiences.

Hindi Explanation: लिटर्जिकल ड्रामा प्रारंभिक मध्यकालीन नाटक को संदर्भित करता है, जो चर्च की रस्मों से उत्पन्न हुए और अशिक्षित दर्शकों को

बाइबिल की कहानियाँ सिखाने के लिए प्रस्तुत किए गए।

## 102. Local Color Writing

English Explanation: Local color writing emphasizes regional characteristics, customs, dialects, and landscapes to give a vivid sense of place in a story or narrative.

Hindi Explanation: लोकल कलर राइटिंग क्षेत्रीय विशेषताओं, रीति-रिवाजों, बोलियों, और परिदृश्यों पर जोर देती है, ताकि कहानी या कथानक में स्थान की जीवंतता को प्रस्तुत किया जा सके।

## 103. Liverpool Poets

English Explanation: The Liverpool Poets were a group of 1960s poets based in Liverpool, known for their humorous, accessible, and performance-oriented poetry, blending pop culture with literary themes.

Hindi Explanation: लिवरपूल पोएट्स 1960 के दशक के कवियों का एक समूह था, जो लिवरपूल में आधारित थे और अपनी हास्यपूर्ण, सुलभ, और प्रदर्शन-केंद्रित कविता के लिए जाने जाते थे, जो पॉप संस्कृति को साहित्यिक विषयों के साथ मिश्रित करते थे।

## 104. Living Newspaper

English Explanation: Living Newspaper is a theatrical genre that uses dramatized news events to present political or social commentary, popular during the 1930s in the U.S.

Hindi Explanation: लिविंग न्यूज़पेपर एक नाटकीय शैली है, जो राजनीतिक या सामाजिक टिप्पणी प्रस्तुत करने के लिए समाचार घटनाओं का नाटकीयकरण करती है। यह 1930 के दशक में अमेरिका में लोकप्रिय थी।

## 105. Living Theater

English Explanation: Living Theater is an experimental theater company founded in the 1940s in the U.S., known for its avant-garde productions, promoting peace, freedom, and social change.

Hindi Explanation: लिविंग थियेटर 1940 के दशक में अमेरिका में स्थापित एक प्रयोगात्मक थिएटर कंपनी है, जो अपनी अवांट-गार्ड प्रस्तुतियों के लिए जानी जाती है और शांति, स्वतंत्रता, और सामाजिक परिवर्तन को बढ़ावा देती है।

## 106. Logocentrism

English Explanation: Logocentrism, a concept from Derrida's deconstruction, is the idea that Western thought prioritizes speech and central meaning (logos) over writing and diverse interpretations. It assumes a single, ultimate truth.

Hindi Explanation: लोगोसेंट्रिज़्म डेरिडा के डी-कंस्ट्रक्शन का एक सिद्धांत है, जो यह विचार प्रस्तुत करता है कि पश्चिमी सोच में वाणी और केंद्रीय अर्थ (लोगोस) को लेखन और विभिन्न व्याख्याओं पर प्राथमिकता दी जाती है। यह एकमात्र सत्य को मान्यता देता है।

## 107. The Lost Generation

English Explanation: The Lost Generation refers to a group of American writers who came of age during World War I. They expressed disillusionment with traditional values and focused on themes like loss, meaninglessness, and moral decline.

Examples: Ernest Hemingway, F. Scott Fitzgerald.

Hindi Explanation: द लॉस्ट जेनरेशन उन अमेरिकी लेखकों के समूह को संदर्भित करता है, जो प्रथम विश्व युद्ध के दौरान वयस्क हुए। उन्होंने पारंपरिक मूल्यों के प्रति मोहभंग व्यक्त किया और हानि, अर्थहीनता, और नैतिक पतन जैसे विषयों पर ध्यान केंद्रित किया।

उदाहरण: अर्नेस्ट हेमिंग्वे, एफ. स्कॉट फिट्ज़गेराल्ड।

## 108. Lullaby

English Explanation: A lullaby is a soothing song sung to help a child fall asleep. It often contains repetitive, calming rhythms and themes of protection or peace.

Hindi Explanation: लोरी एक सुखदायक गीत है, जिसे बच्चे को सुलाने के लिए गाया जाता है। इसमें अक्सर दोहरावदार, शांत करने वाली लय और संरक्षण या शांति के विषय होते हैं।

## 109. Machinery

English Explanation: Machinery in literature refers to supernatural elements or devices, often used in epics or plays, to resolve conflicts or advance the plot.

Example: Greek gods intervening in Homer's Iliad.

Hindi Explanation: मशीनरी साहित्य में अलौकिक तत्वों या युक्तियों को संदर्भित करती है, जिन्हें अक्सर महाकाव्यों या नाटकों में संघर्षों को हल करने या कथानक को आगे बढ़ाने के लिए उपयोग किया जाता है।

उदाहरण: होमर के इलियड में ग्रीक देवताओं का हस्तक्षेप।

## 110. Malapropism

English Explanation: Malapropism is the humorous misuse of a word by confusing it with one that sounds similar, often creating a comical or nonsensical effect.

Example: Saying "He's the pineapple of politeness" instead of "pinnacle."

Hindi Explanation: मालाप्रॉपिज़्म शब्द का हास्यपूर्ण दुरुपयोग है, जब इसे ऐसे शब्द से भ्रमित कर दिया जाता है जो ध्वनि में समान हो, जिससे अक्सर हास्यास्पद या अर्थहीन प्रभाव उत्पन्न होता है।

उदाहरण: "वह शिष्टाचार का पाइनएप्पल है" कहने के बजाय "पिनेकल"।

## 111. Martian Poets

English Explanation: Martian poets, a term from the 1970s, refers to British poets like Craig Raine who described ordinary things in an unusual, alien perspective, challenging conventional perceptions.

Hindi Explanation: मार्टियन कवि 1970 के दशक के ब्रिटिश कवियों को संदर्भित करता है, जैसे कि क्रेग रेन, जो साधारण चीजों को असामान्य और विदेशी दृष्टिकोण से वर्णित करते थे, पारंपरिक धारणाओं को चुनौती देते हुए।

## 112. Masque

English Explanation: A masque is a form of court entertainment popular in 16th-17th century England, combining music, dance, drama, and elaborate costumes, often with allegorical themes.

Hindi Explanation: मास्क 16वीं-17वीं शताब्दी के इंग्लैंड में लोकप्रिय दरबारी मनोरंजन का एक रूप है, जिसमें संगीत, नृत्य, नाटक, और विस्तृत वेशभूषा का समावेश होता था, और अक्सर रूपक विषय होते थे।

## 113. Melodrama

English Explanation: Melodrama is a dramatic genre that emphasizes exaggerated emotions, sensationalism, and often features a clear distinction between good and evil characters.

Hindi Explanation: मेलोड्रामा एक नाटकीय शैली है, जो अतिरंजित भावनाओं, सनसनीखेज कथानक, और अक्सर अच्छे और बुरे पात्रों के बीच स्पष्ट भेद पर जोर देती है।

## 114. Metadrama or Metatheatre

English Explanation: Metadrama refers to plays that self-consciously reference their nature as theater, often breaking the fourth wall or commenting on the act of storytelling itself.

Hindi Explanation: मेटाड्रामा ऐसे नाटकों को संदर्भित करता है, जो आत्म-जागरूकता के साथ अपने थिएटर होने का संदर्भ देते हैं, अक्सर चौथी दीवार को तोड़ते हैं या कहानी कहने की प्रक्रिया पर टिप्पणी करते हैं।

## 115. Metafiction

English Explanation: Metafiction is a type of fiction that self-referentially examines the process of storytelling, often blurring the boundary between fiction and reality.

Example: Italo Calvino's If on a winter's night a traveler.

Hindi Explanation: मेटाफिक्शन कथा साहित्य का एक प्रकार है, जो आत्म-संदर्भ के माध्यम से कहानी कहने की प्रक्रिया की जांच करता है, और अक्सर कल्पना और वास्तविकता के बीच की सीमा को धुंधला करता है।

उदाहरण: इटालो कैल्विनो की इफ ऑन ए विंटर नाइट ए ट्रैवलर।

## 116. Metaphysical Poets

English Explanation: Metaphysical poets, like John Donne, are known for their intellectual and philosophical approach to poetry, using metaphors and conceits to explore complex ideas like love, religion, and mortality.

Hindi Explanation: मेटाफिजिकल कवि, जैसे जॉन डन, अपनी बौद्धिक और दार्शनिक दृष्टिकोण वाली कविताओं के लिए जाने जाते हैं, जो प्रेम, धर्म, और मृत्यु जैसे जटिल विचारों का अन्वेषण करने के लिए रूपकों और कंसीट्स का उपयोग करते हैं।

## 117. Metanarrative or Grand Narrative

English Explanation: A metanarrative is a large, overarching story or theory that seeks to explain various smaller narratives within a culture or society.

Example: Marxism as a metanarrative explaining class struggle.

Hindi Explanation: मेटानैरेटिव एक बड़ा, व्यापक कहानी या सिद्धांत है, जो किसी संस्कृति या समाज के भीतर

विभिन्न छोटी कहानियों की व्याख्या करने का प्रयास करता है।

उदाहरण: वर्ग संघर्ष की व्याख्या करने वाला मार्क्सवाद।

### 118. Miracle Play

English Explanation: A miracle play is a type of medieval drama based on the lives of saints and their miracles, performed to teach religious values.

Hindi Explanation: मिरेकल प्ले मध्यकालीन नाटक का एक प्रकार है, जो संतों के जीवन और उनके चमत्कारों पर आधारित होता है और धार्मिक मूल्यों को सिखाने के लिए प्रस्तुत किया जाता है।

### 119. Millennial Fiction

English Explanation: Millennial fiction refers to works written by or about the millennial generation, often exploring themes like technology, identity, and societal change.

Hindi Explanation: मिलेनियल फिक्शन वह साहित्य है, जो मिलेनियल पीढ़ी द्वारा या उनके बारे में लिखा गया है और अक्सर प्रौद्योगिकी, पहचान, और सामाजिक परिवर्तन जैसे विषयों का अन्वेषण करता है।

### 120. Mimicry

English Explanation: Mimicry, a term from postcolonial theory, refers to the imitation of colonial culture, language, or behavior by the colonized, often as a form of resistance or adaptation.

Hindi Explanation: मिमिक्री, उत्तर-औपनिवेशिक सिद्धांत का एक शब्द है, जो उपनिवेशित लोगों द्वारा औपनिवेशिक संस्कृति, भाषा, या व्यवहार की नकल को संदर्भित करता है, जो अक्सर प्रतिरोध या अनुकूलन के रूप में होती है।

### 121. Mirror Stage

English Explanation: The mirror stage, a concept by Jacques Lacan, describes the moment when an infant recognizes themselves in a mirror, developing a sense of self-identity. This creates a split between their actual self and the idealized image, shaping the psyche.

Hindi Explanation: मिरर स्टेज जाक लाकान का एक सिद्धांत है, जो उस क्षण को दर्शाता है जब एक शिशु आईने में खुद को पहचानता है और आत्म-पहचान विकसित करता है। यह वास्तविक स्व और आदर्शीकृत छवि के बीच विभाजन बनाता है, जो मनोविज्ञान को आकार देता है।

## 122. Money Novel/Business Novel/Economic Novel

English Explanation: These novels focus on financial, business, or economic themes, often exploring capitalism, class struggle, or economic morality.

Example: Theodore Dreiser's The Financier.

Hindi Explanation: मनी नॉवेल या बिजनेस नॉवेल आर्थिक, व्यावसायिक, या वित्तीय विषयों पर केंद्रित होते हैं और अक्सर पूंजीवाद, वर्ग संघर्ष, या आर्थिक नैतिकता की जांच करते हैं।

उदाहरण: थियोडोर ड्रेइसर की द फिनेंसर।

## 123. Monodrama

English Explanation: A monodrama is a theatrical performance featuring a single character or actor who narrates the entire story, often conveying intense personal emotions.

Hindi Explanation: मोनोड्रामा एक नाट्य प्रदर्शन है जिसमें एक ही पात्र या अभिनेता पूरी कहानी का वर्णन करता है, और अक्सर गहन व्यक्तिगत भावनाओं को व्यक्त करता है।

## 124. Monody

English Explanation: Monody refers to a poetic or musical lament for a deceased person, often characterized by a single voice or melody expressing sorrow.

Hindi Explanation: मोनोडी एक काव्य या संगीत रचना है, जो किसी दिवंगत व्यक्ति के लिए शोक व्यक्त करती है। इसे अक्सर एकल स्वर या धुन द्वारा प्रस्तुत किया जाता है।

## 125. Morality Play

English Explanation: A morality play is a type of medieval drama that personifies virtues and vices to teach moral lessons, often emphasizing Christian values.

Example: Everyman is a classic morality play.

Hindi Explanation: मोरैलिटी प्ले मध्यकालीन नाटक का एक प्रकार है, जिसमें सद्गुणों और अवगुणों का मानवीकरण कर नैतिक पाठ पढ़ाए जाते हैं, और यह अक्सर ईसाई मूल्यों पर जोर देता है।

उदाहरण: एवरीमैन एक क्लासिक मोरैलिटी प्ले है।

## 126. Motif

English Explanation: A motif is a recurring element, symbol, or theme in a literary work that reinforces the main idea or message.

Example: The green light in The Great Gatsby symbolizes hope and ambition.

Hindi Explanation: मोटिफ साहित्यिक कृति में बार-बार दिखाई देने वाला तत्व, प्रतीक, या विषय है, जो मुख्य विचार या संदेश को सुदृढ़ करता है।
उदाहरण: द ग्रेट गैट्सबी में हरी रोशनी आशा और महत्वाकांक्षा का प्रतीक है।

## 127. Multiculturalism

English Explanation: Multiculturalism in literature reflects the coexistence of diverse cultures, focusing on themes like identity, acceptance, and cross-cultural interaction.

Hindi Explanation: मल्टीकल्चरलिज्म साहित्य में विभिन्न संस्कृतियों के सह-अस्तित्व को दर्शाता है और पहचान, स्वीकृति, और अंतर-सांस्कृतिक संवाद जैसे विषयों पर केंद्रित होता है।

## 128. Mumming Play

English Explanation: A mumming play is a traditional folk drama performed during festivals, involving masked actors and themes of death and resurrection.

Hindi Explanation: ममिंग प्ले एक पारंपरिक लोक नाटक है, जो त्योहारों के दौरान प्रस्तुत किया जाता है। इसमें नकाबपोश कलाकार होते हैं और मृत्यु एवं पुनर्जन्म जैसे विषय शामिल होते हैं।

## 129. Mytheme

English Explanation: A mytheme, introduced by Claude Lévi-Strauss, is the smallest unit of a myth, similar to a linguistic phoneme, that combines with others to form the myth's narrative.

Hindi Explanation: माइथीम, क्लॉड लेवी-स्ट्रॉस द्वारा प्रस्तुत, मिथक का सबसे छोटा घटक है, जो भाषा के फोनीम की तरह होता है और अन्य घटकों के साथ मिलकर मिथक की कथा बनाता है।

## 130. Mythos

English Explanation: Mythos refers to the narrative framework of myths or stories within a culture, often explaining origins, values, and beliefs.

Hindi Explanation: माइथोस किसी संस्कृति के भीतर मिथकों या कहानियों की कथात्मक संरचना को संदर्भित करता है, जो उत्पत्ति, मूल्य, और विश्वासों की व्याख्या करता है।

## 131. Narratee

English Explanation: The narratee is the implied audience or recipient of a story within the text, distinct from the actual reader.

Hindi Explanation: नैरेटि वह कल्पित श्रोता या पाठक होता है, जिसे पाठ के भीतर कहानी सुनाई जाती है और यह वास्तविक पाठक से अलग होता है।

## 132. Nation Language

English Explanation: Nation language, a term coined by Kamau Brathwaite, describes the unique English spoken in postcolonial regions, influenced by local languages and cultures.

Hindi Explanation: नेशन लैंग्वेज, कामाउ ब्रैथवेट द्वारा गढ़ा गया शब्द है, जो औपनिवेशोत्तर क्षेत्रों में बोली जाने वाली विशिष्ट अंग्रेजी को दर्शाता है, जो स्थानीय भाषाओं और संस्कृतियों से प्रभावित होती है।

## 133. Naturalistic Drama

English Explanation: Naturalistic drama portrays realistic characters, situations, and settings, often highlighting societal issues or the influence of environment and heredity on human behavior.

Example: Henrik Ibsen's A Doll's House.

Hindi Explanation: नैचुरलिस्टिक ड्रामा वास्तविक पात्रों, परिस्थितियों, और परिवेश को दर्शाता है और अक्सर सामाजिक मुद्दों या पर्यावरण और वंशानुक्रम के मानव व्यवहार पर प्रभाव को उजागर करता है।

उदाहरण: हेनरिक इब्सन का ए डॉल्स हाउस।

## 134. Neo-colonialism

English Explanation: Neo-colonialism refers to the indirect control or influence of developed countries over developing nations, often through economic or cultural means, rather than direct political control.

Hindi Explanation: नव-औपनिवेशवाद विकसित देशों द्वारा विकासशील देशों पर अप्रत्यक्ष नियंत्रण या प्रभाव को संदर्भित करता है, जो अक्सर आर्थिक या सांस्कृतिक तरीकों से होता है, न कि सीधे राजनीतिक नियंत्रण से।

## 135. New Historicism

English Explanation: New Historicism is a literary theory that examines texts in the context of the historical and cultural conditions of their time, emphasizing power dynamics and social structures.

Hindi Explanation: न्यू हिस्टॉरिसिज़्म एक साहित्यिक सिद्धांत है, जो पाठों की उस समय की ऐतिहासिक और सांस्कृतिक परिस्थितियों के संदर्भ में जांच करता है, और शक्ति गतिशीलता और सामाजिक संरचनाओं पर जोर देता है।

## 136. Nom de Plume

English Explanation: A nom de plume is a pen name or pseudonym adopted by an author to hide their identity or create a separate literary persona.

Example: Samuel Clemens wrote under the pen name Mark Twain.

Hindi Explanation: नोम डी प्लूम एक लेखक द्वारा अपनाया गया छद्म नाम या उपनाम है, जिसका उपयोग वे अपनी पहचान छिपाने या अलग साहित्यिक व्यक्तित्व बनाने के लिए करते हैं।

उदाहरण: सैमुअल क्लीमेंस ने मार्क ट्वेन नाम से लिखा।

## 137. Nihilism

English Explanation: Nihilism is a philosophical belief that life lacks meaning, purpose, or intrinsic value. It often rejects moral and religious principles.

Hindi Explanation: निहिलिज्म एक दार्शनिक विश्वास है, जो मानता है कि जीवन का कोई अर्थ, उद्देश्य, या आंतरिक मूल्य नहीं है। यह अक्सर नैतिक और धार्मिक सिद्धांतों को अस्वीकार करता है।

## 138. Nobel Prizes

English Explanation: The Nobel Prizes are prestigious international awards established by Alfred Nobel, recognizing excellence in literature, peace, physics, chemistry, medicine, and economic sciences.

Hindi Explanation: नोबेल पुरस्कार प्रतिष्ठित अंतरराष्ट्रीय पुरस्कार हैं, जो अल्फ्रेड नोबेल द्वारा स्थापित किए गए हैं। ये साहित्य, शांति, भौतिकी, रसायन, चिकित्सा और आर्थिक विज्ञान में उत्कृष्टता को मान्यता देते हैं।

## 139. The Noble Savage

English Explanation: The "noble savage" is a literary concept depicting indigenous people as uncorrupted by civilization and living in harmony with nature.

Hindi Explanation: "नोबल सेवेज" एक साहित्यिक अवधारणा है, जो आदिवासी लोगों को सभ्यता से अछूता और प्रकृति के साथ सामंजस्य में रहने वाला दिखाती है।

## 140. Non-Fiction Novel/Documentary Fiction

English Explanation:

A non-fiction novel blends factual events with literary storytelling techniques, presenting true stories in a narrative format.

Example: Truman Capote's In Cold Blood.

Hindi Explanation: नॉन-फिक्शन नॉवेल सच्ची घटनाओं को साहित्यिक कहानी कहने की तकनीकों के साथ मिश्रित करता है और सच्ची कहानियों को एक कथा प्रारूप में प्रस्तुत करता है।

उदाहरण: ट्रूमन कैपोट की इन कोल्ड ब्लड।

## 141. Novelette

English Explanation: A novelette is a short novel, typically longer than a short story but shorter than a novel, often focusing on a single character or incident.

Hindi Explanation: नोवलेट एक छोटी उपन्यास है, जो आमतौर पर कहानी से लंबी और उपन्यास से छोटी होती है। यह अक्सर एक ही पात्र या घटना पर केंद्रित होती है।

## 142. Novel of the Soil

English Explanation: A novel of the soil focuses on rural life and its struggles, highlighting the connection between people and their land.

Example: Pearl S. Buck's The Good Earth.

Hindi Explanation: "नॉवेल ऑफ द सॉइल" ग्रामीण जीवन और उसकी चुनौतियों पर केंद्रित होती है और लोगों और उनकी भूमि के बीच संबंध को उजागर करती है।

उदाहरण: पर्ल एस. बक की द गुड अर्थ।

## 143. Ode

English Explanation: An ode is a lyric poem that expresses admiration or praise for a subject, often written in an elevated style.

Example: John Keats' Ode to a Nightingale.

Hindi Explanation: ओड एक गीतात्मक कविता है, जो किसी विषय की प्रशंसा या सराहना व्यक्त करती है और अक्सर उच्च शैली में लिखी जाती है।

उदाहरण: जॉन कीट्स की ओड टू ए नाइटिंगेल।

## 144. Officialese

English Explanation: Officialese refers to the formal and bureaucratic language often used in government or official documents, sometimes criticized for being unnecessarily complex.

Hindi Explanation: ऑफिशियलिज़्म औपचारिक और नौकरशाही भाषा को संदर्भित करता है, जो अक्सर सरकारी या आधिकारिक दस्तावेजों में उपयोग की जाती है और कभी-कभी अनावश्यक रूप से जटिल होने के लिए आलोचना की जाती है।

## 145. One-Act Play

English Explanation: A one-act play is a short drama that unfolds in a single act, focusing on a concise story or conflict.

Hindi Explanation: वन-एक्ट प्ले एक छोटा नाटक है, जो एक ही अंक में प्रस्तुत होता है और संक्षिप्त कहानी या संघर्ष पर केंद्रित होता है

## 146. Open Stage

English Explanation: An open stage, also called a thrust stage, is a type of stage design where the audience surrounds the stage on three sides, creating intimacy and direct interaction.

Hindi Explanation: ओपन स्टेज, जिसे थ्रस्ट स्टेज भी कहा जाता है, एक प्रकार की मंच व्यवस्था है, जहाँ दर्शक मंच के तीन तरफ होते हैं, जिससे निकटता और प्रत्यक्ष बातचीत होती है।

## 147. Orientalism

English Explanation: A concept by Edward Said, orientalism refers to the Western depiction of Eastern cultures as exotic, backward, or inferior, perpetuating stereotypes.

Hindi Explanation: ओरिएंटलिज़्म एडवर्ड सईद द्वारा दी गई अवधारणा है, जो पूर्वी संस्कृतियों को विदेशी, पिछड़ी, या हीन रूप में पश्चिमी चित्रण को संदर्भित करती है और रूढ़ियों को बनाए रखती है।

## 148. Oxford Movement

English Explanation: The Oxford Movement was a religious and theological movement in the Church of England during the early 19th century, approximately from 1833 to 1845. It began at the University of Oxford, aiming to restore traditional Catholic practices and doctrines within Anglicanism. The leaders of this movement, including John Henry Newman, Edward

Bouverie Pusey, and John Keble, believed that the Anglican Church had strayed too far from its Catholic roots following the Reformation.

The movement emphasized the following:

1. Apostolic Succession: The continuity of bishops from the time of the Apostles.
2. Sacramental Life: A focus on the importance of the Eucharist and other sacraments.
3. Liturgy and Rituals: Advocated for elaborate church rituals and traditional liturgical practices.
4. Catholic Identity: They argued that the Anglican Church was not merely Protestant but also a part of the universal (Catholic) church.

John Keble's sermon, "National Apostasy" (1833), is considered the starting point of the movement. Many pamphlets and writings, known as the "Tracts for the Times," were published to spread the ideas of the movement, hence it is also called the Tractarian Movement.

Outcome: The Oxford Movement faced opposition from the Protestant factions of the Anglican Church.

Some leaders, such as John Henry Newman, converted to Roman Catholicism due to their belief in the Catholic Church's authenticity. It influenced the development of the Anglo-Catholic tradition within the Anglican Church.

Example: John Henry Newman's work, "Apologia Pro Vita Sua" (1864), explains his journey from Anglicanism to Catholicism and provides insights into the beliefs and struggles of the Oxford Movement.

Hindi Explanation: ऑक्सफोर्ड मूवमेंट 19वीं सदी की शुरुआत (लगभग 1833 से 1845) में इंग्लैंड के चर्च (Church of England) में हुआ एक धार्मिक और धर्मशास्त्रीय आंदोलन था। इसकी शुरुआत ऑक्सफोर्ड विश्वविद्यालय से हुई। इस आंदोलन का उद्देश्य एंग्लिकन चर्च में पारंपरिक कैथोलिक परंपराओं और सिद्धांतों को पुनर्जीवित करना था।

इस आंदोलन के नेता, जैसे कि जॉन हेनरी न्यूमैन, एडवर्ड बुवेरी प्यूज़ी और जॉन कीबल, मानते थे कि सुधार आंदोलन (Reformation) के बाद एंग्लिकन चर्च अपने कैथोलिक मूल्यों से बहुत दूर चला गया है।

मुख्य विशेषताएँ:

1. प्रेरित उत्तराधिकार (Apostolic Succession): बिशप्स की निरंतरता जो सीधे प्रेरितों (Apostles) से जुड़ी हुई है।
2. साक्रामेंट का महत्व: यूखारिस्ट (Eucharist) और अन्य साक्रामेंट्स को धार्मिक जीवन का केंद्र बनाने पर जोर।
3. पारंपरिक अनुष्ठान (Liturgy): चर्च में पारंपरिक विधियों और अनुष्ठानों की वकालत।
4. कैथोलिक पहचान: इस विचार का समर्थन कि एंग्लिकन चर्च केवल प्रोटेस्टेंट नहीं है, बल्कि सार्वभौमिक चर्च (कैथोलिक) का हिस्सा है।

जॉन कीबल का उपदेश "नेशनल एपॉस्टेसी" (1833) इस आंदोलन की शुरुआत का प्रतीक माना जाता है। इस विचारधारा को फैलाने के लिए "ट्रैक्ट्स फॉर द टाइम्स" नामक कई लेख प्रकाशित किए गए। इस कारण इसे "ट्रैक्टेरियन मूवमेंट" भी कहा जाता है।

परिणाम: इस आंदोलन का प्रोटेस्टेंट गुटों द्वारा विरोध किया गया।

कुछ नेताओं, जैसे कि जॉन हेनरी न्यूमैन, ने रोमन कैथोलिक चर्च में शामिल होने का फैसला किया क्योंकि वे इसे अधिक प्रामाणिक मानते थे। इस आंदोलन ने एंग्लिकन चर्च के भीतर एंग्लो-कैथोलिक परंपरा को विकसित किया।

उदाहरण: जॉन हेनरी न्यूमैन की कृति "एपोलोजिया प्रो वीटा सूआ" (1864) उनके एंग्लिकन से कैथोलिक बनने की यात्रा को दर्शाती है और ऑक्सफोर्ड मूवमेंट के विचारों व संघर्षों को समझने में मदद करती है।

## 149. Palindrome

English Explanation: A palindrome is a word, phrase, or number that reads the same backward and forward.

Example: "Madam" or "121."

Hindi Explanation: पैलिंड्रोम एक शब्द, वाक्यांश, या संख्या है, जो आगे और पीछे से एक समान पढ़ी जाती है।

उदाहरण: "मेडम" या "121"।

## 150. Panegyric

English Explanation: A panegyric is a formal or elaborate speech or text praising someone or something.

Example: John Dryden's Annus Mirabilis.

Hindi Explanation: पैनेजिरिक एक औपचारिक या विस्तृत भाषण या पाठ है, जो किसी की प्रशंसा करता है।

उदाहरण: जॉन ड्राइडन का ऐनस मिराबिलिस।

## 151. Pantomime

English Explanation: A pantomime is a form of theatrical performance that uses music, dance, gestures, and facial expressions to convey a story without spoken dialogue. It originated in ancient Greece and later evolved during the 18th century in England. Modern pantomimes, especially popular in the UK, are family-oriented shows with comedy, audience interaction, and exaggerated acting, often performed during Christmas.

Example: A clown using exaggerated gestures and facial expressions to tell a story without speaking.

Hindi Explanation: पैंटोमाइम एक नाटकीय प्रदर्शन है जिसमें संगीत, नृत्य, हावभाव और चेहरे के भावों के माध्यम से कहानी प्रस्तुत की जाती है, लेकिन संवाद नहीं बोले जाते। इसका आरंभ प्राचीन ग्रीस में हुआ और यह 18वीं सदी में इंग्लैंड में विकसित हुआ। आजकल, पैंटोमाइम क्रिसमस के दौरान प्रस्तुत किए जाने वाले हास्य और परिवार-उन्मुख नाटकों के रूप में लोकप्रिय है।

उदाहरण: जोकर का बिना बोले केवल हावभाव और चेहरे के भावों के जरिए कहानी सुनाना।

## 152. Paratext

English Explanation: The paratext refers to all the additional materials accompanying a literary work, such as the title, preface, introduction, cover, and even promotional materials. These elements influence how a reader approaches and interprets the main text. French theorist Gérard Genette popularized this term.

Example: The foreword of a novel giving context about the author's inspiration.

Hindi Explanation: पैराटेक्स्ट किसी साहित्यिक कृति के साथ जुड़े सभी अतिरिक्त सामग्री को कहते हैं, जैसे शीर्षक, प्रस्तावना, परिचय, कवर, और प्रचार सामग्री। ये तत्व पाठक के मुख्य पाठ को समझने और व्याख्या करने के तरीके को प्रभावित करते हैं। फ्रांसीसी विचारक गेरार्ड जेनेट ने इस शब्द को प्रचलित किया।

उदाहरण: किसी उपन्यास की प्रस्तावना जो लेखक की प्रेरणा के बारे में जानकारी देती है।

## 153. Passion Play

English Explanation: A passion play is a dramatic representation of the suffering, crucifixion, and resurrection of Jesus Christ. Originating in the medieval period, these plays were performed as part of religious festivals, especially during Easter.

Example: The Oberammergau Passion Play in Germany, held every ten years, is one of the most famous.

Hindi Explanation: पैशन प्ले यीशु मसीह के कष्ट, क्रूस पर चढ़ाए जाने और पुनरुत्थान को नाटकीय रूप में प्रस्तुत करने वाली धार्मिक नाट्यकला है। इसका आरंभ मध्यकाल में हुआ और यह मुख्य रूप से ईस्टर के समय धार्मिक उत्सवों में प्रस्तुत की जाती थी।

उदाहरण: जर्मनी का ओबरामरगाऊ पैशन प्ले, जो हर दस साल में होता है, सबसे प्रसिद्ध है।

## 154. Pastoral

English Explanation: A pastoral is a literary work that idealizes rural life and nature, often contrasting it with urban corruption. Pastoral poetry, prose, or drama romanticizes the simplicity and purity of country living.

Example: Christopher Marlowe's poem "The Passionate Shepherd to His Love" is a classic example.

Hindi Explanation: पैस्टोरल एक साहित्यिक विधा है जो ग्रामीण जीवन और प्रकृति का आदर्श रूप प्रस्तुत करती है और इसे शहरी भ्रष्टाचार के विपरीत दिखाती है। पैस्टोरल कविता, गद्य, या नाटक सरल और शुद्ध ग्रामीण जीवन को रोमांटिक रूप में चित्रित करता है।

उदाहरण: क्रिस्टोफर मार्लो की कविता "द पैशनेट शेफर्ड टू हिज़ लव" इसका एक उत्कृष्ट उदाहरण है।

## 155. Pastourelle

English Explanation: A pastourelle is a medieval French poetic form that typically depicts a conversation between a knight and a shepherdess. The tone can vary from romantic to humorous.

Example: The 12th-century French poems where knights woo shepherdesses are examples of pastourelle.

Hindi Explanation: पास्तुरेल मध्यकालीन फ्रांसीसी कविता की एक विधा है जिसमें आमतौर पर एक योद्धा और एक चरवाहिन के बीच संवाद दिखाया जाता है। इसका स्वर कभी रोमांटिक तो कभी हास्यपूर्ण हो सकता है।

उदाहरण: 12वीं सदी की फ्रांसीसी कविताएं, जिनमें योद्धा चरवाहिन को रिझाने की कोशिश करते हैं।

## 156. Pathos

English Explanation: Pathos is a literary device that evokes pity, sadness, or compassion in the audience. Writers use it to create an emotional connection between the audience and the narrative.

Example: The tragic fate of Romeo and Juliet in Shakespeare's play creates pathos.

Hindi Explanation: पैथॉस एक साहित्यिक उपकरण है जो दर्शकों में करुणा, दुख, या सहानुभूति की भावना उत्पन्न करता है। लेखक इसका उपयोग पाठकों और कहानी के बीच भावनात्मक संबंध स्थापित करने के लिए करते हैं।

उदाहरण: शेक्सपीयर के नाटक रोमियो और जूलियट की दुखद परिणति पैथॉस उत्पन्न करती है।

## 157. Pathopoeia

English Explanation: Pathopoeia is a rhetorical technique used to evoke strong emotions, especially sorrow or pity, through vivid descriptions or expressions.

Example: In Homer's Iliad, the lamentation of Achilles for Patroclus is an example of pathopoeia.

Hindi Explanation: पैथोपोइया एक आलंकारिक तकनीक है जिसमें जीवंत वर्णनों या अभिव्यक्तियों के माध्यम से तीव्र भावनाएं, विशेष रूप से दुख या करुणा, उत्पन्न की जाती हैं।

उदाहरण: होमर की इलियड में पैट्रोक्लस के लिए अचिलीस का विलाप पैथोपोइया का उदाहरण है।

## 158. PEN

English Explanation: PEN stands for Poets, Essayists, and Novelists, an international organization founded in 1921 to promote literature and defend freedom of expression.

Example: Salman Rushdie received PEN support during controversies surrounding his novel The Satanic Verses.

Hindi Explanation: पेन का अर्थ है पोएट्स, एसेइस्ट्स और नॉवेलिस्ट्स, जो 1921 में स्थापित एक अंतरराष्ट्रीय संगठन है। इसका उद्देश्य साहित्य को बढ़ावा देना और अभिव्यक्ति की स्वतंत्रता का समर्थन करना है।

उदाहरण: सलमान रुश्दी को उनके उपन्यास द सैटेनिक वर्सेज के विवादों के दौरान पेन का समर्थन मिला।

## 159. Penny Dreadful

English Explanation: Penny dreadfuls were cheap, sensationalist serialized stories published in 19th-century Britain. Sold for a penny, they were often melodramatic and focused on crime, horror, and adventure. These stories targeted working-class readers and contributed to popular fiction's growth.

Example: Sweeney Todd: The Demon Barber of Fleet Street originated as a penny dreadful.

Hindi Explanation: पैनी ड्रेडफुल 19वीं सदी के ब्रिटेन में प्रकाशित सस्ते, सनसनीखेज धारावाहिक कथाएं थीं। इन्हें एक पैसे में बेचा जाता था और ये आम तौर पर अपराध, भय और रोमांच पर आधारित होती थीं। ये कहानियां मुख्य रूप से श्रमिक वर्ग के पाठकों को लक्षित करती थीं और लोकप्रिय साहित्य के विकास में योगदान देती थीं।

उदाहरण: स्वीनी टॉड: द डेमन बार्बर ऑफ फ्लीट स्ट्रीट मूल रूप से एक पैनी ड्रेडफुल कहानी थी।

## 160. Pereval

English Explanation: Pereval refers to a Russian literary group formed in the 1920s that opposed the strict controls of Soviet literary policies. They emphasized artistic freedom and individualism in literature, contrasting with state-driven propaganda.

Example: Members of the Pereval group included writers like Ivan Kataev, who resisted socialist realism.

Hindi Explanation: पेरेवल 1920 के दशक में बना एक रूसी साहित्यिक समूह था जिसने सोवियत साहित्यिक नीतियों के कड़े नियंत्रण का विरोध किया। इस समूह ने साहित्य में कलात्मक स्वतंत्रता और व्यक्तिगत अभिव्यक्ति पर जोर दिया, जो राज्य-प्रायोजित प्रचार से अलग था।

उदाहरण: पेरेवल समूह के सदस्यों में इवान कातायेव जैसे लेखक शामिल थे, जिन्होंने समाजवादी यथार्थवाद का विरोध किया।

## 161. Periodical

English Explanation: A periodical is a publication issued at regular intervals, such as weekly, monthly, or quarterly. It includes magazines, journals, and newspapers, often focusing on specific topics or fields.

Example: The Spectator, a famous 18th-century British periodical, published essays on politics, literature, and society.

Hindi Explanation: पीरियोडिकल वह प्रकाशन है जो नियमित अंतराल पर जारी किया जाता है, जैसे साप्ताहिक, मासिक या त्रैमासिक। इसमें पत्रिकाएं, जर्नल, और समाचार पत्र शामिल होते हैं, जो अक्सर किसी विशेष विषय या क्षेत्र पर केंद्रित होते हैं।

उदाहरण: द स्पेक्टेटर, 18वीं सदी का एक प्रसिद्ध ब्रिटिश पीरियोडिकल है, जो राजनीति, साहित्य और समाज पर निबंध प्रकाशित करता था।

## 162. Philistine

English Explanation: In a literary sense, a philistine refers to someone who is indifferent or hostile to culture, art, or intellectual pursuits. It denotes a materialistic or narrow-minded individual.

Example: A person dismissing the importance of art museums as a waste of money can be called a philistine.

Hindi Explanation: साहित्यिक दृष्टि से, फिलिस्तीन ऐसे व्यक्ति को कहते हैं जो संस्कृति, कला, या बौद्धिक गतिविधियों के प्रति उदासीन या विरोधी हो। इसका तात्पर्य भौतिकवादी या संकीर्ण सोच वाले व्यक्ति से होता है।

उदाहरण: ऐसा व्यक्ति जो कला संग्रहालयों को पैसे की बर्बादी मानता हो, उसे फिलिस्तीन कहा जा सकता है।

## 163. Phallogocentric

English Explanation: Phallogocentrism is a concept in feminist and post-structuralist theory, criticizing the dominance of male-centered (phallic) and language-centered (logos) ideologies in society, philosophy, and literature.

Example: Jacques Derrida's deconstruction critiques phallogocentrism in Western philosophy.

Hindi Explanation: फैलोगोसेंट्रिज्म नारीवादी और उत्तर-संरचनावादी सिद्धांत में एक अवधारणा है, जो समाज, दर्शन और साहित्य में पुरुष-केंद्रित (फैलिक) और भाषा-केंद्रित (लोगोस)

विचारधाराओं के प्रभुत्व की आलोचना करती है।

उदाहरण: जाक डेरीडा का विघटन पश्चिमी दर्शन में फैलोगोसेंट्रिज्म की आलोचना करता है।

## 164. Phonocentrism

English Explanation: Phonocentrism is the privileging of speech over writing, rooted in the belief that spoken language is more authentic or natural than written text. This idea is critiqued in deconstructionist theory.

Example: Derrida argued against the idea that speech is closer to thought than writing.

Hindi Explanation: फोनोसेंट्रिज्म लिखित भाषा की तुलना में मौखिक भाषा को प्राथमिकता देने की अवधारणा है। यह विश्वास इस पर आधारित है कि मौखिक भाषा लिखित पाठ की तुलना में अधिक प्रामाणिक या प्राकृतिक है। इस विचार की आलोचना विघटनवादी सिद्धांत में की गई है।

उदाहरण: डेरीडा ने इस धारणा के खिलाफ तर्क दिया कि मौखिक भाषा विचार के अधिक निकट है।

## 165. Philology

English Explanation: Philology is the study of language in historical and literary contexts, focusing on texts and their development over time. It involves analyzing grammar, literary traditions, and linguistic evolution.

Example: Studying Chaucer's The Canterbury Tales in its Middle English form is a philological endeavor.

Hindi Explanation: फिलोलॉजी भाषा का ऐतिहासिक और साहित्यिक संदर्भों में अध्ययन है, जिसमें ग्रंथों और उनके समय के साथ विकास पर ध्यान दिया जाता है। यह व्याकरण, साहित्यिक परंपराओं, और भाषाई विकास के विश्लेषण को शामिल करता है।

उदाहरण: चौसर की द कैंटरबरी टेल्स का मध्य अंग्रेजी रूप में अध्ययन करना फिलोलॉजी का एक उदाहरण है।

## 166. Phoneme

English Explanation: A phoneme is the smallest unit of sound in a language that can distinguish one word from another. For example, the sounds /b/ and /p/ are distinct phonemes in English, as they differentiate words like "bat" and "pat."

Example: The phonemes in the word "cat" are /k/, /æ/, and /t/.

Hindi Explanation: फोनेम एक भाषा में ध्वनि की सबसे छोटी इकाई होती है, जो एक शब्द को दूसरे से अलग करती है। उदाहरण के तौर पर, अंग्रेजी में /b/ और /p/ अलग-अलग फोनेम होते हैं, क्योंकि ये "bat" और "pat" शब्दों को अलग करते हैं।

उदाहरण: शब्द "cat" में फोनेम /k/,/æ/, और /t/ हैं।

## 167. Picaresque Novel

English Explanation: A picaresque novel is a genre of novel that features a roguish protagonist, often of lower social class, who embarks on a series of adventures, typically involving satire and humor. These novels usually depict the protagonist's journey through various social structures.

Example: Don Quixote by Miguel de Cervantes is considered a picaresque novel.

Hindi Explanation: पिकारेस्क उपन्यास एक उपन्यास की शैली है जिसमें एक चालाक नायक होता है, जो अक्सर निम्न सामाजिक वर्ग का होता है, और वह एक श्रृंखला में साहसिक कार्यों में संलिप्त होता है, जिसमें आमतौर पर व्यंग्य और हास्य होता है। ये उपन्यास आमतौर पर नायक की यात्रा को विभिन्न सामाजिक संरचनाओं के माध्यम से चित्रित करते हैं।

उदाहरण: मिगेल दे सर्वांतेस का डॉन क्विक्सोट एक पिकारेस्क उपन्यास माना जाता है।

## 168. Pillow Dictionary

English Explanation: A pillow dictionary is a humorous term for a type of dictionary that is considered overly simple or basic, often criticized for lacking depth or accuracy in its definitions.

Example: A "pillow dictionary" might provide overly simplistic definitions, like defining "computer" as "an electronic device."

Hindi Explanation: पिलो डिक्शनरी एक मजाकिया शब्द है, जो एक प्रकार की शब्दकोश को संदर्भित करता है जिसे अत्यधिक सरल या बुनियादी माना जाता है, और इसके परिभाषाओं में गहराई या सटीकता की कमी के लिए आलोचना की जाती है।

उदाहरण: एक "पिलो डिक्शनरी" अत्यधिक सरल परिभाषाएं प्रदान कर

सकती है, जैसे "कंप्यूटर" को "एक इलेक्ट्रॉनिक डिवाइस" के रूप में परिभाषित करना।

## 169. Platonism

English Explanation: Platonism is a philosophy based on the ideas of the ancient Greek philosopher Plato. It emphasizes the existence of abstract, non-material forms or ideals that are more real than the physical world. These forms are unchanging and perfect, unlike the mutable and imperfect world we perceive.

Example: In Platonism, concepts like "beauty" or "justice" exist as perfect forms, even though we experience imperfect examples of them.

Hindi Explanation: प्लेटोनिज़्म प्राचीन ग्रीक दार्शनिक प्लेटो के विचारों पर आधारित एक दर्शन है। यह अमूर्त, गैर-सामग्री रूपों या आदर्शों के अस्तित्व पर बल देता है, जो भौतिक संसार से अधिक वास्तविक होते हैं। ये रूप अपरिवर्तनीय और परिपूर्ण होते हैं, जबकि जो हम अनुभव करते हैं वह परिवर्तनशील और अपूर्ण होता है।

उदाहरण: प्लेटोनिज़्म में, "सौंदर्य" या "न्याय" जैसे विचार परिपूर्ण रूपों के रूप में अस्तित्व में होते हैं, जबकि हम इन्हें अपूर्ण उदाहरणों के रूप में अनुभव करते हैं।

## 170. Play

English Explanation: A play is a form of literature performed on stage, usually involving characters, dialogue, and a plot. It is written to be enacted by actors, and the script typically includes stage directions along with spoken words.

Example: Romeo and Juliet by William Shakespeare is a famous play.

Hindi Explanation: नाटक साहित्य का एक रूप होता है जो मंच पर प्रदर्शन के लिए लिखा जाता है, जिसमें आमतौर पर पात्र, संवाद, और कथानक होता है। इसे अभिनेता द्वारा अभिनय करने के लिए लिखा जाता है, और इसके स्क्रिप्ट में आमतौर पर मंच पर दिशा-निर्देश और बोले गए शब्द शामिल होते हैं।

उदाहरण: विलियम शेक्सपियर का रोमियो और जूलियट एक प्रसिद्ध नाटक है।

## 171. Poetic Diction

English Explanation: Poetic diction refers to the choice of words, style, and language used in poetry, which is often more elevated and formal than everyday speech. Poetic diction may include unusual metaphors, elaborate vocabulary, and heightened emotions to create an aesthetic experience.

Example: Wordsworth's use of simple, yet profound language in I Wandered Lonely as a Cloud is an example of poetic diction.

Hindi Explanation: काव्य भाषा शब्दों, शैली और भाषा के चयन को संदर्भित करती है जो कविता में उपयोग की जाती है, जो सामान्य बातचीत की तुलना में अक्सर अधिक ऊँची और औपचारिक होती है। काव्य भाषा में असामान्य रूपक, विस्तृत शब्दावली और ऊँची भावनाएँ शामिल हो सकती हैं, ताकि एक सौंदर्यपूर्ण अनुभव उत्पन्न किया जा सके।

उदाहरण: वर्ड्स्वर्थ का I Wandered Lonely as a Cloud में सरल, लेकिन गहरे भाषा का उपयोग काव्य भाषा का उदाहरण है।

## 172. Potboiler

English Explanation: A potboiler is a work of literature or art produced quickly and with little regard for quality, often solely for financial gain. The term is often used to describe books or plays that are formulaic or commercial in nature.

Example: Many detective novels written in the 20th century are considered potboilers due to their formulaic plots and focus on profit over literary value.

Hindi Explanation: पॉटबॉयलर एक ऐसा साहित्यिक या कलात्मक कार्य है जिसे जल्दी और कम गुणवत्ता के साथ तैयार किया जाता है, अक्सर केवल वित्तीय लाभ के लिए। यह शब्द उन पुस्तकों या नाटकों को संदर्भित करने के लिए उपयोग किया जाता है जो रूढ़िवादी या व्यापारिक होती हैं।

उदाहरण: 20वीं सदी में लिखी गई कई डिटेक्टिव उपन्यासों को पॉटबॉयलर माना जाता है, क्योंकि उनके कथानक रूढ़िवादी होते हैं और साहित्यिक मूल्य की बजाय लाभ पर ध्यान केंद्रित करते हैं।

## 173. Preface

English Explanation: A preface is an introductory section of a book or other literary work that explains the author's intentions, the context of the work, or background information. It usually comes before the main text.

Example: Charles Dickens's A Tale of Two Cities contains a preface in which he discusses the historical events leading to the novel's creation.

Hindi Explanation: प्रस्तावना एक पुस्तक या अन्य साहित्यिक कार्य का प्रारंभिक खंड होता है, जिसमें लेखक की मंशा, कार्य का संदर्भ या पृष्ठभूमि जानकारी दी जाती है। यह सामान्यत: मुख्य पाठ से पहले आती है।

उदाहरण: चार्ल्स डिकेन्स की A Tale of Two Cities में एक प्रस्तावना है, जिसमें वह उपन्यास के निर्माण से पहले हुए ऐतिहासिक घटनाओं पर चर्चा करते हैं।

## 174. Protagonist

English Explanation: The protagonist is the central character in a work of literature, often the hero or main figure who drives the story forward and faces challenges.

Example: In Hamlet, Hamlet himself is the protagonist of the play.

Hindi Explanation: नायक एक साहित्यिक कार्य में केंद्रीय पात्र होता है, जो अक्सर कहानी को आगे बढ़ाता है और चुनौतियों का सामना करता है।

उदाहरण: Hamlet में, हैमलेट स्वयं नायक है।

## 175. Protatic Character

English Explanation: A protatic character is one who is essential to the unfolding of the plot, often serving as a precursor or introductory figure, helping to set the stage for the protagonist's story.

Example: In Shakespeare's Macbeth, Banquo serves as a protatic character to Macbeth's journey, foreshadowing key themes.

Hindi Explanation: प्रोटेटिक पात्र वह पात्र होता है जो कथानक के unfold होने में महत्वपूर्ण होता है, अक्सर एक पूर्वसूचक या परिचयात्मक पात्र के रूप में कार्य करता है, जो नायक की कहानी के लिए मंच तैयार करता है।

उदाहरण: शेक्सपियर के Macbeth में, बान्को एक प्रोटेटिक पात्र के रूप में कार्य करता है, जो महत्वपूर्ण विषयों का पूर्वानुमान करता है।

## 176. Prothalamion

English Explanation: A prothalamion is a type of poem written to celebrate an upcoming marriage or betrothal. The term was coined by Edmund Spenser in his poem Prothalamion, which was written to celebrate the engagement of two ladies.

Example: Edmund Spenser's Prothalamion is a famous example of this type of poem.

Hindi Explanation: प्रोथलामियन एक प्रकार की कविता होती है जो एक आगामी विवाह या सगाई का उत्सव मनाने के लिए लिखी जाती है। इस शब्द को एडमंड स्पेंसर ने अपनी कविता Prothalamion में गढ़ा, जो दो महिलाओं की सगाई के सम्मान में लिखी गई थी।

उदाहरण: एडमंड स्पेंसर की Prothalamion इस प्रकार की कविता का एक प्रसिद्ध उदाहरण है।

## 177. Pseudo-Statement

English Explanation: A pseudo-statement is a statement that appears to be meaningful or true but lacks genuine substance or is logically incoherent. It may sound plausible but is ultimately meaningless.

Example: "Colorless green ideas sleep furiously" is a pseudo-statement, as it is grammatically correct but nonsensical.

Hindi Explanation: नकली बयान वह बयान होता है जो प्रतीत होता है कि यह सार्थक या सत्य है, लेकिन इसमें वास्तविक सामग्री की कमी होती है या यह तार्किक रूप से असंगत होता है। यह भले ही संभव लगे, लेकिन अंततः यह निरर्थक होता है।

उदाहरण: "Colorless green ideas sleep furiously" एक नकली बयान है, क्योंकि यह व्याकरणिक रूप से सही है, लेकिन अर्थहीन है।

## 178. Psychological Novel

English Explanation: A psychological novel focuses on the inner thoughts, emotions, and motivations of its characters, often exploring their subconscious mind and internal struggles. The narrative often delves into how the characters perceive reality.

Example: Mrs. Dalloway by Virginia Woolf is a notable psychological novel that explores the complexities of the human mind.

Hindi Explanation: मनोवैज्ञानिक उपन्यास अपने पात्रों के आंतरिक विचारों, भावनाओं और प्रेरणाओं पर केंद्रित होता है, जो अक्सर उनके अवचेतन मन और आंतरिक संघर्षों की खोज करता है। कथा अक्सर इस बात की गहराई से जांच करती है कि पात्र वास्तविकता को कैसे देखते हैं।

उदाहरण: वर्जीनिया वूल्फ का Mrs. Dalloway एक प्रसिद्ध मनोवैज्ञानिक उपन्यास है जो मानव मस्तिष्क की जटिलताओं का अन्वेषण करता है।

## 179. Pulp Literature

English Explanation: Pulp literature refers to low-budget, mass-produced books or magazines that often prioritize entertainment over literary quality. These works are typically genre fiction, such as detective stories, science fiction, or horror.

Example: The pulp magazines from the early 20th century, such as Amazing Stories or Detective Tales, are considered classic examples of pulp literature.

Hindi Explanation: पल्प साहित्य कम बजट, बड़े पैमाने पर उत्पादित पुस्तकों या पत्रिकाओं को संदर्भित करता है जो अक्सर साहित्यिक गुणवत्ता की बजाय मनोरंजन को प्राथमिकता देते हैं। ये कार्य आमतौर पर शैली आधारित उपन्यास होते हैं, जैसे कि डिटेक्टिव कहानियाँ, विज्ञान कथा या हॉरर।

उदाहरण: 20वीं सदी की प्रारंभिक पल्प पत्रिकाएँ, जैसे Amazing Stories या Detective Tales, पल्प साहित्य के क्लासिक उदाहरण मानी जाती हैं।

## 180. Problem Play

English Explanation: A problem play is a genre of drama that deals with social, political, or moral issues and often aims to provoke thought and discussion. These plays highlight issues that were controversial or of societal concern at the time they were written.

Example: Henrik Ibsen's A Doll's House is a famous problem play that deals with themes of gender roles and societal expectations.

Hindi Explanation: समस्या नाटक नाटक की एक शैली है जो सामाजिक, राजनीतिक या नैतिक मुद्दों पर आधारित होती है और अक्सर विचार और चर्चा को प्रेरित करने का उद्देश्य रखती है। ये नाटक उन मुद्दों को उजागर करते हैं जो उन समयों में विवादास्पद या सामाजिक चिंता का विषय थे जब इन्हें लिखा गया था।

उदाहरण: हेनरिक इब्सेन का A Doll's House एक प्रसिद्ध समस्या नाटक है जो लिंग भूमिकाओं और सामाजिक अपेक्षाओं के विषयों पर चर्चा करता है।

## 181. Queer Theory

English Explanation: Queer theory is an academic field that challenges the conventional understanding of gender, sexuality, and identity. It critiques societal norms surrounding these concepts, questioning the binary categories of male/female, heterosexual/homosexual, and so on. Queer theory encourages the fluidity and complexity of identities rather than rigid labels.

Example: Judith Butler's Gender Trouble is a key text in queer theory, questioning how gender is socially constructed and performed.

Hindi Explanation: क्वीर सिद्धांत एक अकादमिक क्षेत्र है जो लिंग, यौनिता और पहचान की पारंपरिक समझ को चुनौती देता है। यह इन अवधारणाओं के चारों ओर सामाजिक मानदंडों की आलोचना करता है, और पुरुष/महिला, विषमलैंगिक/समलैंगिक जैसे द्विआधारी श्रेणियों पर सवाल उठाता है। क्वीर सिद्धांत पहचान की तरलता और जटिलता को बढ़ावा देता है, न कि कठोर लेबलों को।

उदाहरण: जूडिथ बटलर की Gender Trouble क्वीर सिद्धांत में एक महत्वपूर्ण पाठ है, जो यह सवाल उठाता है कि लिंग कैसे सामाजिक रूप से निर्मित और प्रदर्शन किया जाता है।

## 182. Rasa

English Explanation: Rasa is a concept in Indian aesthetics that refers to the emotional flavor or essence that a work of art evokes in its audience. It can refer to various moods like love, anger, fear, or humor. Rasa is particularly prominent in classical Indian performing arts such as drama, dance, and music.

Example: In a traditional Indian dance performance, the expression of shringar rasa (the emotion of love and beauty) is central to the storytelling.

Hindi Explanation: रसा भारतीय सौंदर्यशास्त्र में एक अवधारणा है जो कला के किसी काम में दर्शकों में उत्पन्न होने वाली भावनात्मक सुगंध या सार को संदर्भित करती है। यह विभिन्न भावनाओं को संदर्भित कर सकता है, जैसे प्रेम, क्रोध, भय या हास्य। रसा विशेष रूप से भारतीय शास्त्रीय प्रदर्शन कला जैसे नाटक, नृत्य और संगीत में प्रमुख है।

उदाहरण: एक पारंपरिक भारतीय नृत्य प्रदर्शन में श्रृंगार रसा (प्रेम और सुंदरता की भावना) का चित्रण कथा कहने में केंद्रीय होता है।

## 183. Reader-Response Theory

English Explanation: Reader-response theory focuses on the reader's role in creating the meaning of a text. It suggests that meaning is not solely inherent in the text but is co-

constructed by the reader's personal experiences, emotions, and interpretations. The theory emphasizes the active participation of readers in shaping the text's meaning.

Example: A reader's interpretation of The Great Gatsby might vary widely depending on their personal experiences with themes of wealth, love, or failure.

Hindi Explanation: पाठक-प्रतिक्रिया सिद्धांत इस पर ध्यान केंद्रित करता है कि पाठक का पाठ के अर्थ को बनाने में क्या भूमिका होती है। यह सुझाव देता है कि अर्थ केवल पाठ में निहित नहीं होता, बल्कि यह पाठक के व्यक्तिगत अनुभवों, भावनाओं और व्याख्याओं से सह-निर्मित होता है। यह सिद्धांत पाठकों की सक्रिय भागीदारी को पाठ के अर्थ को आकार देने में महत्व देता है।

उदाहरण: The Great Gatsby की पाठक की व्याख्या उनके व्यक्तिगत अनुभवों पर निर्भर कर सकती है, जैसे संपत्ति, प्रेम या विफलता के विषयों के साथ।

## 184. Reception Theory

English Explanation: Reception theory is a literary theory that emphasizes the role of the audience in interpreting a text. It suggests that texts are not fixed in their meaning but change depending on the historical, cultural, and social context of the reader. The theory asserts that the reader's reception is what completes the meaning of the work.

Example: Shakespeare's plays have been interpreted differently across time and cultures, from his original audience to modern interpretations.

Hindi Explanation: स्वीकृति सिद्धांत एक साहित्यिक सिद्धांत है जो पाठक के पाठ के अर्थ को समझने में भूमिका को महत्वपूर्ण मानता है। यह सुझाव देता है कि पाठों के अर्थ स्थिर नहीं होते, बल्कि वे पाठक के ऐतिहासिक, सांस्कृतिक और सामाजिक संदर्भ के आधार पर बदलते हैं। यह सिद्धांत कहता है कि पाठक की स्वीकृति ही कार्य के अर्थ को पूरा करती है।

उदाहरण: शेक्सपियर के नाटकों की व्याख्या समय और संस्कृतियों में अलग-अलग तरीके से की गई है, उनके मूल दर्शकों से लेकर आधुनिक व्याख्याओं तक।

## 185. Restoration Comedy

English Explanation: Restoration comedy refers to the comedic plays written during the English Restoration period (1660-1700), a time when the monarchy was restored under King Charles II. These plays often feature witty dialogue, sexual innuendo, and a satirical treatment of contemporary social norms.

Example: The Country Wife by William Wycherley is a prime example of a Restoration comedy.

Hindi Explanation: रिस्टोरेशन कॉमेडी इंग्लैंड के रिस्टोरेशन काल (1660-1700) के दौरान लिखी गई हास्य नाटकों को संदर्भित करती है, जब राजा चार्ल्स द्वितीय के तहत राजतंत्र को बहाल किया गया था। इन नाटकों में अक्सर बुद्धिमान संवाद, यौन संकेत और समकालीन सामाजिक मानदंडों की व्यंग्यात्मक दृष्टि होती है।

उदाहरण: विलियम विचरली की The Country Wife रिस्टोरेशन कॉमेडी का एक प्रमुख उदाहरण है।

## 186. Revenge Tragedy

English Explanation: A revenge tragedy is a dramatic genre, particularly popular in Elizabethan and Jacobean drama, which focuses on a protagonist seeking vengeance for a wrong. It typically involves themes of justice, retribution, and moral ambiguity.

Example: Hamlet by William Shakespeare is one of the most famous examples of a revenge tragedy.

Hindi Explanation: प्रतिशोध त्रासदी एक नाटकीय शैली है, जो विशेष रूप से एलिज़ाबेथन और जैकोबियन नाटकों में लोकप्रिय थी, जिसमें एक नायक एक गलत के लिए प्रतिशोध लेने की कोशिश करता है। इसमें आमतौर पर न्याय, प्रतिशोध और नैतिक अस्पष्टता जैसे विषय होते हैं।

उदाहरण: विलियम शेक्सपियर का Hamlet एक प्रसिद्ध प्रतिशोध त्रासदी का उदाहरण है।

## 187. Rhapsody

English Explanation: A rhapsody is a piece of music or writing that is characterized by intense emotion or enthusiasm. In literature, it often refers to a passionate or elevated expression of feelings.

Example: Beethoven's Rhapsody in Blue is a famous piece of music full of passionate energy.

Hindi Explanation: रैप्सोडी एक संगीत या लेखन का टुकड़ा होता है जो

तीव्र भावना या उत्साह से परिपूर्ण होता है। साहित्य में, यह अक्सर भावनाओं की एक जोशीली या ऊंची अभिव्यक्ति को संदर्भित करता है।

उदाहरण: बीथोवेन का Rhapsody in Blue एक प्रसिद्ध संगीत रचनात्मक उदाहरण है जो जोश और ऊर्जा से भरी हुई है।

## 188. Roman a Clef

English Explanation: A Roman a clef is a novel in which real people or events are depicted under the guise of fictional characters or scenarios. The term comes from the French word for "novel with a key."

Example: Animal Farm by George Orwell is a Roman a clef, with real political figures and events represented by farm animals.

Hindi Explanation: रोमां अ क्लेफ एक उपन्यास है जिसमें वास्तविक लोगों या घटनाओं को काल्पनिक पात्रों या परिदृश्यों के रूप में चित्रित किया जाता है। यह शब्द फ्रांसीसी शब्द से आया है, जिसका अर्थ है "चाबी के साथ उपन्यास।"

उदाहरण: जॉर्ज ऑरवेल की Animal Farm एक रोमां अ क्लेफ है, जिसमें वास्तविक राजनीतिक व्यक्तित्व और घटनाओं को फार्म जानवरों के रूप में दर्शाया गया है।

## 189. Roman a Tiroirs

English Explanation: A Roman a tiroirs (novel of drawers) refers to a narrative structure where the story is told in a fragmented or episodic manner, often jumping between different plots or character perspectives.

Example: Ulysses by James Joyce is considered an example of a Roman a tiroirs, with its non-linear narrative structure.

Hindi Explanation: रोमां अ तीरवा (दराज़ों का उपन्यास) एक कथात्मक संरचना को संदर्भित करता है जिसमें कहानी को खंडित या प्रकरणीय तरीके से बताया जाता है, जो अक्सर विभिन्न कथाओं या पात्रों के दृष्टिकोण के बीच कूदता है।

उदाहरण: जेम्स जॉयस का Ulysses एक रोमां अ तीरवा का उदाहरण माना जाता है, जिसमें इसकी गैर-रैखिक कथात्मक संरचना होती है।

## 190. Romance

English Explanation: Romance refers to a genre of literature or art that focuses on idealized love, adventure, and chivalric tales. It often features a central love story, typically between a hero and heroine, and explores themes of passion, longing, and relationships. In a broader sense, it can also refer to stories that emphasize emotion and the beauty of life.

Example: Pride and Prejudice by Jane Austen is a classic romance novel, focusing on the evolving love between Elizabeth Bennet and Mr. Darcy.

Hindi Explanation: रोमांस साहित्य या कला की एक शैली है जो आदर्श प्रेम, साहसिकता और शूरवीरी कथाओं पर केंद्रित होती है। इसमें अक्सर एक केंद्रीय प्रेम कहानी होती है, जो आमतौर पर नायक और नायिका के बीच होती है, और इसमें भावनाओं, आकांक्षाओं और रिश्तों के विषयों की जांच की जाती है। व्यापक रूप में, यह उन कथाओं को भी संदर्भित कर सकता है जो भावनाओं और जीवन की सुंदरता पर जोर देती हैं।

उदाहरण: जेन ऑस्टिन का Pride and Prejudice एक प्रसिद्ध रोमांस उपन्यास है, जो एलिजाबेथ बेनेट और मिस्टर डार्सी के बीच बदलते हुए प्रेम को केंद्रित करता है।

## 191. Roman-Fleuve

English Explanation: A roman-fleuve (river novel) is a type of novel that spans several generations or covers a long period of time, similar to the continuous flow of a river. It often explores the lives of multiple characters and is sometimes written as a series of interconnected books.

Example: In Search of Lost Time by Marcel Proust is a famous example of a roman-fleuve, covering the narrator's life over several volumes.

Hindi Explanation: रोमां-फ्लेव (नदी उपन्यास) एक प्रकार का उपन्यास है जो कई पीढ़ियों तक फैला होता है या एक लंबे समय की अवधि को कवर करता है, जैसे एक नदी का निरंतर प्रवाह। यह अक्सर कई पात्रों के जीवन का अन्वेषण करता है और कभी-कभी इसे आपस में जुड़े हुए किताबों की श्रृंखला के रूप में लिखा जाता है।

उदाहरण: मार्सेल प्रूस्ट का In Search of Lost Time एक प्रसिद्ध रोमां-फ्लेव का उदाहरण है, जो कथाकार के जीवन को कई खंडों में कवर करता है।

## 192. Rhetoric

English Explanation: Rhetoric is the art of persuasion through language. It involves the use of various techniques to influence an audience, including ethos (credibility), pathos (emotional appeal), and logos (logical reasoning). Rhetoric is often used in speeches, advertisements, and political discourse.

Example: Martin Luther King Jr.'s famous "I Have a Dream" speech uses powerful rhetoric to appeal to emotions and promote civil rights.

Hindi Explanation: नैतिकता भाषा के माध्यम से मनाने की कला है। इसमें दर्शकों पर प्रभाव डालने के लिए विभिन्न तकनीकों का उपयोग किया जाता है, जिसमें एथोस (विश्वसनीयता), पैथोस (भावनात्मक अपील), और लोगोस (तार्किक तर्क) शामिल हैं। रेटोरिक का उपयोग अक्सर भाषणों, विज्ञापनों और राजनीतिक वाद-विवाद में किया जाता है।

उदाहरण: मार्टिन लूथर किंग जूनियर का प्रसिद्ध "I Have a Dream" भाषण शक्तिशाली रेटोरिक का उपयोग करता है, जो भावनाओं पर अपील करता है और नागरिक अधिकारों को बढ़ावा देता है।

### 193. Rogue Literature

English Explanation: Rogue literature refers to works of writing that are subversive, rebellious, or contrary to social norms or accepted standards. These works challenge authority and often criticize societal values.

Example: The Adventures of Huckleberry Finn by Mark Twain can be considered rogue literature for its critique of social and racial conventions.

Hindi Explanation: रोग साहित्य उन लेखों को संदर्भित करता है जो उग्र, विद्रोही, या सामाजिक मानदंडों या स्वीकृत मानकों के खिलाफ होते हैं। ये कृतियाँ प्राधिकरण को चुनौती देती हैं और अक्सर सामाजिक मूल्यों की आलोचना करती हैं।

उदाहरण: मार्क ट्वेन का The Adventures of Huckleberry Finn रोग साहित्य का एक उदाहरण हो सकता है, जो सामाजिक और जातीय परंपराओं की आलोचना करता है।

### 194. Roman-Feuilleton

English Explanation: A roman-feuilleton refers to a serialized novel, typically published in installments in newspapers or periodicals. This type of novel is often more focused on entertainment, with a fast-paced, engaging narrative.

Example: Charles Dickens' The Pickwick Papers was originally serialized as a roman-feuilleton before being published as a complete novel.

Hindi Explanation: रोमां-फिलेटॉन एक धारावाहिक उपन्यास को संदर्भित करता है, जिसे आमतौर पर समाचार पत्रों या पत्रिकाओं में किस्तों में प्रकाशित किया जाता है। इस प्रकार के उपन्यास अक्सर मनोरंजन पर अधिक ध्यान केंद्रित करते हैं, जिसमें तेज़-तर्रार, आकर्षक कथा होती है।

उदाहरण: चार्ल्स डिकेंस का The Pickwick Papers मूल रूप से रोमां-फिलेटॉन के रूप में धारावाहिक रूप से प्रकाशित हुआ था, इसके बाद इसे एक पूर्ण उपन्यास के रूप में प्रकाशित किया गया।

## 195. Roman Policier

English Explanation: A roman-policier is a French term for a detective novel or crime novel. It focuses on solving a crime or mystery, usually with a protagonist who is a detective or investPolicie

Example: The Hound of the Baskervilles by Sir Arthur Conan Doyle is a famous roman-policier featuring Sherlock Holmes as the detective.

Hindi Explanation: रोमां-पोलिसियर एक फ्रांसीसी शब्द है जो जासूसी उपन्यास या अपराध उपन्यास के लिए उपयोग किया जाता है। इसमें एक अपराध या रहस्य को हल करने पर ध्यान केंद्रित किया जाता है, आमतौर पर एक नायक के रूप में जो जासूस या जांचकर्ता होता है।

उदाहरण: सर आर्थर कॉनन डॉयल का The Hound of the Baskervilles एक प्रसिद्ध रोमां-पोलिसियर है, जिसमें शेरलॉक होम्स जासूस के रूप में होते हैं।

## 196. Romantic Revival

English Explanation: The Romantic Revival refers to the resurgence of interest in Romanticism during the 19th and early 20th centuries. It involves a return to themes of emotion, individualism, nature, and rebellion against rationalism, which characterized the original Romantic movement of the late 18th century.

Example: The works of poets like William Wordsworth and Samuel Taylor Coleridge marked the Romantic Revival in England.

Hindi Explanation: रोमांटिक पुनरुद्धार 19वीं और 20वीं शताबदी की शुरुआत में रोमांटिसिज़्म में रुचि के पुनरुत्थान को संदर्भित करता है। इसमें भावना, व्यक्तिवाद, प्रकृति, और तर्कवाद

के खिलाफ विद्रोह जैसे विषयों की वापसी शामिल है, जो 18वीं शताबदी के अंत में रोमांटिक आंदोलन की विशेषता थी।

उदाहरण: विलियम वर्डस्वर्थ और सैमुएल टेलर कोलरिज जैसे कवियों के कामों ने इंग्लैंड में रोमांटिक पुनरुद्धार को चिह्नित किया।

## 197. Run-on Line

English Explanation: A run-on line in poetry, also known as enjambment, is a line that does not have a pause or punctuation at the end and continues onto the next line. This creates a flow in the poem and allows the idea or sentence to move seamlessly across lines.

Example: In The Waste Land by T.S. Eliot:

"April is the cruellest month, breeding

Lilacs out of the dead land, mixing

Memory and desire, stirring

Dull roots with spring rain."

Hindi Explanation: रन-ऑन लाइन कविता में वह पंक्ति होती है जो बिना किसी विराम चिह्न या रुकावट के अगली पंक्ति में जारी रहती है। इसे एंजाम्बमेंट भी कहा जाता है। यह कविता में प्रवाह पैदा करता है और विचार या वाक्य को पंक्तियों के पार सहजता से ले जाता है।

उदाहरण: टी.एस. इलियट की The Waste Land में:

"April is the cruellest month, breeding

Lilacs out of the dead land, mixing

Memory and desire, stirring

Dull roots with spring rain."

## 198. Russian Formalism

English Explanation: Russian Formalism was a literary theory and movement that emerged in Russia in the early 20th century. It emphasized the form of literary works—structure, language, and devices—over content or meaning. The movement sought to make literature "scientific" by analyzing how literary devices function within texts.

Example: Viktor Shklovsky's concept of defamiliarization (making the familiar seem unfamiliar) is a key idea in Russian Formalism.

Hindi Explanation: रूसी फॉर्मलिज्म 20वीं सदी की शुरुआत में रूस में उभरा एक साहित्यिक सिद्धांत और आंदोलन

था। इसने साहित्यिक कृतियों के रूप—संरचना, भाषा, और उपकरणों—पर जोर दिया, बजाय इसके अर्थ या सामग्री के। यह आंदोलन साहित्य को "वैज्ञानिक" बनाने का प्रयास करता था, जिसमें साहित्यिक उपकरणों के कार्यों का विश्लेषण किया जाता था।

उदाहरण: विक्टर श्क्लोव्स्की की defamiliarization (परिचित को अपरिचित बनाना) की अवधारणा रूसी फॉर्मलिज्म का एक प्रमुख विचार है।

## 199. Satanic School

English Explanation: The Satanic School was a term used by poet Robert Southey in 1821 to describe a group of Romantic poets, including Lord Byron and Percy Bysshe Shelley, whose works he criticized for being immoral, rebellious, and promoting irreligious themes.

Example: Byron's Don Juan and Shelley's Prometheus Unbound were labeled as works of the Satanic School.

Hindi Explanation: सटैनिक स्कूल वह शब्द है जिसे 1821 में कवि रॉबर्ट साउदी ने रोमांटिक कवियों के एक समूह के लिए प्रयोग किया था, जिसमें लॉर्ड बायरन और पर्सी बिशे शेली शामिल थे। उन्होंने इन कवियों के कार्यों की आलोचना की, क्योंकि वे उन्हें अनैतिक, विद्रोही और अधार्मिक विषयों को बढ़ावा देने वाला मानते थे।

उदाहरण: बायरन का Don Juan और शेली का Prometheus Unbound सटैनिक स्कूल के उदाहरण हैं।

## 200. Schicksalstragödie

English Explanation: Schicksalstragödie is a German term meaning "tragedy of fate." It refers to a type of tragedy in which the protagonist is inevitably doomed due to fate or destiny, often depicted as a force beyond human control.

Example: Goethe's Faust and Schiller's The Robbers are examples of Schicksalstragödie.

Hindi Explanation: शिक्साल्सट्रैगोड़ी एक जर्मन शब्द है जिसका अर्थ है "भाग्य का त्रासद नाटक।" यह उस प्रकार की त्रासदी को संदर्भित करता है जिसमें नायक का विनाश अपरिहार्य होता है, क्योंकि भाग्य या नियति उनके नियंत्रण से परे एक शक्ति के रूप में कार्य करती है।

उदाहरण: गेटे का Faust और शिलर का The Robbers इसका उदाहरण हैं।

## 201. School Drama

English Explanation: School drama refers to plays performed in schools, particularly during the Renaissance period. These dramas were often written in Latin and were used for educational purposes to teach students rhetoric, language, and moral lessons.

Example: Nicholas Udall's Ralph Roister Doister, performed in schools, is considered an early example of English comedy.

Hindi Explanation: स्कूल ड्रामा उन नाटकों को संदर्भित करता है जो स्कूलों में विशेष रूप से पुनर्जागरण काल के दौरान मंचित किए जाते थे। ये नाटक अक्सर लैटिन में लिखे जाते थे और छात्रों को वाक्पटुता, भाषा और नैतिक पाठ पढ़ाने के लिए उपयोग किए जाते थे।

उदाहरण: निकोलस उडल का Ralph Roister Doister, जो स्कूलों में मंचित हुआ था, अंग्रेजी कॉमेडी का एक प्रारंभिक उदाहरण माना जाता है।

## 202. Science Fiction

English Explanation: Science fiction (or sci-fi) is a literary genre that deals with futuristic concepts, advanced technology, space exploration, time travel, parallel universes, and extraterrestrial life. It often explores the impact of scientific advancements on society and individuals.

Example: H.G. Wells' The Time Machine and Isaac Asimov's Foundation series are iconic works of science fiction.

Hindi Explanation: साइंस फिक्शन एक साहित्यिक विधा है जो भविष्य के विचारों, उन्नत प्रौद्योगिकी, अंतरिक्ष अन्वेषण, समय यात्रा, समानांतर ब्रह्मांडों और एलियन जीवन जैसे विषयों से संबंधित है। यह अक्सर वैज्ञानिक प्रगति का समाज और व्यक्तियों पर पड़ने वाले प्रभाव का विश्लेषण करता है।

उदाहरण: एच.जी. वेल्स की The Time Machine और आइजैक असिमोव की Foundation श्रृंखला विज्ञान कथा के प्रसिद्ध उदाहरण हैं।

## 203. Scottish Chaucerians

English Explanation: The Scottish Chaucerians were poets from Scotland in the 15th and 16th centuries who were heavily influenced by Geoffrey Chaucer's works, style, and themes. They adapted Chaucer's poetic forms to Scottish culture.

Example: Poets like Robert Henryson and William Dunbar are notable Scottish Chaucerians.

Hindi Explanation: स्कॉटिश चॉसरियन स्कॉटलैंड के 15वीं और 16वीं सदी के कवि थे, जो ज्योफ्री चॉसर की रचनाओं, शैली और विषयों से अत्यधिक प्रभावित थे। उन्होंने चॉसर की कविता को स्कॉटिश संस्कृति में अनुकूलित किया।

उदाहरण: रॉबर्ट हेनरीसन और विलियम डनबार जैसे कवि स्कॉटिश चॉसरियन के उदाहरण हैं।

## 204. Screenplay

English Explanation: A screenplay is the script for a film, television show, or video production, including dialogue, action, and scene descriptions. It serves as a blueprint for filmmakers.

Example: Quentin Tarantino's Pulp Fiction screenplay is a classic example.

Hindi Explanation: स्क्रीनप्ले वह पटकथा है जो फिल्म, टेलीविज़न शो या वीडियो प्रोडक्शन के लिए लिखी जाती है। इसमें संवाद, क्रियाएँ और दृश्यों का वर्णन शामिल होता है। यह फिल्म निर्माताओं के लिए एक ब्लूप्रिंट की तरह कार्य करता है।

उदाहरण: क्वेंटिन टारंटिनो की Pulp Fiction की पटकथा एक प्रसिद्ध उदाहरण है।

## 205. Scriptable

English Explanation: Scriptable refers to texts or works that invite active engagement from the audience. The term is often used in literary theory to describe texts that allow readers to participate in the construction of meaning.

Example: Roland Barthes introduced this term to distinguish between readerly (passive) and writerly (active) texts.

Hindi Explanation: स्क्रिप्टेबल उन ग्रंथों या रचनाओं को संदर्भित करता है जो दर्शकों को सक्रिय भागीदारी के लिए आमंत्रित करते हैं। यह साहित्यिक सिद्धांत में उन ग्रंथों को दर्शाता है जिनमें पाठक अर्थ निर्माण में भाग लेते हैं।

उदाहरण: रोलां बार्थ ने readerly (निष्क्रिय) और writerly (सक्रिय) पाठों में भेद करने के लिए इस शब्द का प्रयोग किया।

## 206. Scriblerus Club

English Explanation: The Scriblerus Club was a group of early 18th-century satirical writers, including Jonathan Swift, Alexander Pope, and John Gay. The club aimed to ridicule the pretensions and absurdities of contemporary society, particularly in literature and academia.

Example: The Memoirs of Martinus Scriblerus is a satirical work created by the club.

Hindi Explanation: स्क्रिब्लेरस क्लब 18वीं सदी की शुरुआत में व्यंग्य लेखकों का एक समूह था, जिसमें जोनाथन स्विफ्ट, अलेक्जेंडर पोप और जॉन गे शामिल थे। इस क्लब का उद्देश्य समकालीन समाज, विशेष रूप से साहित्य और अकादमिक क्षेत्र की मूर्खताओं और दिखावों का उपहास उड़ाना था।

उदाहरण: क्लब की रचना The Memoirs of Martinus Scriblerus एक व्यंग्यात्मक कृति है।

## 207. The Semiotic

English Explanation: The Semiotic refers to the theory of signs and symbols in linguistics and literary studies. It deals with how meaning is constructed through language and signs. Julia Kristeva uses the term to describe pre-linguistic elements like rhythm and tone in language.

Example: The rhythm and emotional tone in poetry often reflect semiotic aspects.

Hindi Explanation: द सेमियॉटिक संकेतों और प्रतीकों के सिद्धांत को संदर्भित करता है, जो भाषाविज्ञान और साहित्यिक अध्ययन का एक हिस्सा है। यह अर्थ की रचना में भाषा और संकेतों की भूमिका का अध्ययन करता है। जूलिया क्रिस्तेवा ने इस शब्द का प्रयोग पूर्व-भाषाई तत्वों जैसे लय और स्वर के संदर्भ में किया।

उदाहरण: कविता में लय और भावनात्मक स्वर अक्सर सेमियॉटिक पहलुओं को दर्शाते हैं।

## 208. Senecan Tragedy

English Explanation: Senecan tragedy refers to tragedies inspired by the works of the Roman playwright Seneca. These plays are known for their use of rhetoric, moral reflection, and themes of revenge, horror, and violent events.

Example: Shakespeare's Hamlet has Senecan influences in its revenge theme.

Hindi Explanation: सेनेकन ट्रैजेडी उन त्रासदियों को संदर्भित करता है जो रोमन नाटककार सेनेका की कृतियों से प्रेरित हैं। इन नाटकों में वाक्पटुता, नैतिक

चिंतन और प्रतिशोध, भय और हिंसा जैसे विषय प्रमुख होते हैं।

उदाहरण: शेक्सपियर के Hamlet में प्रतिशोध के विषय के कारण सेनेकन प्रभाव देखा जा सकता है।

## 209. Sensational Novel

English Explanation: A sensational novel is a 19th-century genre that combines romance, mystery, and crime to create suspense and shock. These novels often focused on scandal, illicit relationships, and melodrama.

Example: Wilkie Collins' The Woman in White is a famous sensational novel.

Hindi Explanation: सेंसैशनल नॉवल 19वीं सदी की एक विधा है, जिसमें रोमांस, रहस्य और अपराध का मिश्रण होता है। ये उपन्यास अक्सर घोटालों, अवैध संबंधों और मेलोड्रामा पर आधारित होते थे।

उदाहरण: विल्की कॉलिंस का The Woman in White एक प्रसिद्ध सेंसैशनल नॉवल है।

## 210. Sentimental Comedy

English Explanation: Sentimental comedy is a type of 18th-century comedy that aimed to inspire moral values and emotions rather than laughter. It portrays virtuous characters overcoming trials and achieving happiness.

Example: Richard Steele's The Conscious Lovers is a notable sentimental comedy.

Hindi Explanation: सेंटिमेंटल कॉमेडी 18वीं सदी की एक प्रकार की कॉमेडी है जिसका उद्देश्य हँसी के बजाय नैतिक मूल्य और भावनाएँ प्रेरित करना था। इसमें नेक पात्रों को संघर्षों पर विजय प्राप्त करते हुए और सुख पाते हुए दिखाया जाता था।

उदाहरण: रिचर्ड स्टील का The Conscious Lovers इसका प्रमुख उदाहरण है।

## 211. Sentimental Novel

English Explanation: A sentimental novel focuses on emotions, moral values, and virtue. Popular in the 18th century, it emphasizes sensitivity and emotional responses to life's challenges.

Example: Samuel Richardson's Pamela is a classic sentimental novel.

Hindi Explanation: सेंटिमेंटल नॉवल एक ऐसा उपन्यास है जो भावनाओं, नैतिक मूल्यों और सद्गुण पर केंद्रित होता

है। 18वीं सदी में लोकप्रिय इस विधा में जीवन की कठिनाइयों के प्रति संवेदनशीलता और भावनात्मक प्रतिक्रिया को दिखाया जाता है।

उदाहरण: सैमुअल रिचर्डसन का Pamela एक प्रसिद्ध सेंटिमेंटल नॉवल है।

## 212. Shavian

English Explanation: The term Shavian refers to anything related to the works, ideas, or style of George Bernard Shaw, the Irish playwright and critic. Shaw's works are known for their wit, satire, and social criticism, particularly targeting moral hypocrisies and class distinctions.

Example: Shaw's Pygmalion reflects Shavian ideas, highlighting social inequality through humor and irony.

Hindi Explanation: शेवियन शब्द आयरिश नाटककार और आलोचक जॉर्ज बर्नार्ड शॉ के कार्यों, विचारों और शैली से संबंधित है। शॉ के नाटक अपनी चतुराई, व्यंग्य और सामाजिक आलोचना के लिए जाने जाते हैं, जो नैतिक पाखंड और वर्ग भेद पर प्रहार करते हैं।

उदाहरण: शॉ का Pygmalion एक शेवियन कृति है, जो हास्य और व्यंग्य के माध्यम से सामाजिक असमानता को उजागर करता है।

## 213. Short Story

English Explanation: A short story is a brief work of fiction that typically focuses on a single incident, character, or moment. It has a concise plot and fewer characters, aiming to deliver a strong impact in a limited word count.

Example: O. Henry's The Gift of the Magi and Anton Chekhov's The Bet are classic short stories.

Hindi Explanation: लघुकथा एक संक्षिप्त काल्पनिक रचना है जो आमतौर पर एक घटना, पात्र या क्षण पर केंद्रित होती है। इसमें सीमित कथानक और पात्र होते हैं तथा यह कम शब्दों में गहरी छाप छोड़ती है।

उदाहरण: ओ. हेनरी की The Gift of the Magi और एंटन चेखव की The Bet प्रसिद्ध लघुकथाएँ हैं।

## 214. Slave Narrative

English Explanation: A slave narrative is a first-person account of slavery written or told by enslaved individuals. These narratives describe the hardships, abuse, and struggle for freedom, serving as important historical and literary documents.

Example: The Narrative of the Life of Frederick Douglass is a significant slave narrative.

Hindi Explanation: दासता का वृत्तांत दासों द्वारा लिखे गए या बताए गए आत्मकथात्मक विवरण हैं, जो गुलामी में बिताए गए जीवन की कठिनाइयों, अत्याचार और स्वतंत्रता के संघर्ष को दर्शाते हैं। ये साहित्यिक और ऐतिहासिक रूप से महत्वपूर्ण दस्तावेज होते हैं।

उदाहरण: The Narrative of the Life of Frederick Douglass एक महत्वपूर्ण दास वृत्तांत है।

## 215. Spasmodic School

English Explanation: The Spasmodic School was a group of mid-19th-century poets whose works were characterized by intense emotion, irregular verse, and self-reflective themes. The poetry often expressed personal struggles and existential concerns.

Example: Philip James Bailey's Festus is a prominent work of the Spasmodic School.

Hindi Explanation: स्पास्मोडिक स्कूल 19वीं सदी के मध्य का एक काव्य आंदोलन था, जिसके कवि तीव्र भावनाओं, अनियमित छंदों और आत्मविश्लेषणात्मक विषयों पर लिखते थे। इनकी कविताओं में व्यक्तिगत संघर्ष और अस्तित्व की चिंताओं को व्यक्त किया जाता था।

उदाहरण: फिलिप जेम्स बेली की Festus स्पास्मोडिक स्कूल की एक प्रमुख कृति है।

## 216. Slipslop

English Explanation: Slipslop refers to the use of incorrect, clumsy, or careless language, particularly when words are misused or confused for humorous or satirical effect.

Example: Mrs. Malaprop's misuse of words in Sheridan's The Rivals represents slipslop.

Hindi Explanation: स्लिपस्लॉप गलत, बेढंगे या लापरवाह भाषा प्रयोग को संदर्भित करता है, जहाँ शब्दों का हास्यप्रद या व्यंग्यात्मक प्रभाव के लिए गलत प्रयोग किया जाता है।

उदाहरण: शेरिडन के The Rivals में मिसेज मैलाप्रॉप के शब्दों के गलत प्रयोग स्लिपस्लॉप के उदाहरण हैं।

## 217. Soap Opera

English Explanation: A soap opera is a serialized drama, typically broadcast on radio or television, characterized by melodramatic plots, emotional conflicts, and ongoing storylines.

Example: Days of Our Lives and The Young and the Restless are popular soap operas.

Hindi Explanation: सोप ओपेरा रेडियो या टेलीविजन पर प्रसारित होने वाला एक धारावाहिक नाटक है, जो मेलोड्रामा, भावनात्मक संघर्ष और निरंतर चलने वाली कथाओं पर आधारित होता है।

उदाहरण: Days of Our Lives और The Young and the Restless प्रसिद्ध सोप ओपेरा हैं।

## 218. Sprung Rhythm

English Explanation: Sprung rhythm is a poetic meter developed by Gerard Manley Hopkins. It uses a varying number of syllables but maintains a consistent number of stressed syllables in each line.

Example: Gerard Manley Hopkins' poem Pied Beauty employs sprung rhythm.

Hindi Explanation: स्प्रंग रिद्म एक काव्यात्मक मीटर है, जिसे जेरार्ड मैनली हॉपकिन्स ने विकसित किया। इसमें पंक्तियों में सिलेबल्स की संख्या बदल सकती है, लेकिन बलाघात वाले शब्दों की संख्या स्थिर रहती है।

उदाहरण: जेरार्ड मैनली हॉपकिन्स की कविता Pied Beauty में स्प्रंग रिद्म का प्रयोग हुआ है।

## 219. Stock Character

English Explanation: A stock character is a stereotypical or archetypal character commonly found in literature and drama, easily recognizable due to their predictable traits or roles.

Example: The "wise old man" or "comic servant" are stock characters.

Hindi Explanation: स्टॉक कैरेक्टर साहित्य और नाटकों में मिलने वाले ऐसे चरित्र हैं जो अपनी सामान्य विशेषताओं या भूमिकाओं के कारण आसानी से पहचाने जाते हैं।

उदाहरण: "बुद्धिमान वृद्ध" या "हास्य नौकर" स्टॉक कैरेक्टर के उदाहरण हैं।

## 220. Subplot

English Explanation: A subplot is a secondary storyline in a play, novel, or film that runs parallel to the main plot, often providing depth, contrast, or comic relief.

Example: In Shakespeare's King Lear, the story of Gloucester and his sons serves as a subplot.

Hindi Explanation: उपकथानक किसी नाटक, उपन्यास या फिल्म में मुख्य कथानक के समानांतर चलने वाली सहायक कथा होती है, जो कथानक को गहराई, विरोधाभास या हास्य राहत प्रदान करती है।

उदाहरण: शेक्सपियर के King Lear में ग्लॉस्टर और उसके बेटों की कहानी उपकथानक है।

## 221. Subtext

English Explanation: Subtext refers to the underlying meaning or theme in a piece of literature, drama, or dialogue that is not directly stated but implied.

Example: In The Great Gatsby, the subtext explores the corruption of the American Dream.

Hindi Explanation: अंतर्निहित पाठ वह गूढ़ अर्थ या विषय है जो किसी साहित्य, नाटक या संवाद में प्रत्यक्ष रूप से नहीं कहा जाता लेकिन अप्रत्यक्ष रूप से व्यक्त होता है।

उदाहरण: The Great Gatsby में अंतर्निहित पाठ अमेरिकी सपने के भ्रष्टाचार को उजागर करता है।

## 222. Surfiction

English Explanation: Surfiction is a form of fiction that focuses on the act of writing itself. It blurs the line between reality and fiction, often questioning traditional narrative conventions. It is closely associated with postmodern literature.

Example: Ronald Sukenick's The Death of the Novel explores surfiction techniques.

Hindi Explanation: सर्फिक्शन एक प्रकार का गद्य है जो लेखन प्रक्रिया को स्वयं केंद्र में रखता है। यह यथार्थ और कल्पना के बीच की रेखा को धुंधला करता है और पारंपरिक कथानक पर सवाल उठाता है। यह आधुनिकोत्तर साहित्य से जुड़ा हुआ है।

उदाहरण: रोनाल्ड सुकनिक की The Death of the Novel सर्फिक्शन का उदाहरण है।

## 223. Stock Response

English Explanation: A stock response is a predictable or automatic reaction from readers or audiences to certain themes, situations, or characters in literature and drama. It often arises from cultural norms or stereotypes.

Example: Readers sympathizing with an orphan protagonist in a story is a stock response.

Hindi Explanation: प्रत्याशित प्रतिक्रिया वह स्वाभाविक या सांस्कृतिक रूप से पूर्वनिर्धारित प्रतिक्रिया है जो पाठक या दर्शक किसी विशेष स्थिति, विषय या चरित्र पर देते हैं।

उदाहरण: किसी अनाथ पात्र के प्रति पाठकों की सहानुभूति एक प्रत्याशित प्रतिक्रिया है।

## 224. Structure of Feeling

English Explanation: The structure of feeling is a concept by Raymond Williams that refers to the shared values, emotions, and experiences of a particular time or generation that shape their culture and literature.

Example: The counterculture movement of the 1960s reflected a unique structure of feeling among youth.

Hindi Explanation: भावना की संरचना रेमंड विलियम्स का एक सिद्धांत है, जो किसी युग या पीढ़ी के सांझा मूल्यों, भावनाओं और अनुभवों को संदर्भित करता है, जो उनकी संस्कृति और साहित्य को आकार देते हैं।

उदाहरण: 1960 के दशक के युवाओं के प्रतिविरोधी सांस्कृतिक आंदोलन ने एक विशेष भावना संरचना को प्रतिबिंबित किया।

## 225. Style

English Explanation: Style refers to the distinctive manner in which a writer uses language, including word choice, sentence structure, tone, and figurative devices. Style reflects the author's voice and artistic expression.

Example: Hemingway's style is characterized by short, simple sentences and minimalism.

Hindi Explanation: शैली लेखन की वह विशेष पद्धति है जिसमें लेखक भाषा का उपयोग करता है, जैसे शब्दों का चयन, वाक्य संरचना, स्वर और अलंकार। शैली लेखक की विशिष्ट आवाज़ और कलात्मक अभिव्यक्ति को दर्शाती है।

उदाहरण: हेमिंग्वे की शैली छोटे, सरल वाक्यों और न्यूनतावाद से पहचानी जाती है।

## 226. Tableau

English Explanation: A tableau is a dramatic scene in which actors freeze in a specific pose to depict a particular moment, often visually striking and symbolic. It can also refer to a vivid or static description in literature.

Example: In theatre, the final scene of Les Misérables, where characters freeze in triumphant poses, forms a tableau.

Hindi Explanation: टेब्लो एक नाटकीय दृश्य है जिसमें अभिनेता किसी विशेष मुद्रा में स्थिर हो जाते हैं ताकि एक विशिष्ट क्षण को चित्रित किया जा सके। यह दृश्य प्रभावशाली और प्रतीकात्मक होता है। साहित्य में, यह स्थिर और जीवंत वर्णन को भी संदर्भित करता है।

उदाहरण: Les Misérables के अंतिम दृश्य में पात्रों का विजयी मुद्राओं में स्थिर होना एक टेब्लो का उदाहरण है।

## 227. Tall Tale/Story

English Explanation: A tall tale is a story with exaggerated and unbelievable elements, often told humorously. It usually includes larger-than-life characters and improbable events.

Example: The American folklore character Paul Bunyan is associated with tall tales about his superhuman strength and adventures.

Hindi Explanation: लंबी कहानी या टॉल टेल वह कहानी होती है जिसमें अतिशयोक्ति और अविश्वसनीय घटनाओं का हास्यपूर्ण ढंग से वर्णन किया जाता है। इसमें अक्सर असाधारण पात्र और अविश्वसनीय घटनाएं शामिल होती हैं।

उदाहरण: अमेरिकी लोककथा का पात्र पॉल बनियन अतिशयोक्ति भरी कहानियों के लिए जाना जाता है।

## 228. Table-Talk

English Explanation: Table-talk refers to informal, engaging conversations or anecdotes shared during meals, often recorded or noted for their wit, ideas, or historical significance.

Example: Martin Luther's Table Talk is a collection of his informal discussions.

Hindi Explanation: टेबल-टॉक खाने के समय की अनौपचारिक लेकिन रोचक बातचीत या किस्से होते हैं, जिन्हें अक्सर उनकी चतुराई, विचारों या ऐतिहासिक महत्व के कारण दर्ज किया जाता है।

उदाहरण: मार्टिन लूथर की Table Talk उनके अनौपचारिक वार्तालापों का संग्रह है।

## 229. Ten-Year Test

English Explanation: The ten-year test is a concept in literary criticism that evaluates a work's lasting relevance or merit by examining whether it remains significant after ten years.

Example: Works like George Orwell's 1984 easily pass the ten-year test due to their continued relevance.

Hindi Explanation: दस-वर्षीय परीक्षण एक साहित्यिक अवधारणा है, जिसमें किसी रचना की स्थायी प्रासंगिकता या गुणवत्ता का आकलन किया जाता है। यदि दस वर्षों बाद भी रचना प्रासंगिक बनी रहती है, तो वह इस परीक्षण को पास करती है।

उदाहरण: जॉर्ज ऑरवेल की 1984 इस परीक्षण को आसानी से पास करती है क्योंकि यह आज भी प्रासंगिक है।

## 230. Theatre of Cruelty

English Explanation: Developed by Antonin Artaud, the Theatre of Cruelty emphasizes intense, shocking performances to confront audiences with raw emotions, often using non-verbal communication like gestures and sounds.

Example: Artaud's theories influenced experimental theatre practices.

Hindi Explanation: क्रूरता का रंगमंच एंटोनिन आर्तो द्वारा विकसित किया गया सिद्धांत है, जिसमें दर्शकों को तीव्र और झकझोर देने वाले प्रदर्शनों के माध्यम से उनके गहन भावनात्मक अनुभवों से रूबरू कराया जाता है। इसमें हाव-भाव और ध्वनियों जैसे गैर-मौखिक तत्वों का प्रयोग किया जाता है।

उदाहरण: आर्तो के सिद्धांतों ने प्रयोगात्मक रंगमंच को प्रभावित किया।

## 231. Theatre of Panic

English Explanation: The Theatre of Panic, founded by Fernando Arrabal, focuses on creating chaotic and provocative performances that challenge conventions, evoke primal fears, and break traditional boundaries.

Example: It blends surrealism and absurdity, often shocking audiences.

Hindi Explanation: घबराहट का रंगमंच फर्नांडो अर्राबाल द्वारा स्थापित रंगमंच शैली है, जिसमें अराजक और उत्तेजक प्रदर्शनों के माध्यम से दर्शकों को चौंकाया जाता है। इसमें परंपराओं को तोड़ते हुए आदिम भय को उजागर किया जाता है।

उदाहरण: इसमें अतियथार्थवाद और बेतुके तत्वों का मिश्रण होता है।

## 232. Theatre of Silence

English Explanation: The Theatre of Silence is a minimalist theatrical form that emphasizes pauses, silence, and stillness to evoke deep meanings and emotions. It contrasts with dialogue-heavy drama.

Example: Samuel Beckett's plays like Waiting for Godot utilize silence effectively.

Hindi Explanation: मौन का रंगमंच एक लघु-रूपक शैली है, जिसमें मौन, ठहराव और शांति के माध्यम से गहरे अर्थों और भावनाओं को व्यक्त किया जाता है। यह संवाद-प्रधान नाटकों से विपरीत है।

उदाहरण: सैमुएल बेकेट का Waiting for Godot मौन का प्रभावशाली उपयोग करता है।

## 233. Third Space

English Explanation: Coined by Homi K. Bhabha, the Third Space refers to a hybrid cultural space where identities, ideas, and cultural norms blend, challenging binaries like colonizer/colonized.

Example: Migrant literature often represents the third space of cultural negotiation.

Hindi Explanation: होमी के. भाभा द्वारा गढ़ा गया तीसरा स्थान एक ऐसा सांस्कृतिक क्षेत्र है जहाँ विभिन्न पहचान, विचार और सांस्कृतिक मान्यताएँ मिश्रित होकर पारंपरिक द्वैतवाद को चुनौती देती हैं, जैसे उपनिवेशक/उपनिवेशित।

उदाहरण: प्रवासी साहित्य तीसरे स्थान की सांस्कृतिक बातचीत को दर्शाता है।

## 234. Time Novels

English Explanation: Time novels are works that emphasize the passage of time, its effects on characters, and the cyclical nature of history.

Example: Virginia Woolf's To the Lighthouse explores time and memory.

Hindi Explanation: समय उपन्यास वे रचनाएँ हैं जो समय के प्रवाह, पात्रों पर उसके प्रभाव और इतिहास की चक्रीय प्रकृति पर केंद्रित होती हैं।

उदाहरण: वर्जीनिया वुल्फ का To the Lighthouse समय और स्मृति का अन्वेषण करता है।

## 235. Time Play

English Explanation: A time play explores the concept of time as a key element, often manipulating it through flashbacks, time loops, or non-linear storytelling.

Example: J.B. Priestley's Time and the Conways explores alternative timelines.

Hindi Explanation: समय नाटक में समय को एक मुख्य तत्व के रूप में

प्रस्तुत किया जाता है। इसमें फ्लैशबैक, समय चक्र या असमांतर कथानक का उपयोग होता है।

उदाहरण: जे.बी. प्रीस्टली का Time and the Conways वैकल्पिक समयरेखाओं का अन्वेषण करता है।

### 236. Topographical Poetry

English Explanation: Topographical poetry describes landscapes, places, and geographical settings in detail, often combining nature with cultural history.

Example: William Wordsworth's Lines Written a Few Miles Above Tintern Abbey.

Hindi Explanation: स्थलाकृतिक काव्य वह कविता है जो प्राकृतिक दृश्यों, स्थानों और भौगोलिक स्थितियों का विस्तृत वर्णन करती है। इसमें प्रकृति और सांस्कृतिक इतिहास का संयोजन होता है।

उदाहरण: विलियम वर्ड्सवर्थ की Tintern Abbey स्थलाकृतिक काव्य का उदाहरण है।

### 237. Touchstone

English Explanation: Touchstone, in literature, refers to a standard or benchmark for evaluating the quality of literary works, coined by Matthew Arnold.

Example: Lines from Shakespeare's plays are often considered touchstones of poetic excellence.

Hindi Explanation: परख-पत्थर साहित्य में गुणवत्ता के मूल्यांकन के लिए मानक या कसौटी को कहा जाता है। मैथ्यू अर्नोल्ड ने इस अवधारणा को गढ़ा।

उदाहरण: शेक्सपीयर के नाटकों की पंक्तियाँ काव्य उत्कृष्टता के परख-पत्थर मानी जाती हैं।

### 238. Tragedy

English Explanation: Tragedy is a literary genre where the protagonist faces downfall due to a tragic flaw, fate, or moral weakness, evoking pity and fear.

Example: Shakespeare's Hamlet.

Hindi Explanation: त्रासदी एक साहित्यिक विधा है जिसमें नायक की पतन की कहानी होती है, जो किसी दोष, भाग्य या नैतिक कमजोरी के कारण होती है।

उदाहरण: शेक्सपीयर का Hamlet एक प्रसिद्ध त्रासदी है।

### 239. Tragicomedy

English Explanation: A tragicomedy is a literary genre

that combines elements of both tragedy and comedy. While the plot may include serious events, it often ends on a happy or hopeful note. The tragic elements are lightened by humor or comedic situations.

Example: Shakespeare's The Merchant of Venice is a tragicomedy because of its serious undertones yet comic resolution.

Hindi Explanation: ट्रैजिकॉमेडी एक साहित्यिक विधा है जिसमें त्रासदी और हास्य दोनों के तत्व शामिल होते हैं। इसमें कहानी गंभीर घटनाओं के इर्द-गिर्द घूमती है, लेकिन अंततः सुखद या आशावादी रूप में समाप्त होती है। हास्यपूर्ण स्थितियाँ त्रासदी के गंभीरता को हल्का कर देती हैं।

उदाहरण: शेक्सपीयर का The Merchant of Venice एक ट्रैजिकॉमेडी है क्योंकि इसमें गंभीरता के साथ-साथ हास्यपूर्ण तत्व भी हैं।

## 240. Trilogy

English Explanation: A trilogy refers to a set of three literary or dramatic works that are connected through a common theme, storyline, or characters. Each part can often stand alone, but together they form a unified narrative.

Example: Aeschylus' Oresteia trilogy (Agamemnon, The Libation Bearers, and The Eumenides).

Hindi Explanation: त्रयी तीन साहित्यिक या नाटकीय कृतियों का ऐसा समूह होता है जो किसी समान विषय, कहानी या पात्रों के माध्यम से आपस में जुड़ा होता है। प्रत्येक भाग स्वतंत्र रूप से पढ़ा या देखा जा सकता है, लेकिन तीनों मिलकर एक संपूर्ण कथा का निर्माण करते हैं।

उदाहरण: एस्किलस की Oresteia त्रयी में Agamemnon, The Libation Bearers और The Eumenides शामिल हैं।

## 241. Trauma Theory

English Explanation: Trauma theory is a critical approach that examines how trauma—psychological, emotional, or collective—affects individuals and society, particularly in literature. It explores how traumatic experiences are represented, remembered, and processed in texts.

Example: Toni Morrison's Beloved explores generational trauma caused by slavery.

Hindi Explanation: आघात सिद्धांत एक ऐसा आलोचनात्मक दृष्टिकोण है जो इस बात की पड़ताल करता है कि मानसिक, भावनात्मक या सामूहिक आघात व्यक्ति और समाज को कैसे प्रभावित करता है। यह साहित्य में आघात के अनुभवों के चित्रण, स्मरण और समझ की प्रक्रिया को समझने का प्रयास करता है।

उदाहरण: टोनी मॉरिसन का Beloved गुलामी से उत्पन्न पीढ़ीगत आघात को दर्शाता है।

## 242. Triad

English Explanation: A triad refers to a group of three closely related elements, ideas, or entities, often used in literature, philosophy, and religion. In literature, it can mean three interconnected themes, characters, or plot points that together create a unified whole.

Example: In Greek mythology, the Fates (Clotho, Lachesis, and Atropos) form a triad representing destiny.

Hindi Explanation: त्रिक तीन करीबी रूप से जुड़े तत्वों, विचारों या संस्थाओं का समूह होता है, जिसका उपयोग साहित्य, दर्शन और धर्म में किया जाता है। साहित्य में यह तीन परस्पर जुड़े विषयों, पात्रों या घटनाओं को दर्शा सकता है जो मिलकर एक संपूर्ण संरचना बनाते हैं।

उदाहरण: ग्रीक पौराणिक कथाओं में Fates (क्लोथो, लैचेसिस और एट्रोपोस) एक त्रिक बनाते हैं, जो भाग्य का प्रतिनिधित्व करता है।

## 243. Tropism

English Explanation: Tropism is a literary term derived from biology, where it refers to a natural growth or movement of plants towards or away from a stimulus. In literature, it describes the subconscious, involuntary reactions of characters toward external stimuli.

Example: Nathalie Sarraute's Tropisms explores human responses to subtle external forces.

Hindi Explanation: ट्रोपिज्म एक साहित्यिक शब्द है जो जीवविज्ञान से लिया गया है। जीवविज्ञान में इसका अर्थ है पौधों का किसी बाहरी उत्तेजना की ओर या उससे दूर बढ़ना। साहित्य में यह पात्रों की अचेतन, अनैच्छिक प्रतिक्रियाओं को दर्शाता है जो बाहरी परिस्थितियों के कारण उत्पन्न होती हैं।

उदाहरण: नथाली सारौत का Tropisms मानव के सूक्ष्म बाहरी शक्तियों के प्रति प्रतिक्रियाओं का विश्लेषण करता है।

## 244. Ubi Sunt

English Explanation: Ubi Sunt is a literary motif that expresses a sense of nostalgia or longing for the past, often reflecting on the fleeting nature of life. It derives from the Latin phrase "Ubi sunt qui ante nos fuerunt?" meaning "Where are those who were before us?"

Example: Medieval poetry like The Wanderer often uses the ubi sunt motif to lament lost glory.

Hindi Explanation: उबी सन्त एक साहित्यिक प्रवृत्ति है जो अतीत के लिए उदासी या स्मृति की भावना को व्यक्त करती है, खासकर जीवन की क्षणभंगुरता को दर्शाने के लिए। यह लैटिन वाक्यांश "Ubi sunt qui ante nos fuerunt?" से लिया गया है, जिसका अर्थ है "वे लोग कहाँ हैं जो हमारे पहले थे?"

उदाहरण: मध्यकालीन कविता जैसे The Wanderer में अक्सर उबी सन्त प्रवृत्ति का उपयोग खोई हुई महिमा पर शोक व्यक्त करने के लिए किया जाता है।

## 245. Ur-Text

English Explanation: An Ur-Text is the original or earliest version of a text, considered the basis for later editions or adaptations. "Ur" is a prefix that signifies something primal or oriUr-Tex

Example: The Ur-Hamlet is considered a precursor to Shakespeare's Hamlet.

Hindi Explanation: उर-टेक्स्ट किसी ग्रंथ का सबसे प्रारंभिक या मूल संस्करण है, जो बाद के संस्करणों या अनुकूलनों के लिए आधार माना जाता है। "उर" शब्द का अर्थ है मूल या प्राथमिक।

उदाहरण: Ur-Hamlet को शेक्सपीयर के Hamlet का पूर्ववर्ती माना जाता है।

## 246. Unreliable Narrator

English Explanation: An unreliable narrator is a narrator whose credibility is compromised, often due to their mental state, bias, or limited understanding. Readers must interpret the story carefully to discern the truth.

Example: Holden Caulfield in J.D. Salinger's The Catcher in the Rye.

Hindi Explanation: अविश्वसनीय कथावाचक वह कथावाचक होता है जिसकी विश्वसनीयता संदिग्ध होती है, अक्सर उसके मानसिक स्थिति, पूर्वाग्रह

या सीमित समझ के कारण। पाठकों को कहानी की सच्चाई को समझने के लिए सावधानीपूर्वक विश्लेषण करना पड़ता है।

उदाहरण: जे.डी. सैलिंजर के The Catcher in the Rye में होल्डन कॉलफील्ड।

## 247. Variorum Edition

English Explanation: A variorum edition is a published version of a literary work that includes critical commentary, textual variations, and annotations from different editors and critics.

Example: Shakespeare's Variorum Edition compiles notes from multiple scholars.

Hindi Explanation: वेरियोरम संस्करण किसी साहित्यिक कृति का ऐसा प्रकाशित संस्करण है जिसमें विभिन्न संपादकों और आलोचकों की टिप्पणियाँ, पाठीय विविधताएँ और टीकाएँ शामिल होती हैं।

उदाहरण: शेक्सपीयर के Variorum Edition में कई विद्वानों की टिप्पणियाँ संकलित होती हैं।

## 248. Verse Novel

English Explanation: A verse novel is a type of novel written in verse rather than prose. It combines the narrative structure of a novel with the poetic form.

Example: Elizabeth Barrett Browning's Aurora Leigh.

Hindi Explanation: पद्य उपन्यास ऐसा उपन्यास है जो गद्य के बजाय पद्य में लिखा जाता है। इसमें उपन्यास की कथात्मक संरचना और काव्यात्मक शैली दोनों शामिल होते हैं।

उदाहरण: एलिजाबेथ बैरेट ब्राउनिंग का Aurora Leigh।

## 249. The Vice

English Explanation: The Vice is a stock character in medieval morality plays, typically representing evil or temptation. The Vice character often adds humor while tempting the protagonist toward sin.

Example: In The Castle of Perseverance, the Vice tempts the central character toward immorality.

Hindi Explanation: द वाइस मध्यकालीन नैतिक नाटकों का एक पारंपरिक पात्र है, जो आमतौर पर बुराई या प्रलोभन का प्रतिनिधित्व करता है। वाइस पात्र अक्सर हास्य पैदा करता है और नायक को पाप की ओर ले जाने का प्रयास करता है।

उदाहरण: The Castle of Perseverance में वाइस मुख्य पात्र को अनैतिकता की ओर ले जाता है।

## 250. Vorticism

English Explanation: Vorticism was a British avant-garde art and literary movement of the early 20th century, led by Ezra Pound and Wyndham Lewis. It emphasized modernity, dynamism, and abstraction.

Example: Wyndham Lewis' Blast magazine was the manifesto of Vorticism.

Hindi Explanation: वॉर्टिसिज्म 20वीं सदी की शुरुआत का ब्रिटिश साहित्यिक और कला आंदोलन था, जिसका नेतृत्व एजरा पाउंड और विंडहैम लुईस ने किया। इसमें आधुनिकता, गतिशीलता और अमूर्तता पर जोर दिया गया।

उदाहरण: विंडहैम लुईस की पत्रिका Blast वॉर्टिसिज्म का घोषणापत्र थी।

## 251. Volksstück (Folk Play)

English Explanation: Volksstück is a German term for "folk play," referring to popular theater works that depict the lives and struggles of common people, often with humor and morality.

Example: Johann Nestroy's Lumpacivagabundus.

Hindi Explanation: फोक प्ले या वोल्क्सस्टक जर्मन शब्द है जो आम लोगों के जीवन और संघर्षों को चित्रित करने वाले लोकप्रिय नाटकों को संदर्भित करता है। इसमें हास्य और नैतिक संदेश का समावेश होता है।

उदाहरण: जोहान नेस्टरॉय का Lumpacivagabundus।

## 252. Weltschmerz

English Explanation: Weltschmerz is a German term meaning "world pain." It describes a deep sadness or melancholy caused by the realization that the world does not meet one's expectations or ideals.

Example: The poetry of Lord Byron often reflects Weltschmerz.

Hindi Explanation: वेल्टश्मेर्ज़ एक जर्मन शब्द है जिसका अर्थ है "दुनिया का दुख"। यह गहरी उदासी या विषाद को दर्शाता है, जो इस एहसास से उत्पन्न होता है कि दुनिया हमारी अपेक्षाओं या आदर्शों पर खरा नहीं उतरती।

उदाहरण: लॉर्ड बायरन की कविताओं में अक्सर वेल्टश्मेर्ज़ झलकता है।

## 253. Zeitgeist

English Explanation: The term Zeitgeist is derived from German, meaning “spirit of the age” or “spirit of the times.” It refers to the general intellectual, cultural, ethical, and spiritual mood or characteristics of a specific period in history.

Example: The 1960s Zeitgeist was marked by counterculture, civil rights movements, and anti-war protests.

Hindi Explanation: Zeitgeist जर्मन शब्द है जिसका अर्थ है "समय की आत्मा"। यह किसी विशिष्ट ऐतिहासिक युग के सामान्य बौद्धिक, सांस्कृतिक, नैतिक और आध्यात्मिक माहौल या विशेषताओं को दर्शाता है।

उदाहरण: 1960 के दशक का Zeitgeist काउंटरकल्चर, नागरिक अधिकार आंदोलन और युद्ध विरोधी प्रदर्शनों से प्रभावित था।

## 254. Weltliteratur

English Explanation: Weltliteratur, a German term meaning “world literature,” refers to literary works that transcend national boundaries and are read or studied worldwide. Johann Wolfgang von Goethe popularized this term.

Example: Works like The Divine Comedy by Dante and Don Quixote by Cervantes are part of Weltliteratur.

Hindi Explanation: Weltliteratur जर्मन शब्द है जिसका अर्थ है "विश्व साहित्य"। यह उन साहित्यिक कृतियों को संदर्भित करता है जो राष्ट्रीय सीमाओं से परे जाकर पूरे विश्व में पढ़ी और अध्ययन की जाती हैं। इस शब्द को जोहान वुल्फगैंग वॉन गोएथे ने लोकप्रिय बनाया।

उदाहरण: दांते की द डिवाइन कॉमेडी और सर्वांतेस की डॉन क्विक्सोट Weltliteratur का हिस्सा हैं।

## 255. Willing Suspension of Disbelief

English Explanation: The willing suspension of disbelief is a concept introduced by Samuel Taylor Coleridge. It refers to a reader’s or audience’s temporary acceptance of implausible or unrealistic elements in a story for the sake of enjoyment and immersion in the narrative.

Example: In fantasy novels like The Lord of the Rings, readers willingly suspend disbelief to engage with magical and fictional worlds.

Hindi Explanation: Willing Suspension of Disbelief की अवधारणा सैमुअल टेलर कोलरिज द्वारा पेश की गई थी। इसका अर्थ है कि पाठक या दर्शक अस्थायी रूप से कहानी के अवास्तविक या असंभव तत्वों को स्वीकार कर लेते हैं ताकि वे कथा का आनंद ले सकें और उसमें डूब सकें।

उदाहरण: The Lord of the Rings जैसी काल्पनिक उपन्यासों में पाठक जादुई और काल्पनिक दुनियाओं में पूरी तरह शामिल होने के लिए अविश्वसनीय बातों को स्वीकार कर लेते हैं।

## 256. Women's Studies

English Explanation: Women's Studies is an academic field that explores women's roles, contributions, experiences, and perspectives across history, culture, literature, and society. It also examines issues of gender, power, and inequality.

Example: Feminist literary criticism is a branch of Women's Studies that critiques literature from a gendered perspective.

Hindi Explanation: Women's Studies एक शैक्षणिक क्षेत्र है जो इतिहास, संस्कृति, साहित्य और समाज में महिलाओं की भूमिकाओं, योगदान, अनुभवों और दृष्टिकोणों का अध्ययन करता है। यह लिंग, शक्ति और असमानता के मुद्दों पर भी प्रकाश डालता है।

उदाहरण: नारीवादी साहित्य आलोचना Women's Studies की एक शाखा है जो साहित्य की लिंग-आधारित दृष्टिकोण से आलोचना करती है।

## 257. Yellow Journalism

English Explanation: Yellow Journalism refers to a style of newspaper reporting that emphasizes sensationalism, exaggeration, scandal, and eye-catching headlines over factual or ethical joJournalis.

Example: During the Spanish-American War, newspapers like New York Journal engaged in yellow journalism to attract readers.

Hindi Explanation: पीत पत्रकारिता उस समाचार रिपोर्टिंग शैली को कहते हैं जिसमें तथ्यात्मक या नैतिक पत्रकारिता की तुलना में सनसनीखेज, बढ़ाचढ़ाकर प्रस्तुत की गई खबरें, स्कैंडल और चौंकाने वाले शीर्षकों पर अधिक जोर दिया जाता है।

उदाहरण: स्पेन-अमेरिकी युद्ध के दौरान New York Journal जैसे समाचार पत्र पीत पत्रकारिता का सहारा लेते थे ताकि अधिक पाठक आकर्षित किए जा सकें।

**The End**

# Unit-3
# Part-3
## (Major Literary Schools & Movements)

## 1. Renaissance

English Explanation: The Renaissance was a profound cultural movement that reshaped the intellectual, artistic, and social fabric of Europe. Originating in Italy during the 14th century, it spread across Europe and continued into the 17th century, marking a significant break from the medieval period. The term "Renaissance," which means "rebirth" in French, symbolizes a revival of classical antiquity—especially the arts, sciences, and philosophies of ancient Greece and Rome—that had been largely overshadowed by the medieval mindset. It was during the Renaissance that Western civilization began to move away from feudalism, the authority of the Church, and the dominance of religious dogma, setting the stage for modern science, philosophy, and secular thinking.

Key Features of the Renaissance:

### 1. Humanism:

Humanism was the central philosophy that shaped Renaissance thought. It advocated a focus on human beings and their potential, celebrating the capacity for individual achievement and the power of reason. Humanists believed in the value of education, the development of moral and intellectual faculties, and the importance of understanding human nature through the study of classical texts. The movement encouraged an appreciation of humanity's abilities to create art, make scientific discoveries, and develop a better understanding of the world around them.

Example: Petrarch, often regarded as the "father of humanism," was instrumental in reviving classical Latin literature. He believed that individuals should cultivate virtue and wisdom, not just for religious purposes but to enrich their lives. His works, such as his Letters to the Ancient Dead, inspired other scholars like Giovanni Boccaccio and Erasmus to study ancient Greek and Latin texts, bringing the works of philosophers like Plato and Aristotle into the fold of Renaissance education. This shift emphasized a broader human experience rather than focusing solely on divine or theological matters.

2. **Art:**

The Renaissance revolutionized the visual arts by emphasizing realism and the study of human anatomy, perspective, and light. Artists moved away from the flat, symbolic style of medieval art and began to capture the three-dimensional reality of the human figure and natural surroundings. They incorporated scientific knowledge into their work, applying principles of geometry and anatomy to create more accurate depictions of the human body. This period also saw the invention of new techniques such as linear perspective, which allowed for the creation of depth in painting, and chiaroscuro, the use of contrasting light and shadow to create volume and drama.

Example: Leonardo da Vinci's Mona Lisa is a prime example of Renaissance art, demonstrating his mastery of sfumato (a technique that uses subtle gradations of light and shadow to create lifelike transitions). The enigmatic expression of the subject, combined with the soft transitions of light, gives the painting a sense of depth and movement that was groundbreaking.

Michelangelo's sculptures, like David, exemplify Renaissance ideals by showcasing the human body in a state of natural beauty and strength. His use of contrapposto (the positioning of the body with weight shifted onto one leg) made his statues seem more alive and dynamic.

### 3. Scientific Inquiry:

The Renaissance also laid the foundation for the Scientific Revolution by encouraging a new approach to understanding the natural world. Thinkers of this time sought to question traditional beliefs and used observation, experimentation, and mathematics to explore the universe. The Renaissance was a time when science and reason began to replace superstition and theological explanations for natural phenomena.

Example: Nicolaus Copernicus proposed the heliocentric theory, which posited that the Earth revolves around the Sun, challenging the centuries-old geocentric (Earth-centered) model that had been endorsed by the Church. His ideas were controversial but set the stage for future scientific discoveries.

Galileo Galilei further supported the heliocentric theory by using a telescope to observe celestial bodies, such as the moons of Jupiter, which could not have been seen from Earth if the universe was truly geocentric.

Johannes Kepler refined Copernicus's model by introducing elliptical orbits, which better explained the movement of planets.

### 4. Literature:

Renaissance literature saw a move away from the use of Latin and a shift towards vernacular languages, making literature more accessible to the general public. Writers began to explore themes of individualism, human emotion, and political power. They sought to express the complexities of human nature, often questioning societal norms and exploring the potential for personal achievement.

Example: William Shakespeare's works are perhaps the most enduring legacy of Renaissance literature. Plays like Hamlet and

Macbeth explore the depths of human emotion, including themes of guilt, ambition, and personal conflict. Shakespeare's nuanced portrayal of characters and his exploration of existential questions reflect the Renaissance emphasis on individualism and the human experience.

Dante Alighieri, although earlier than the Renaissance, was a huge influence on its literature. His Divine Comedy, a journey through Hell, Purgatory, and Heaven, examined the soul's journey towards salvation and grappled with themes of morality, human nature, and divine justice.

**5. Philosophy and Religion:**

The Renaissance brought a period of intellectual freedom and religious reformation. Thinkers began to challenge the long-standing dominance of the Catholic Church and questioned its authority. This intellectual climate contributed to the Reformation, led by Martin Luther, whose critique of the Catholic Church, particularly the sale of indulgences, led to the birth of Protestantism.

Example: Niccolò Machiavelli's The Prince presented a pragmatic view of political leadership, arguing that rulers should prioritize maintaining power by any means necessary, including deceit and manipulation. His work stood in stark contrast to medieval Christian ideals of morality and ethics, which were tied to religious doctrines.

Desiderius Erasmus, a leading humanist philosopher, called for a return to the simplicity of early Christianity in his work In Praise of Folly. He criticized the corrupt practices of the Church, emphasizing the importance of personal faith and spiritual integrity over institutionalized religion.

Hindi Explanation: रिनेसां (पुनर्जागरण) केवल एक सांस्कृतिक आंदोलन नहीं था, बल्कि यह बौद्धिक, कलात्मक, और सामाजिक दृष्टिकोणों का एक पूर्ण परिवर्तन था। यह आंदोलन 14वीं शताबदी में इटली से शुरू हुआ और 17वीं शताबदी तक यूरोप में फैल गया। "रिनेसां" शब्द का अर्थ है "पुनः

जन्म", और यह प्राचीन ग्रीस और रोम की कला, साहित्य और विज्ञान के पुनः जीवित होने को दर्शाता है। रिनेसां ने पहले के दृष्टिकोणों को चुनौती दी और आधुनिक पश्चिमी सोच की नींव रखी, जो मानव उपलब्धियों, वैज्ञानिक खोजों, व्यक्तित्व और धर्मनिरपेक्षता पर केंद्रित थी।

## रिनेसां के प्रमुख पहलू:

### 1. मानवतावाद (Humanism):

मानवतावाद रिनेसां के बौद्धिक विचार का मुख्य स्तंभ था। इसने मानव के महत्व और उसकी क्षमता को भगवान या अध्यात्मिक शक्तियों के बजाय प्राथमिकता दी। यह प्राचीन ग्रीस और रोम के ग्रंथों की पुनः खोज का परिणाम था, जिसमें तर्क, दार्शनिकता और व्यक्तिगत अभिव्यक्ति पर जोर दिया गया था। मानवतावादियों का मानना था कि मनुष्य तर्क, अध्ययन और व्यक्तिगत विकास के माध्यम से महान कार्य कर सकता है।

उदाहरण: पेट्रार्क ने लैटिन साहित्य को पुनः जीवित किया और यह विचार फैलाया कि मनुष्य को तर्क और समझ का उपयोग करते हुए अपने जीवन को समृद्ध बनाना चाहिए। उनके विचारों से अन्य विद्वानों जैसे जियोवानी बोच्चाच्चो और एरेस्मस ने प्राचीन ग्रीक और लैटिन ग्रंथों का अध्ययन किया और रिनेसां शिक्षा को नया दिशा दी।

### 2. कला (Art):

रिनेसां में कला के क्षेत्र में एक क्रांतिकारी परिवर्तन आया। कलाकारों ने धार्मिक और प्रतीकात्मक कला से हटकर मानव रूप और प्राकृतिक दुनिया को यथार्थ रूप में चित्रित करना शुरू किया। परिप्रेक्ष्य, कियारोस्कुरो (प्रकाश और छाया का उपयोग), और स्फुमातो जैसी नई चित्रकला तकनीकों ने कला को वास्तविकता के करीब लाया।

उदाहरण: लियोनार्डो दा विंची की मोनालिसा ने स्फुमातो तकनीक का उपयोग किया, जिससे चित्र में गहराई और जीवन्तता आई। चित्र की विषय वस्तु की रहस्यमय मुस्कान ने इसे रिनेसां कला का प्रतीक बना दिया।

माइकलएंजेलो की मूर्तियां, जैसे डेविड, मानव शरीर की सुंदरता और शक्ति को प्रदर्शित करती हैं, जिसमें शारीरिक रूप की अनूठी जानकारी और मनोवैज्ञानिक गहराई का समावेश है।

### 3. वैज्ञानिक खोज (Scientific Inquiry):

रिनेसां ने वैज्ञानिक सोच और ज्ञान की नई दिशा दी। इस समय के वैज्ञानिकों ने पारंपरिक विश्वासों को चुनौती दी और अवलोकन, प्रयोग और गणित के माध्यम से ब्रह्मांड की समझ विकसित की।

उदाहरण: कोपरनिकस ने यह सिद्धांत प्रस्तुत किया कि पृथ्वी सूर्य के चारों ओर घूमती है, न कि सूर्य पृथ्वी के चारों ओर।

का निरीक्षण किया और इस सिद्धांत को साकार किया। जोहान्स केपलर ने कोपरनिकस के सिद्धांत को और विस्तार दिया और ग्रहों की कक्षाओं के अंडाकार रूप की खोज की।

### 4. साहित्य (Literature):

रिनेसां के साहित्य में स्थानीय भाषाओं का उपयोग बढ़ा, जिससे साहित्य सामान्य जन तक पहुँचने लगा। लेखकों ने मानवीय स्वभाव, प्रेम, और राजनीति जैसे गहरे विषयों पर विचार किया। यह साहित्य परंपरागत धार्मिक और सामाजिक दृष्टिकोणों से परे था।

उदाहरण: विलियम शेक्सपियर के नाटक, जैसे हैमलेट और रोमियो और जूलियट, मानवीय भावनाओं और जीवन की जटिलताओं का गहरा अध्ययन प्रस्तुत करते हैं। उनके नाटकों में व्यक्तित्व, स्वतंत्रता और जीवन के विविध पहलुओं का चित्रण मिलता है।

दांते अलघियेरी की डिवाइन कॉमेडी ने नरक, पर्गटरी और स्वर्ग के माध्यम से मानवता की नैतिकता और आत्मा के मार्गदर्शन की खोज की।

### 5. दर्शनशास्त्र और धर्म (Philosophy and Religion):

रिनेसां ने धार्मिक विचारों को चुनौती दी और बौद्धिक स्वतंत्रता को बढ़ावा दिया। इसके साथ ही धार्मिक सुधार हुआ, जिसके परिणामस्वरूप मार्टिन लूथर ने कैथोलिक चर्च की प्रथाओं पर सवाल उठाया, विशेष रूप से पापों के लिए क्षमा प्राप्त करने के लिए "इंद्रजाल" के बिक्री पर।

उदाहरण: निकोलो माचियावेली की द प्रिंस ने राजनीतिक नेतृत्व और शक्ति के यथार्थवादी दृष्टिकोण को प्रस्तुत किया। उन्होंने यह सलाह दी कि शासक को सत्ता बनाए रखने के लिए किसी भी तरीके से कार्य करना चाहिए, जिसमें धोखाधड़ी और छल-कपट भी शामिल हो सकते हैं।

एरेस्मस ने व्यक्तिगत विश्वास की अहमियत पर जोर दिया और इन प्रेज़ ऑफ फॉली में चर्च की भ्रष्ट प्रथाओं की आलोचना की।

## 2. Lollard Movement

English Explanation: The Lollard Movement was a significant religious and social movement in England during the late 14th and early 15th centuries. It was primarily a response to the corruption within the Church and dissatisfaction with the practices and doctrines of the Catholic clergy. The movement was largely influenced by the teachings of John Wycliffe, an English scholar and theologian, who is often regarded as the "Morning Star of the Reformation." The

Lollards called for a return to the purity of early Christianity, advocating for religious reforms, including the translation of the Bible into vernacular languages so that ordinary people could read and interpret the scriptures for themselves.

**Key Features of the Lollard Movement:**

**1. Influence of John Wycliffe:**

John Wycliffe's ideas were at the heart of the Lollard movement. Wycliffe, a professor at Oxford University, was a vocal critic of the Catholic Church's corruption and the clergy's immoral behavior. He believed that the Church had become too involved in politics and material wealth, neglecting the spiritual and moral duties it was supposed to uphold. His ideas greatly influenced the Lollards, who embraced his calls for reform.

Example: Wycliffe's most notable contribution was his translation of the Bible into English, making the scriptures accessible to common people. This was revolutionary because, at the time, the Bible was only available in Latin, which only the clergy and educated elites could understand. The Lollards followed Wycliffe's belief that everyone should be able to read and interpret the Bible themselves, rather than relying solely on the clergy for interpretation.

**2. Criticism of Church Corruption:**

The Lollards were critical of various aspects of the Catholic Church, particularly the sale of indulgences, the wealth of the clergy, and the Church's involvement in political affairs. They believed that the Church had strayed far from its original Christian mission of humility, charity, and devotion to God. The Lollards were against the Church's excessive wealth and its practice of selling indulgences, which allowed individuals to buy forgiveness for sins.

Example: The Lollards believed that the Church should not hold such enormous wealth, as it contradicted the teachings of

Jesus Christ, who emphasized the importance of poverty and humility. They also criticized the clergy for living luxurious lives while neglecting the spiritual needs of the people.

### 3. Advocacy for Vernacular Scriptures:

One of the most important aspects of the Lollard movement was their advocacy for the translation of the Bible into the vernacular. They believed that the Bible should be accessible to everyone, not just to those who could read Latin. This was in line with Wycliffe's translation of the Bible into English, which laid the foundation for later translations of the Bible in various languages.

Example: The Lollards believed that by having access to the Bible in their own language, people could develop a personal relationship with God and interpret the teachings of Christianity themselves. This idea was revolutionary, as it went against the Church's position of controlling access to scripture and interpreting it on behalf of the laity.

### 4. Rejection of Church Rituals and Saints:

The Lollards rejected many of the traditional rituals and practices of the Catholic Church, including the veneration of saints, the use of relics, and the importance of the sacraments. They believed that these practices were not supported by scripture and were a form of idolatry. The Lollards emphasized that true worship of God did not require intermediaries such as saints or priests.

Example: The Lollards believed that there was no need for saints or relics to intercede between God and humans. They argued that people could approach God directly through prayer and repentance, without needing the Church to mediate on their behalf.

### 5. Persecution and Decline:

The Lollard movement faced intense persecution from both the Catholic Church and the English monarchy. Their rejection of Church authority and their advocacy for religious reforms threatened the established order. The Lollards were branded as heretics and were persecuted, with many being executed for their beliefs. However, their ideas influenced later reformers, including Martin Luther and the Protestant Reformation.

Example: In 1414, the Council of Constance condemned Wycliffe as a heretic, and many of his followers were executed or forced into hiding. Despite the persecution, the Lollard ideas persisted and played a significant role in the spread of Reformation ideas in England and Europe.

Hindi Explanation: लोलार्ड आंदोलन 14वीं और 15वीं शताब्दी के अंत में इंग्लैंड में एक महत्वपूर्ण धार्मिक और सामाजिक आंदोलन था। यह आंदोलन चर्च के भ्रष्टाचार और कैथोलिक पादरी की प्रथाओं और सिद्धांतों से असंतोष का परिणाम था। यह आंदोलन मुख्य रूप से जॉन विकलिफ के उपदेशों से प्रेरित था, जिन्हें "धार्मिक सुधार का प्रातः काल" माना जाता है। लोलार्डों ने प्रारंभिक ईसाई धर्म की पवित्रता की पुनः स्थापना की मांग की और लोगों को खुद बाइबिल पढ़ने और समझने के लिए प्रोत्साहित किया, जिसके लिए उन्होंने बाइबिल के स्थानीय भाषाओं में अनुवाद की आवश्यकता को महसूस किया।

लोलार्ड आंदोलन के प्रमुख पहलू:

## 1. जॉन विकलिफ का प्रभाव:

जॉन विकलिफ के विचार लोलार्ड आंदोलन के केंद्र में थे। विकलिफ, जो ऑक्सफोर्ड विश्वविद्यालय के एक प्रोफेसर थे, कैथोलिक चर्च के भ्रष्टाचार और पादरियों के अनैतिक व्यवहार के आलोचक थे। उनका मानना था कि चर्च राजनीति और भौतिक संपत्ति में अत्यधिक व्यस्त हो गया था, और अपनी आध्यात्मिक और नैतिक जिम्मेदारियों से दूर हो गया था। उनका यह विचार लोलार्डों द्वारा अपनाया गया था, जिन्होंने उनके सुधारों का समर्थन किया।

उदाहरण: विकलिफ का सबसे प्रमुख योगदान था बाइबिल का अंग्रेजी में अनुवाद, जिससे सामान्य लोगों को पवित्र ग्रंथों तक पहुंच प्राप्त हुई। यह क्रांतिकारी था क्योंकि उस समय बाइबिल केवल लैटिन में उपलब्ध थी, जिसे केवल पादरी और शिक्षित वर्ग ही समझ सकते थे। लोलार्डों ने विकलिफ के विचारों का पालन किया, जिसमें उनका यह मानना था कि सभी को बाइबिल पढ़ने और उसकी व्याख्या करने का अधिकार होना चाहिए।

**2. चर्च के भ्रष्टाचार की आलोचना:**

लोलार्डों ने कैथोलिक चर्च के विभिन्न पहलुओं की आलोचना की, विशेष रूप से इंडलजेंस (पाप माफी पत्रों) के विक्रय, पादरियों की संपत्ति, और चर्च का राजनीतिक मामलों में हस्तक्षेप। उनका मानना था कि चर्च अपनी मूल ईसाई मिशन से बहुत दूर चला गया है, जो नम्रता, परोपकार और ईश्वर के प्रति समर्पण था।

उदाहरण: लोलार्डों का मानना था कि चर्च को इतनी अधिक संपत्ति नहीं होनी चाहिए, क्योंकि यह यीशु मसीह के उपदेशों के खिलाफ था, जिन्होंने गरीबी और नम्रता के महत्व पर बल दिया था। वे पादरियों को भी आलोचना करते थे, जो भव्य जीवन जी रहे थे, जबकि वे लोगों की आध्यात्मिक जरूरतों को नजरअंदाज कर रहे थे।

**3. स्थानीय भाषाओं में बाइबिल की आवश्यकता:**

लोलार्डों का एक महत्वपूर्ण विचार था बाइबिल का स्थानीय भाषाओं में अनुवाद, ताकि हर व्यक्ति उसे अपनी भाषा में पढ़ सके। उनका मानना था कि बाइबिल हर किसी के लिए सुलभ होनी चाहिए, न कि केवल उन लोगों के लिए जो लैटिन पढ़ सकते थे। यह विकलिफ के अंग्रेजी में अनुवाद से प्रेरित था, जो बाद में विभिन्न भाषाओं में बाइबिल के अनुवाद की नींव बनी।

उदाहरण: लोलार्डों का मानना था कि बाइबिल को अपनी भाषा में पढ़कर लोग सीधे ईश्वर से जुड़ सकते हैं और धार्मिक शिक्षाओं की समझ प्राप्त कर सकते हैं। यह विचार क्रांतिकारी था, क्योंकि यह चर्च की उस स्थिति के खिलाफ था, जिसमें चर्च ने ग्रंथों तक पहुंच को नियंत्रित किया था और उनकी व्याख्या केवल पादरियों के द्वारा की जाती थी।

**4. चर्ची अनुष्ठानों और संतों का खंडन:**

लोलार्डों ने कैथोलिक चर्च के कई पारंपरिक अनुष्ठानों और प्रथाओं का विरोध किया, जैसे संतों की पूजा, अवशेषों का उपयोग और संस्कारों का महत्व। उनका मानना था कि ये प्रथाएं शास्त्र द्वारा समर्थित नहीं थीं और मूर्तिपूजा का रूप थीं। लोलार्डों ने यह बल दिया कि ईश्वर की सच्ची पूजा किसी मध्यस्थ के बिना होनी चाहिए।

उदाहरण: लोलार्डों का मानना था कि संतों या अवशेषों की आवश्यकता नहीं है, क्योंकि लोग सीधे ईश्वर से प्रार्थना और पश्चाताप के माध्यम से जुड़ सकते हैं, बिना चर्च के किसी मध्यस्थ के।

**5. उत्पीड़न और गिरावट:**

लोलार्ड आंदोलन को कैथोलिक चर्च और इंग्लैंड के शाही शासन से कड़ी उत्पीड़न का सामना करना पड़ा। चर्च की सत्ता को चुनौती देने और धार्मिक सुधारों की वकालत करने के कारण लोलार्डों को

## Literary Terms & Movements

विधर्मी करार दिया गया और उन्हें सताया गया। कई लोलार्डों को उनकी आस्थाओं के लिए मृत्युदंड दिया गया। हालांकि, उनके विचारों ने बाद में सुधारकों जैसे मार्टिन लूथर और प्रोटेस्टेंट सुधार आंदोलन को प्रभावित किया।

उदाहरण: 1414 में, काउंसिल ऑफ कॉन्स्टेंस ने विकलिफ को विधर्मी घोषित किया, और उनके कई अनुयायियों को मृत्युदंड दिया गया या छिपने के लिए मजबूर कर दिया गया। हालांकि, लोलार्डों के विचारों ने प्रोटेस्टेंट सुधार आंदोलन में महत्वपूर्ण भूमिका निभाई, जिसने बाद में इंग्लैंड और यूरोप में धार्मिक सुधार की दिशा बदल दी।

### 3. Reformation

English Explanation: The Reformation was a religious and political movement that began in the early 16th century, aiming to reform the Catholic Church and resulted in the establishment of Protestant churches. It was sparked by growing dissatisfaction with the practices of the Catholic Church, particularly its wealth, the sale of indulgences, and its political power. The Reformation led to significant changes in European society, culture, and religion.

**Key Features of the Reformation:**

1. **Martin Luther and the 95 Theses:**

The Reformation is most closely associated with Martin Luther, a German monk and theologian, whose criticism of the Catholic Church set the stage for widespread reform. In 1517, Luther famously nailed his 95 Theses to the door of the Church in Wittenberg, Germany. These theses were a list of grievances against the Church's practices, especially the sale of indulgences. Luther argued that salvation could not be bought, and that faith alone was sufficient for salvation, directly challenging the Church's authority.

Example: Luther's main argument was that the Church's practice of selling indulgences, which promised the remission of sins for money, was corrupt and unbiblical. He believed that salvation was a gift from God that could not be purchased, marking a major shift away from the Catholic doctrine.

## 2. The Spread of Luther's Ideas:

Luther's ideas were quickly spread across Europe, thanks in part to the recent invention of the printing press, which allowed his writings to be printed and distributed widely. Luther's works inspired many other reformers and led to the formation of various Protestant denominations, such as Lutheranism.

Example: Luther's translation of the Bible into German was a pivotal moment in the Reformation. By making the Bible accessible to ordinary people, Luther ensured that they could read and interpret the scriptures themselves, reducing the Church's control over religious interpretation.

## 3. The Challenge to Church Authority:

One of the main principles of the Reformation was the rejection of the Pope's supreme authority over religious matters. Reformers argued that the Bible, not the Pope, was the ultimate source of authority in Christianity. This idea led to the creation of Protestant denominations that rejected papal authority, such as Lutheranism, Calvinism, and Anglicanism.

Example: Reformers like John Calvin and Huldrych Zwingli built on Luther's ideas, emphasizing predestination and the importance of personal faith, further challenging the Catholic Church's hierarchical structure and its influence over individual believers.

## 4. The Catholic Counter-Reformation:

In response to the Reformation, the Catholic Church launched its own movement known as the Counter-Reformation. This involved reforms within the Church, such as the establishment of the Jesuit Order, the Council of Trent, and a renewed focus on education and the reaffirmation of Catholic doctrine. The Counter-Reformation sought to address some of the criticisms made by the reformers, while also reinforcing the Church's authority.

Example: The Council of Trent (1545-1563) was a major event in the Counter-Reformation. It clarified Catholic teachings, rejected Protestant doctrines like sola scriptura (the Bible alone), and reformed practices such as the sale of indulgences, which had initially sparked Luther's protest.

5. **The Impact of the Reformation:**

The Reformation led to the splintering of Christianity into different denominations, fundamentally altering the religious landscape of Europe. It also had profound social, political, and cultural consequences, including the rise of nation-states, the decline of the power of the Catholic Church, and the growth of religious tolerance in some parts of Europe.

Example: The Peace of Augsburg (1555) allowed rulers to choose either Lutheranism or Catholicism as the official religion of their territories, marking the beginning of religious pluralism in Europe. The Reformation also played a significant role in shaping the modern Western world, influencing the development of democratic ideas and individual freedoms.

Hindi Explanation: धार्मिक सुधार (Reformation) 16वीं शताबदी की शुरुआत में हुआ एक धार्मिक और राजनीतिक आंदोलन था, जिसका उद्देश्य कैथोलिक चर्च में सुधार करना था, और जिसके परिणामस्वरूप प्रोटेस्टेंट चर्चों की स्थापना हुई। यह आंदोलन कैथोलिक चर्च की प्रथाओं, विशेष रूप से उसकी संपत्ति, पाप माफी पत्रों (इंडलजेंस) के विक्रय और राजनीतिक शक्ति से असंतोष के कारण उत्पन्न हुआ था। धार्मिक सुधार ने यूरोप की समाज, संस्कृति और धर्म में महत्वपूर्ण बदलाव किए।

## धार्मिक सुधार के प्रमुख पहलू:

### 1. मार्टिन लूथर और 95 थीसिस:

धार्मिक सुधार का सबसे प्रमुख नाम मार्टिन लूथर है, जो एक जर्मन संन्यासी और धर्मशास्त्री थे, जिनकी चर्च की आलोचना ने व्यापक सुधार की नींव रखी। 1517 में, लूथर ने चर्च के दरवाजे पर 95 थीसिस चिपकाए, जो चर्च की प्रथाओं, विशेष रूप से पाप माफी पत्रों (इंडलजेंस) की बिक्री, के खिलाफ एक

शिकायत पत्र था। लूथर का मानना था कि मुक्ति खरीदी नहीं जा सकती, और केवल विश्वास से ही मुक्ति संभव है, जो कि चर्च के अधिकार को सीधे चुनौती देता था।

उदाहरण: लूथर का मुख्य तर्क था कि चर्च का पाप माफी पत्रों का विक्रय, जो पैसे के बदले पापों की माफी का वादा करता था, यह भ्रष्ट और बाइबिल के खिलाफ था। उनका मानना था कि मुक्ति भगवान का तोहफा है, जिसे खरीदा नहीं जा सकता।

**2. लूथर के विचारों का प्रसार:**

लूथर के विचार यूरोप भर में तेजी से फैले, और इसके पीछे प्रिंटिंग प्रेस का योगदान था, जिससे उनके लेखन का प्रसार संभव हुआ। लूथर के विचारों ने कई अन्य सुधारकों को प्रेरित किया और लूथरवाद जैसे प्रोटेस्टेंट संप्रदायों का जन्म हुआ।

उदाहरण: लूथर का बाइबिल का जर्मन में अनुवाद धार्मिक सुधार का एक महत्वपूर्ण पल था। इससे बाइबिल सामान्य लोगों के लिए सुलभ हो गई, जिससे उन्होंने स्वयं बाइबिल पढ़कर और उसकी व्याख्या करके सीधे ईश्वर से संबंध स्थापित किया।

**3. चर्च के अधिकार को चुनौती:**

धार्मिक सुधार का एक मुख्य सिद्धांत था पॉप के सर्वोच्च अधिकार को नकारना। सुधारकों का मानना था कि बाइबिल ही ईसाई धर्म का अंतिम स्रोत है, न कि पॉप। इस विचार ने प्रोटेस्टेंट संप्रदायों को जन्म दिया, जैसे लूथरवाद, कैल्विनवाद और एंग्लिकनवाद।

उदाहरण: जॉन कैल्विन और हुल्ड्रिच ज्विंगली जैसे सुधारकों ने लूथर के विचारों को आगे बढ़ाया, और उन्होंने predestination (पूर्वनिर्धारण) और व्यक्तिगत विश्वास की महत्वपूर्णता पर जोर दिया, जिससे कैथोलिक चर्च की संरचना और व्यक्तिगत विश्वास पर उसका नियंत्रण कमजोर हुआ।

**4. कैथोलिक प्रतिरूपण (Counter-Reformation):**

धार्मिक सुधार के जवाब में, कैथोलिक चर्च ने अपना स्वयं का आंदोलन शुरू किया, जिसे प्रतिरूपण (Counter-Reformation) कहा गया। इसमें चर्च के अंदर सुधार किए गए, जैसे जेहूसित आदेश (Jesuit Order) की स्थापना, काउंसिल ऑफ ट्रेंट और शिक्षा पर नया जोर दिया गया। प्रतिरूपण का उद्देश्य सुधारकों की आलोचनाओं का जवाब देना और चर्च के अधिकार को फिर से सुदृढ़ करना था।

उदाहरण: काउंसिल ऑफ ट्रेंट (1545-1563) प्रतिरूपण का एक प्रमुख हिस्सा था। इस परिषद ने कैथोलिक सिद्धांतों को स्पष्ट किया, प्रोटेस्टेंट विचारों जैसे सोल स्क्रिप्चुरा (बाइबिल के अलावा किसी अन्य स्रोत को नहीं मानना) का विरोध किया और पाप माफी पत्रों की बिक्री जैसे चर्च की प्रथाओं में सुधार किया।

## 5. धार्मिक सुधार का प्रभाव:

धार्मिक सुधार ने ईसाई धर्म को विभिन्न संप्रदायों में विभाजित किया, जिससे यूरोप में धार्मिक परिदृश्य में महत्वपूर्ण बदलाव आया। इसने सामाजिक, राजनीतिक और सांस्कृतिक प्रभाव डाला, जिसमें राष्ट्र-राज्य की वृद्धि, कैथोलिक चर्च की शक्ति का ह्रास, और कुछ हिस्सों में धार्मिक सहिष्णुता का विकास शामिल था।

उदाहरण: ऑग्सबर्ग का शांति समझौता (1555) ने शासकों को यह अधिकार दिया कि वे अपने क्षेत्रों में लूथरवाद या कैथोलिकवाद में से किसी एक को आधिकारिक धर्म के रूप में चुन सकते हैं, जिससे यूरोप में धार्मिक बहुलवाद की शुरुआत हुई। धार्मिक सुधार ने लोकतांत्रिक विचारों और व्यक्तिगत स्वतंत्रताओं के विकास को भी प्रभावित किया।

## 4. Baroque

English Explanation: The Baroque was a cultural and artistic movement that began in Italy in the late 16th century and spread across Europe during the 17th and early 18th centuries. It was characterized by its grandeur, drama, movement, tension, emotional exuberance, and a tendency to blur the lines between various arts, such as painting, sculpture, architecture, and music.

### Key Features of Baroque:

1. **Dramatic Use of Light and Shadow:**

One of the most notable characteristics of Baroque art is the dramatic use of light and shadow, often referred to as chiaroscuro. Artists used light to highlight certain elements of a composition while leaving others in shadow, creating a sense of depth, mystery, and movement. This technique enhanced the emotional intensity of the artwork.

Example: Caravaggio, an Italian painter, was renowned for his mastery of chiaroscuro. His painting The Calling of St. Matthew is a prime example, where the dramatic contrast between light and shadow creates a sense of divine intervention.

2. **Emotional Intensity and Movement:**

Baroque art sought to evoke intense emotions and a sense of drama. Artists often depicted moments of high tension, such as battles, religious scenes, and moments of spiritual revelation. Figures in Baroque art are often shown in dynamic poses, as if they are caught in the midst of action.

Example: Bernini's sculpture The Ecstasy of Saint Teresa is an excellent example of the Baroque style. It captures the intense emotional and spiritual experience of St. Teresa, with her body in a state of rapture, surrounded by swirling drapery that suggests movement.

### 3. Grandiose Architecture:

Baroque architecture is marked by grandeur and ornamentation. Buildings were designed to impress, with vast domes, expansive colonnades, intricate facades, and richly decorated interiors. The use of curved lines and bold shapes was common in Baroque architecture, which sought to convey a sense of awe and power.

Example: The St. Peter's Basilica in Vatican City, designed by Michelangelo and Bernini, is one of the most famous examples of Baroque architecture. The massive dome and the grandiose St. Peter's Square are perfect embodiments of the Baroque ideals of awe and magnificence.

### 4. Religious and Secular Themes:

Baroque art often dealt with religious themes, particularly as a response to the Protestant Reformation. The Catholic Church used Baroque art to convey the power, glory, and drama of the church, hoping to inspire faith and devotion. However, Baroque art also included secular themes, such as portraits, still life, and landscape paintings.

Example: In painting, artists like Peter Paul Rubens created religious and mythological scenes with great intensity, while also painting portraits and landscapes, showing the versatility of Baroque art.

### 5. Baroque Music:

Baroque music, like Baroque art, is known for its expressiveness and dramatic contrasts. It featured ornamentation, the use of contrast between loud and soft, and rapid changes in mood. Composers like Johann Sebastian Bach, George Frideric Handel, and Antonio Vivaldi were central figures in Baroque music.

Example: Bach's Brandenburg Concerto No. 3 showcases the dynamic contrasts and emotional intensity typical of Baroque music, with its complex counterpoint and rich ornamentation.

Hindi Explanation: बारोक (Baroque) एक सांस्कृतिक और कलात्मक आंदोलन था, जो 16वीं सदी के अंत में इटली में शुरू हुआ और 17वीं और 18वीं सदी की शुरुआत में यूरोप के अन्य हिस्सों में फैल गया। इसकी विशेषताएँ थीं - भव्यता, नाटक, गति, तनाव, भावनाओं की प्रचुरता, और विभिन्न कला रूपों जैसे चित्रकला, मूर्तिकला, वास्तुकला और संगीत के बीच सीमाओं को धुंधला करना।

बारोक के प्रमुख लक्षण:

## 1. प्रकाश और छाया का नाटकीय उपयोग:

बारोक कला का एक प्रमुख लक्षण था प्रकाश और छाया का नाटकीय उपयोग, जिसे चिआरोस्क्युरो कहा जाता है। कलाकारों ने रचनाओं के कुछ तत्वों को उजागर करने के लिए प्रकाश का उपयोग किया, जबकि अन्य को छाया में छोड़ दिया, जिससे गहराई, रहस्य और गति का अहसास हुआ। इस तकनीक से कला के भावनात्मक प्रभाव को बढ़ाया गया।

उदाहरण: कारावाज्जियो, एक इतालवी चित्रकार, ने चिआरोस्क्युरो में अपनी महारत के लिए प्रसिद्धि प्राप्त की। उनकी पेंटिंग द कॉलिंग ऑफ सेंट मैथ्यू इसका एक प्रमुख उदाहरण है, जिसमें प्रकाश और छाया के नाटकीय विपरीत से ईश्वर के हस्तक्षेप का अहसास होता है।

## 2. भावनात्मक तीव्रता और गति:

बारोक कला का उद्देश्य तीव्र भावनाओं और नाटकीयता को उत्तेजित करना था। कलाकारों ने अक्सर उच्च तनाव के क्षणों को चित्रित किया, जैसे युद्ध, धार्मिक दृश्य, और आध्यात्मिक अनुभव के क्षण। बारोक कला में चित्रित आकृतियाँ अक्सर गतिशील स्थिति में होती हैं, जैसे वे किसी क्रिया के बीच में फंसी हुई हों।

उदाहरण: बर्निनी की मूर्तिकला द एक्स्टसी ऑफ सेंट टेरेसा बारोक शैली का एक उत्कृष्ट उदाहरण है। इसमें सेंट टेरेसा के तीव्र भावनात्मक और आध्यात्मिक अनुभव को दिखाया गया है, जिसमें उनका शरीर रति के अवस्था में है, और चारों ओर घूमा हुआ कपड़ा गति का संकेत देता है।

## 3. भव्य वास्तुकला:

बारोक वास्तुकला भव्यता और अलंकरण से चिन्हित थी। इमारतों को प्रभावशाली रूप से डिज़ाइन किया गया था, जिनमें विशाल गुंबद, विस्तृत स्तंभ, जटिल मुखौटे और समृद्ध रूप से सजाए गए आंतरिक भाग शामिल थे। बारोक वास्तुकला में घुमावदार रेखाओं और बोल्ड आकारों का उपयोग सामान्य था, जो श्रद्धा और शक्ति का अहसास कराते थे।

उदाहरण: सेंट पीटर्स बासिलिका (वेटिकन सिटी), जिसे माइकलएंजेलो और बर्निनी द्वारा डिज़ाइन किया गया था, बारोक वास्तुकला का एक प्रसिद्ध उदाहरण है। इसका विशाल गुंबद और भव्य सेंट पीटर्स चौक बारोक के आदर्शों को साकार रूप में प्रस्तुत करते हैं।

## 4. धार्मिक और सांसारिक विषय:

बारोक कला में अक्सर धार्मिक विषयों को चित्रित किया गया, विशेष रूप से प्रोटेस्टेंट सुधार (Reformation) के जवाब में। कैथोलिक चर्च ने बारोक कला का उपयोग चर्च की शक्ति, महिमा और नाटक को दिखाने के लिए किया, ताकि विश्वास और भक्ति को प्रेरित किया जा सके। हालांकि, बारोक कला में सांसारिक विषयों को भी शामिल किया गया, जैसे चित्र, स्थिर जीवन और परिदृश्य चित्रकला।

उदाहरण: चित्रकला में, कलाकार पीटर पॉल रूबेंस ने धार्मिक और पौराणिक दृश्य बनाए थे, जिनमें उच्च तीव्रता थी, जबकि उन्होंने चित्रण, स्थिर जीवन और परिदृश्य चित्रण में भी अपनी दक्षता दिखायी, जिससे बारोक कला की विविधता को दर्शाया।

## 5. बारोक संगीत:

बारोक संगीत भी बारोक कला की तरह अपनी अभिव्यक्ति और नाटकीय विपरीतताओं के लिए जाना जाता है। इसमें सजावट, ऊंचे और निचले स्वर के बीच के अंतर, और मूड में त्वरित परिवर्तन होते थे। जोहान सेबास्टियन बाख, जॉर्ज फ्रेडरिक हैंडेल, और एंटोनियो विवाल्डी जैसे संगीतकार बारोक संगीत के केंद्रीय पात्र थे।

उदाहरण: बाख की ब्रांडनबर्ग कंसर्टों नं. 3 बारोक संगीत का एक आदर्श उदाहरण है, जिसमें इसकी जटिल काउंटरपॉइंट और समृद्ध सजावट के साथ गतिशील विपरीतताएँ और भावनात्मक तीव्रता देखी जाती है।

5. **Metaphysical Poetry**

English Explanation: Metaphysical Poetry is a term used to describe a group of 17th-century poets in England who were known for their use of elaborate metaphors, intellectual themes, and a blend of emotion and reason. The term "metaphysical" was coined by Samuel Johnson in the 18th century to describe the works of poets like John Donne, Andrew Marvell, and George Herbert.

**Key Features of Metaphysical Poetry:**

**1. Conceits (Extended Metaphors):**

One of the defining features of metaphysical poetry is the use of conceits, which are elaborate and often surprising metaphors or similes that compare two seemingly unrelated things. These conceits are used to explore complex ideas and emotions in an original and intellectual manner.

Example: In John Donne's poem The Flea, he uses the image of a flea to represent the union of two lovers, comparing the bite of the flea to the act of physical intimacy and their bond. The conceit is extended throughout the poem, making it witty and intellectually stimulating.

**2. Intellectual and Philosophical Themes:**

Metaphysical poets often tackled deep, intellectual themes, such as the nature of love, religion, death, time, and the soul. Their poems were not just emotional but also philosophical, exploring the complexities of existence through logic and reason.

Example: John Donne's A Valediction: Forbidding Mourning uses a philosophical conceit to compare the relationship between lovers to a compass, showing how love transcends physical separation and is grounded in the soul.

**3. Blend of Emotion and Reason:**

Metaphysical poetry often combines deep emotional expressions with intellectual analysis. The poets wanted to show that human emotions could be understood and expressed through reason and logic. The interplay of these two elements gives their poetry a distinctive depth.

Example: In Andrew Marvell's To His Coy Mistress, the poet

explores love and time. The emotional longing of the speaker is tempered with intellectual reason, as he reflects on the passage of time and the need to seize the moment.

### 4. Unexpected and Witty Language:

Metaphysical poetry is known for its clever, witty, and sometimes paradoxical language. The poets often used irony, paradoxes, and unconventional images to express complex truths in a surprising way. This use of language added a layer of intellectual playfulness to their works.

Example: In John Donne's The Sun Rising, he uses paradoxes like "Love, all alike, no season knows nor clime," to express the timelessness and universality of love, suggesting that love is above time and external conditions.

### 5. Use of the Scholarly and Scientific:

Many metaphysical poets were influenced by the scientific and philosophical ideas of their time. As a result, their poetry often incorporated references to scientific discoveries, philosophy, and religious debates. The combination of science and spirituality was a hallmark of their work.

Example: In George Herbert's The Pulley, the speaker imagines God creating humans and giving them gifts, but withholding the gift of rest, which leads them to seek divine connection. This poem blends religious themes with philosophical musings on human nature.

Hindi Explanation: मेटाफिजिकल कविता एक शब्द है जिसका उपयोग 17वीं सदी के इंग्लैंड के कुछ कवियों के समूह का वर्णन करने के लिए किया जाता है, जो अपनी विस्तृत रूपकों, बौद्धिक विषयों, और भावना और तर्क के मिश्रण के लिए जाने जाते थे। इस शब्द का निर्माण 18वीं सदी में सैमुअल जॉनसन ने किया था, जो कवियों जैसे जॉन डन, एंड्रयू मार्वेल, और जॉर्ज हर्बर्ट के कामों को परिभाषित करता था।

मेटाफिजिकल कविता के प्रमुख लक्षण:

### 1. कंसीट (विस्तारित रूपक):

मेटाफिजिकल कविता का एक प्रमुख लक्षण है कंसीट, जो जटिल और अक्सर

अप्रत्याशित रूपक या उपमेय होते हैं, जो दो असंबद्ध चीजों की तुलना करते हैं। इन रूपकों का उपयोग जटिल विचारों और भावनाओं को एक अद्वितीय और बौद्धिक तरीके से अन्वेषण करने के लिए किया जाता है।

उदाहरण: जॉन डन की कविता द फ्ले में, वह एक भंवरे को एक प्रेमी जोड़े के मिलन का प्रतीक बनाते हैं, जिसमें भंवरे के काटने को शारीरिक संबंध और उनके बंधन से जोड़ा गया है। यह रूपक पूरे कविता में विस्तारित होता है, जिससे यह बुद्धिमान और बौद्धिक रूप से उत्तेजक बन जाता है।

## 2. बौद्धिक और दार्शनिक विषय:

मेटाफिजिकल कवि अक्सर गहरे और बौद्धिक विषयों पर चर्चा करते थे, जैसे प्रेम, धर्म, मृत्यु, समय और आत्मा। उनकी कविताएँ केवल भावनात्मक नहीं थीं, बल्कि दार्शनिक थीं, जो तर्क और विवेक के माध्यम से अस्तित्व की जटिलताओं का अन्वेषण करती थीं।

उदाहरण: जॉन डन की ए वैलडिक्शन: फॉरबिडिंग मॉर्निंग में एक दार्शनिक रूपक का उपयोग किया गया है, जिसमें प्रेमियों के रिश्ते को एक कंपास के रूप में चित्रित किया गया है, जो यह दर्शाता है कि प्रेम शारीरिक पृथक्करण से परे है और आत्मा में आधारित है।

## 3. भावना और तर्क का मिश्रण:

मेटाफिजिकल कविता अक्सर गहरे भावनात्मक अभिव्यक्तियों को बौद्धिक विश्लेषण के साथ जोड़ती है। कवि यह दिखाना चाहते थे कि मानव भावनाओं को तर्क और विवेक के माध्यम से समझा और व्यक्त किया जा सकता है। इन दोनों तत्वों का संयोजन उनकी कविता को एक विशिष्ट गहराई प्रदान करता है।

उदाहरण: एंड्रयू मार्वेल की टू हिज कॉय मिस्ट्रेस में, कवि प्रेम और समय के बारे में विचार करता है। वक्त के बीतने और पल का लाभ उठाने की आवश्यकता पर बौद्धिक कारण को दिखाते हुए, वह अपनी भावनात्मक इच्छा का भी वर्णन करते हैं।

## 4. अप्रत्याशित और चतुर भाषा:

मेटाफिजिकल कविता अपनी चतुर, बुद्धिमान और कभी-कभी विरोधाभासी भाषा के लिए जानी जाती है। कवि अक्सर विडंबना, विरोधाभास और अपरंपरागत छवियों का उपयोग करते थे, ताकि जटिल सत्य को अप्रत्याशित तरीके से व्यक्त किया जा सके। इस भाषा का उपयोग उनकी रचनाओं में बौद्धिक चपलता जोड़ता था।

उदाहरण: जॉन डन की द सन राइजिंग में, वह ऐसे विरोधाभासों का उपयोग करते हैं जैसे "प्रेम, सभी एक जैसे, कोई मौसम नहीं जानता, न कोई प्रदेश," यह व्यक्त

करने के लिए कि प्रेम समय और बाहरी परिस्थितियों से परे है।

### 5. शैक्षिक और वैज्ञानिक का उपयोग:

कई मेटाफिजिकल कवि अपने समय के वैज्ञानिक और दार्शनिक विचारों से प्रभावित थे। परिणामस्वरूप, उनकी कविता में अक्सर वैज्ञानिक खोजों, दर्शनशास्त्र, और धार्मिक बहसों का उल्लेख होता था। विज्ञान और आध्यात्मिकता का मिश्रण उनके काम का एक प्रमुख लक्षण था।

उदाहरण: जॉर्ज हर्बर्ट की द पुली में, वक्ता कल्पना करता है कि भगवान ने मनुष्यों को उपहार दिए, लेकिन विश्राम का उपहार नहीं दिया, जो उन्हें दिव्य संबंध की खोज करने के लिए प्रेरित करता है। यह कविता मानव प्रकृति पर धार्मिक विषयों और दार्शनिक विचारों का मिश्रण है।

### 6. Cavalier Poets

English Explanation: The Cavalier Poets were a group of English poets in the 17th century who were associated with the royalist cause during the English Civil War. They were loyal to King Charles I and supported the monarchy in contrast to the Parliamentarians (Roundheads). The term "Cavalier" refers to the royalist supporters who were often depicted as well-dressed, courtly, and elegant, which is reflected in the poetry of these writers.

**Key Characteristics of Cavalier Poetry:**

1. **Celebration of the Royal Court:**

Cavalier poets often wrote about the pleasures of court life, celebrating the king and the monarchy. Their poetry is known for its elegant and sophisticated style, reflecting the luxurious and hedonistic lifestyle at the royal court.

Example: In Robert Herrick's To the Virgins, to Make Much of Time, the poet encourages young women to seize the moment, enjoy life, and take pleasure in youth, echoing the carefree spirit of the royal court.

2. **Carpe Diem (Seize the Day):**

A major theme in Cavalier poetry is Carpe Diem, which encourages the enjoyment of life and the pursuit of pleasure before it is too late. The poets often explore themes like love, beauty, and youth, urging readers to appreciate the present moment because life is short.

Example: Richard Lovelace's To Althea, from Prison expresses the theme of Carpe Diem, as the poet celebrates the freedom of the spirit despite his physical imprisonment.

3. **Elegance and Refinement:**

Cavalier poetry is characterized by its smooth, polished, and refined style. The poets often employed simple yet graceful language and were known for their use of meter and rhyme to create musicality and rhythm in their works. Their style was often in contrast to the more complex and intense works of the Metaphysical poets.

Example: Thomas Carew's A Rapture is an example of Cavalier elegance, with its graceful descriptions of love and beauty, showcasing the refined and sensual language typical of the movement.

4. **Focus on Love and Beauty:**

The Cavalier poets often focused on themes of love, beauty, and the pleasures of life. They celebrated both romantic and physical love, frequently portraying women as objects of desire. Their poetry tends to be more sensual and less philosophical compared to the metaphysical poets.

Example: In Sir John Suckling's Why So Pale and Wan, Fond Lover?, the poet uses a light, humorous tone to explore the theme of love, showcasing the Cavalier's focus on romantic attraction and physical beauty.

5. **Simplicity and Clarity:**

Unlike the Metaphysical poets, the Cavalier poets often favored a more direct and straightforward style. Their language is simpler, with fewer intellectual complexities, allowing for a greater focus on emotion and beauty. Their work was designed to appeal to a broad audience and often conveyed an optimistic view of life.

Example: In Robert Herrick's Gather Ye Rosebuds While Ye May, the poet uses simple, direct language to encourage people to enjoy life and take advantage of the fleeting nature of time, a hallmark of the Carpe Diem theme.

**6. Strong Sense of Individualism:**

Cavalier poets often celebrated the individual's right to pursue personal happiness and liberty. They emphasized freedom, both politically and personally, particularly in the context of the monarchy, and expressed their loyalty to the king in their works.

Example: In Richard Lovelace's To Lucasta, Going to the Wars, the poet expresses his loyalty to his country and king, even if it means parting from his lover, showing both the Cavalier's devotion to personal honor and the royal cause.

Hindi Explanation: कैवेलियर कवि 17वीं सदी के इंग्लैंड के कवियों का एक समूह था जो इंग्लिश सिविल वॉर के दौरान शाही कारणों से जुड़े थे। ये कवि राजा चार्ल्स I के प्रति वफादार थे और संसद के विरोध में राजशाही का समर्थन करते थे। "कैवेलियर" शब्द उन शाही समर्थकों को संदर्भित करता है जिन्हें अक्सर अच्छे कपड़े पहनने वाले, शिष्ट और कोरटली (सौम्य) चित्रित किया जाता था, जो इन कवियों की कविता में भी परिलक्षित होता है।

कैवेलियर कविता की प्रमुख विशेषताएँ:

**1. राजशाही दरबार का उत्सव:**

कैवेलियर कवि अक्सर दरबारी जीवन के सुखों के बारे में लिखते थे, वे राजा और राजशाही का जश्न मनाते थे। उनकी कविता कोरट की भव्यता और भोगवादी जीवनशैली को दर्शाती थी।

उदाहरण: रोबर्ट हैरिक की टू द विजन्स, टू मेक मच ऑफ टाइम में कवि युवतियों से जीवन का आनंद लेने, प्रेम में डूबने और समय को बेकार न जाने देने का आग्रह करते हैं, जो दरबारी जीवन के निर्बाध और सहज आनंद को दर्शाता है।

**2. कार्पे डियम (समय का लाभ उठाओ):**

कैवेलियर कविता का एक प्रमुख विषय है कार्पे डियम, जो जीवन का आनंद लेने और आनंद के लिए आग्रह करता है इससे पहले कि यह बहुत देर हो जाए। कवि अक्सर प्रेम, सौंदर्य और युवावस्था जैसे विषयों का अन्वेषण करते थे और पाठकों से वर्तमान क्षण का मूल्यांकन करने का आग्रह करते थे क्योंकि जीवन संक्षिप्त है।

उदाहरण: रिचर्ड लवलेस की टू आलथिया, फ्रॉम प्रिजन में कवि शारीरिक बंदीगृह में होने के बावजूद आत्मा की स्वतंत्रता का उत्सव मनाते हैं,

जो समय का मूल्य जानने और आनंद लेने का एक रूपक है।

### 3. सौंदर्य और परिष्कार:

कैवेलियर कविता इसकी चिकनी, परिष्कृत और शिष्ट शैली के लिए जानी जाती है। कवि अक्सर सरल लेकिन सुंदर भाषा का उपयोग करते थे और छंद और कविता में लय और संगीत उत्पन्न करने के लिए मीटर और राइम का उपयोग करते थे। उनका शैली मेटाफिजिकल कवियों के काम से अधिक सरल और स्पष्ट था।

उदाहरण: थॉमस केयरव की ए रैप्चर एक कैवेलियर कवि की शिष्टता को दिखाती है, जिसमें प्रेम और सौंदर्य का सरल लेकिन प्रभावशाली चित्रण किया गया है।

### 4. प्रेम और सौंदर्य पर ध्यान:

कैवेलियर कवि अक्सर प्रेम, सौंदर्य और जीवन के सुखों पर ध्यान केंद्रित करते थे। वे शारीरिक और रोमांटिक प्रेम का उत्सव मनाते थे और महिलाओं को इच्छाओं के प्रतीक के रूप में चित्रित करते थे। उनकी कविता मेटाफिजिकल कवियों की तुलना में अधिक शारीरिक और कम दार्शनिक होती थी।

उदाहरण: सर जॉन सकलिंग की व्हाई सो पेल एंड वान, फोंड लवर? में प्रेम के विषय को हल्के, हास्यपूर्ण स्वर में प्रस्तुत किया गया है, जो कैवेलियर कवि की रोमांटिक आकर्षण और शारीरिक सौंदर्य के प्रति प्रवृत्ति को दर्शाता है।

### 5. सरलता और स्पष्टता:

मेटाफिजिकल कवियों के विपरीत, कैवेलियर कवि अक्सर एक अधिक सीधा और स्पष्ट शैली का पालन करते थे। उनकी भाषा सरल होती थी, जिसमें बौद्धिक जटिलताएँ कम होती थीं, जिससे भावना और सौंदर्य पर अधिक ध्यान केंद्रित किया जा सकता था।

उदाहरण: रोबर्ट हैरिक की गैदर ये रोज़बड्स व्हाइल ये मे में कवि सीधे और स्पष्ट भाषा का उपयोग करते हैं, यह बताने के लिए कि जीवन का आनंद लेना चाहिए और समय की नश्वरता को समझना चाहिए, जो कैवेलियर कविता के कार्पे डियम के विषय का प्रतीक है।

### 6. व्यक्तिवाद का मजबूत अनुभव:

कैवेलियर कवि अक्सर व्यक्तिगत सुख और स्वतंत्रता के अधिकार का उत्सव मनाते थे। वे राजशाही के संदर्भ में व्यक्तिगत स्वतंत्रता और राजनीति की स्वतंत्रता दोनों पर जोर देते थे और अपनी कविता में राजा के प्रति अपनी वफादारी व्यक्त करते थे।

उदाहरण: रिचर्ड लवलेस की टू लुकास्टा, गोइंग टू द वॉर्स में कवि अपने देश और राजा के प्रति अपनी वफादारी व्यक्त करते हैं, भले ही इसका अर्थ अपनी प्रेमिका से बिछड़ना हो, जो व्यक्तिगत सम्मान और राजशाही कारणों के प्रति कवि की श्रद्धा को दर्शाता है।

## 7. Classicism

English Explanation: Classicism refers to the artistic, literary, and cultural movement that emphasizes the qualities of ancient Greek and Roman art and literature. Classicism values clarity, order, harmony, proportion, and restraint, drawing inspiration from the classical ideals of beauty and structure. The movement was particularly prominent during the 17th and 18th centuries, influencing a wide range of art forms, from poetry and drama to architecture and sculpture.

### Key Characteristics of Classicism:

1. Emphasis on Order and Structure: Classicism advocates for a well-organized, structured approach to art and literature. This structure is derived from the ancient works of Greek and Roman authors, focusing on balance and clarity. In literature, classicism often manifests in the use of regular meter, formal language, and well-defined themes.

   Example: The works of Alexander Pope, such as The Rape of the Lock, demonstrate classical ideals through their careful structure, use of rhyme, and balanced portrayal of human follies.

2. Reason and Logic over Emotion: Classicism places a strong emphasis on reason, logic, and restraint, in contrast to the more emotional and spontaneous approach of the Romantic movement that followed. Classicist writers often avoid excessive emotional expression, focusing instead on rational thought and moral messages.

   Example: John Dryden's Absalom and Achitophel is a prime example of classical literature, where the poet uses rationality and order to discuss political and social issues rather than relying on emotional appeals.

3. Imitation of Classical Antiquity: Classicism draws

heavily on the works of ancient Greek and Roman writers, such as Homer, Virgil, Horace, and Ovid, who were admired for their precision, clarity, and sense of proportion. Writers and artists of the classicist movement sought to imitate these ancient models to create works that were timeless and universally appealing.

Example: John Milton's Paradise Lost draws on classical models like Homer's Iliad and Virgil's Aeneid, particularly in its epic form, its use of classical mythology, and its elevated style.

4. Idealization of Human Nature: Classicism often presents an idealized view of human nature, focusing on reason, dignity, and moral virtue. The emphasis is on the perfectibility of human beings through reason and self-control rather than on the exploration of darker emotions or individualistic desires.

Example: Voltaire's Candide critiques the absurdity of optimistic philosophy through a satirical lens, demonstrating the idealistic and rational approach of classicism in its moral lessons.

5. Universality and Timelessness: Classicism values works that possess universal appeal and timeless quality. The classical ideal suggests that great art transcends specific historical contexts and can be appreciated across cultures and generations. It aims to create works that express universal truths.

Example: Jean Racine's Phèdre is an example of a timeless tragedy, with its universal themes of love, guilt, and fate reflecting the classical values of order and moral reflection.

6. Elegance and Simplicity: Classicism advocates for elegance and simplicity in both form and content. Classicist art and literature avoid excess, focusing instead on achieving beauty

through proportion, clarity, and restrained expression. The simplicity of classicist works is often achieved through the avoidance of unnecessary ornamentation.

Example: Henrietta Howard's The History of the Reign of Queen Anne is a work of simplicity and elegance, adhering to classical ideals in its straightforward yet polished narrative style.

Hindi Explanation: क्लासिसिज़्म एक कला, साहित्य और सांस्कृतिक आंदोलन को संदर्भित करता है जो प्राचीन ग्रीक और रोमन कला और साहित्य की विशेषताओं को महत्व देता है। क्लासिसिज़्म स्पष्टता, व्यवस्था, सामंजस्य, अनुपात और संयम को मान्यता देता है, और प्राचीन सौंदर्य और संरचना के आदर्शों से प्रेरित होता है। यह आंदोलन विशेष रूप से 17वीं और 18वीं सदी में प्रमुख था और कविता, नाटक, वास्तुकला, और मूर्तिकला जैसे कला रूपों को प्रभावित किया।

## क्लासिसिज़्म की प्रमुख विशेषताएँ:

1. व्यवस्था और संरचना पर जोर: क्लासिसिज़्म कला और साहित्य में सुव्यवस्थित और संरचित दृष्टिकोण का समर्थन करता है। यह संरचना प्राचीन ग्रीक और रोमन लेखकों के कार्यों से ली जाती है, जो संतुलन और स्पष्टता पर केंद्रित होती है। साहित्य में, क्लासिसिज़्म अक्सर नियमित मीटर, औपचारिक भाषा और स्पष्ट रूप से परिभाषित विषयों के उपयोग के रूप में प्रकट होता है।

उदाहरण: एलेक्जेंडर पोप का The Rape of the Lock क्लासिकल आदर्शों को प्रदर्शित करता है, जिसमें सावधानीपूर्वक संरचना, कविता में राइम का उपयोग और मानव मूर्खताओं का संतुलित चित्रण है।

2. भावना की तुलना में तर्क और बुद्धि: क्लासिसिज़्म तर्क, बुद्धि और संयम पर जोर देता है, जो बाद में आने वाले रोमांटिक आंदोलन के भावनात्मक और स्वाभाविक दृष्टिकोण के विपरीत है। क्लासिकिस्ट लेखक अक्सर अत्यधिक भावनात्मक अभिव्यक्ति से बचते हैं, और इसके बजाय तर्क और नैतिक संदेशों पर ध्यान केंद्रित करते हैं।

उदाहरण: जॉन ड्राइडन का Absalom and Achitophel क्लासिक साहित्य का आदर्श उदाहरण है, जहां कवि तर्क और व्यवस्था का उपयोग करते हुए राजनीतिक और सामाजिक मुद्दों पर चर्चा करते हैं, न कि भावनात्मक अपील पर निर्भर करते हैं।

3. प्राचीन काल की नकल: क्लासिसिज़्म प्राचीन ग्रीक और

रोमन लेखकों, जैसे होमर, वर्जिल, होरेस और ओविड के कार्यों से भारी रूप से प्रेरित है, जिन्हें उनकी सटीकता, स्पष्टता और अनुपात की भावना के लिए सराहा गया। क्लासिकिस्ट आंदोलन के लेखक और कलाकार इन प्राचीन मॉडल्स की नकल करने का प्रयास करते थे ताकि ऐसे कार्य तैयार किए जा सकें जो कालातीत और सार्वभौमिक रूप से आकर्षक हों।

उदाहरण: जॉन मिल्टन का Paradise Lost प्राचीन मॉडल्स जैसे होमर के Iliad और वर्जिल के Aeneid से प्रेरित है, विशेष रूप से इसके महाकाव्य रूप, प्राचीन मिथक और उच्च शैली के उपयोग में।

4. मानव स्वभाव का आदर्शीकरण: क्लासिसिज़्म अक्सर मानव स्वभाव का आदर्श रूप प्रस्तुत करता है, जो तर्क, गरिमा और नैतिक गुणों पर ध्यान केंद्रित करता है। इसका जोर मानवों की परिपूर्णता पर है, जो तर्क और आत्म-नियंत्रण के माध्यम से प्राप्त की जा सकती है, न कि गहरे भावनाओं या व्यक्तिगत इच्छाओं के अन्वेषण पर।

उदाहरण: वोल्टेयर का Candide क्लासिकल साहित्य के आदर्शों का पालन करता है, क्योंकि यह एक उपहासात्मक दृष्टिकोण से आशावादी दर्शन की बेतुकीता की आलोचना करता है, और नैतिक संदेशों के माध्यम से तर्क और अनुशासन की बात करता है।

5. सार्वभौमिकता और कालातीतता: क्लासिसिज़्म उन कार्यों को महत्व देता है जो सार्वभौमिक अपील और कालातीत गुणवत्ता रखते हैं। क्लासिकल आदर्श यह सुझाव देता है कि महान कला विशेष ऐतिहासिक संदर्भों को पार कर जाती है और विभिन्न संस्कृतियों और पीढ़ियों के बीच सराही जा सकती है। इसका उद्देश्य ऐसे कार्य तैयार करना है जो सार्वभौमिक सत्य व्यक्त करते हों।

उदाहरण: जीन रेसिन का Phèdre कालातीत त्रासदी का एक उदाहरण है, जिसमें प्रेम, अपराध और भाग्य के सार्वभौमिक विषय हैं, जो आदेश और नैतिक चिंतन के क्लासिकल मूल्यों को प्रदर्शित करते हैं।

6. सौंदर्य और सरलता: क्लासिसिज़्म रूप और सामग्री में सौंदर्य और सरलता को बढ़ावा देता है। क्लासिकल कला और साहित्य अत्यधिक रूप से सजावट से बचते हैं और इसके बजाय अनुपात, स्पष्टता और संयमित अभिव्यक्ति के माध्यम से सौंदर्य प्राप्त करने का प्रयास करते हैं। क्लासिकल कार्यों की सरलता आमतौर पर अनावश्यक अलंकरण से बचने से प्राप्त होती है।

उदाहरण: हेनरीटा हावर्ड की The History of the Reign of Queen Anne एक सरलता और शिष्टता का उदाहरण है, जो अपनी स्पष्ट लेकिन परिष्कृत कथा शैली में क्लासिकल आदर्शों का पालन करती है।

## 8. Enlightenment

English Explanation: Enlightenment, also known as the Age of Enlightenment or Age of Reason, was an intellectual and philosophical movement that dominated Europe in the 17th and 18th centuries. It emphasized the use of reason, logic, and scientific methods to understand and improve society, politics, and human nature. Enlightenment thinkers challenged traditional beliefs, particularly those related to religion, monarchy, and social hierarchy, advocating for progress, liberty, and the pursuit of happiness.

### Key Characteristics of the Enlightenment:

1. Emphasis on Reason: The Enlightenment placed great importance on human reason as the best tool for understanding the world and solving societal problems. Enlightenment thinkers believed that reason, rather than tradition or superstition, should guide decisions and policies.

Example: René Descartes famously said, "Cogito, ergo sum" ("I think, therefore I am"), which underscores the importance of reason in understanding existence and knowledge.

2. Scientific Revolution and Empiricism: Enlightenment thinkers were strongly influenced by the Scientific Revolution, which advocated for empirical evidence, experimentation, and the scientific method. This emphasis on observation and evidence-based knowledge led to advancements in various fields such as physics, medicine, and astronomy.

Example: Isaac Newton's work in physics and mathematics, particularly his laws of motion and universal gravitation, exemplifies the Enlightenment belief in the power of reason and science to explain natural phenomena.

3. **Criticism of Religion and Church Authority:** Enlightenment thinkers often criticized the influence of organized religion, particularly the Catholic Church, over politics and education. They argued that religious dogma hindered intellectual freedom and social progress.

Example: Voltaire, one of the key figures of the Enlightenment, was a vocal critic of religious intolerance and the power of the church, as seen in his famous work Candide, where he satirizes the religious and political establishment.

4. **Advocacy for Individual Rights and Liberty:** Enlightenment philosophers championed individual freedoms, the rights of citizens, and the importance of liberty. They argued for the abolition of arbitrary power, such as absolute monarchy, and for the protection of individual rights, including freedom of speech, equality, and religious tolerance.

Example: John Locke's theories on natural rights and government, particularly his ideas about life, liberty, and property, influenced the development of democratic principles and the notion of constitutional government.

5. **Progress and Optimism:** The Enlightenment was marked by a belief in the possibility of progress. Thinkers of the period believed that through reason, education, and reform, society could improve and advance. There was an optimism about human potential and the ability to create a better world.

Example: Jean-Jacques Rousseau's work The Social Contract suggested that society could be reformed to ensure justice and equality, demonstrating the belief in progress through collective effort.

6. **6.** Secularism: Enlightenment thinkers promoted secularism, meaning the separation of religion from public life and government. They argued that governance should be based on reason and the common good, rather than religious doctrines.

Example: Baron de Montesquieu, in his work The Spirit of the Laws, argued for the separation of powers in government, which became a foundational principle in modern democratic systems.

7. **7.** Support for Education and Intellectual Exchange: The Enlightenment placed a strong emphasis on education, critical thinking, and intellectual exchange. Thinkers believed that knowledge and learning were key to improving society and that an educated citizenry would be better equipped to make reasoned decisions.

Example: The establishment of salons and academies across Europe, where intellectuals and thinkers could meet and debate ideas, contributed to the spread of Enlightenment ideas.

Hindi Explanation: प्रकाशन (Enlightenment), जिसे ज्ञान युग (Age of Enlightenment) या तर्क युग (Age of Reason) के नाम से भी जाना जाता है, एक बौद्धिक और दार्शनिक आंदोलन था जो 17वीं और 18वीं सदी में यूरोप में प्रभावी था। इस आंदोलन में तर्क, बुद्धि और वैज्ञानिक विधियों का उपयोग समाज, राजनीति और मानव स्वभाव को समझने और सुधारने के लिए किया गया। प्रकाशन के विचारकों ने पारंपरिक विश्वासों, विशेष रूप से धर्म, राजशाही और सामाजिक पदानुक्रम से चुनौती दी, और प्रगति, स्वतंत्रता और सुख की प्राप्ति के पक्षधर थे।

प्रकाशन के प्रमुख लक्षण:

1. **1.** तर्क पर जोर: प्रकाशन में मानव तर्क को दुनिया को समझने और सामाजिक समस्याओं को हल करने के सर्वोत्तम उपकरण के रूप में महत्वपूर्ण माना गया। प्रकाशन के विचारक मानते थे कि निर्णयों और नीतियों का मार्गदर्शन तर्क द्वारा होना चाहिए, न कि परंपरा या अंधविश्वास द्वारा।

उदाहरण: रेने डेसकार्टेस ने प्रसिद्ध रूप से कहा, "Cogito, ergo sum" ("मैं

सोचता हूँ, इसलिए मैं हूँ"), जो तर्क के महत्व को दर्शाता है।

2. **वैज्ञानिक क्रांति और अनुभववाद:** प्रकाशन के विचारक वैज्ञानिक क्रांति से गहरे प्रभावित थे, जिसने अनुभवजन्य साक्ष्य, प्रयोग और वैज्ञानिक विधि को बढ़ावा दिया। यह दृष्टिकोण प्राकृतिक घटनाओं को समझने में योगदान देने वाले विभिन्न क्षेत्रों में प्रगति का कारण बना।

उदाहरण: आइज़क न्यूटन का भौतिकी और गणित में काम, विशेष रूप से गति के नियम और सार्वभौमिक गुरुत्वाकर्षण, वैज्ञानिक तर्क और वैज्ञानिक विधि के महत्व को दर्शाता है।

3. **धर्म और चर्च प्राधिकरण की आलोचना:** प्रकाशन के विचारकों ने प्रायः संगठित धर्म, विशेष रूप से कैथोलिक चर्च, की राजनीति और शिक्षा पर प्रभाव की आलोचना की। उनका मानना था कि धार्मिक सिद्धांत बौद्धिक स्वतंत्रता और सामाजिक प्रगति में रुकावट डालते हैं।

उदाहरण: वोल्टेयर, जो प्रकाशन के प्रमुख व्यक्तित्वों में से एक थे, धार्मिक असहिष्णुता और चर्च की शक्ति के मुखर आलोचक थे, जैसा कि उनकी प्रसिद्ध काव्य रचना Candide में देखा जा सकता है, जहाँ उन्होंने धार्मिक और राजनीतिक प्रतिष्ठान का उपहास किया।

4. **व्यक्तिगत अधिकारों और स्वतंत्रता के पक्ष में:** प्रकाशन के दार्शनिकों ने व्यक्तिगत स्वतंत्रताओं, नागरिकों के अधिकारों और स्वतंत्रता के महत्व का समर्थन किया। उन्होंने निरंकुश सत्ता, जैसे कि absolute monarchy, के उन्मूलन और व्यक्तित्व अधिकारों के संरक्षण के लिए बात की, जिसमें बोलने की स्वतंत्रता, समानता और धार्मिक सहिष्णुता शामिल थीं।

उदाहरण: जॉन लॉक के प्राकृतिक अधिकारों और सरकार पर सिद्धांत, विशेष रूप से उनके जीवन, स्वतंत्रता और संपत्ति के अधिकारों के बारे में विचार, लोकतांत्रिक सिद्धांतों और संवैधानिक सरकार की अवधारणाओं के विकास में प्रभावी रहे।

5. **प्रगति और आशावाद:** प्रकाशन में प्रगति की संभावना पर विश्वास था। उस समय के विचारक मानते थे कि तर्क, शिक्षा और सुधार के माध्यम से समाज में सुधार और उन्नति हो सकती है। मानव क्षमता पर आशावाद था और एक बेहतर दुनिया बनाने की संभावना को देखा गया था।

उदाहरण: जीन-जैक्स रूसो का कार्य The Social Contract यह सुझाव देता है कि समाज को न्याय और समानता सुनिश्चित करने के लिए सुधारा जा सकता है, जो

सामूहिक प्रयास के माध्यम से प्रगति में विश्वास को दर्शाता है।

6. **धर्मनिरपेक्षता:** प्रकाशन के विचारकों ने धर्मनिरपेक्षता का समर्थन किया, यानी सार्वजनिक जीवन और सरकार से धर्म का पृथक्करण। उनका मानना था कि सरकार का संचालन तर्क और सामान्य भलाई पर आधारित होना चाहिए, न कि धार्मिक सिद्धांतों पर।

उदाहरण: बारोन डे मोंटेस्क्यू अपनी पुस्तक The Spirit of the Laws में, सरकारी शक्ति के पृथक्करण के पक्ष में थे, जो आधुनिक लोकतांत्रिक प्रणालियों में एक मौलिक सिद्धांत बन गया।

7. **शिक्षा और बौद्धिक आदान-प्रदान का समर्थन:** प्रकाशन में शिक्षा, आलोचनात्मक सोच और बौद्धिक आदान-प्रदान पर जोर दिया गया। विचारकों का मानना था कि ज्ञान और शिक्षा समाज के सुधार के लिए महत्वपूर्ण हैं और एक शिक्षित नागरिकता बेहतर निर्णय लेने में सक्षम होगी।

उदाहरण: यूरोप में सैलोन और अकादमियों की स्थापना, जहाँ बौद्धिक और विचारक मिलकर विचारों पर बहस करते थे, प्रकाशन के विचारों के प्रसार में सहायक रही।

## 9. French Revolution

**English Explanation:** The French Revolution (1789-1799) was a period of radical social, political, and economic change in France that drastically altered the course of French history and had a profound influence on the world. It led to the end of the monarchy, the rise of democracy, and the spread of revolutionary ideas across Europe. The revolution was fueled by widespread discontent with the French monarchy's inability to address the financial crisis, inequality, and the oppressive social structure.

### Key Causes of the French Revolution:

1. Social Inequality (The Three Estates): French society was divided into three estates:

First Estate: The clergy (church officials), who were privileged and exempt from many taxes.

Second Estate: The nobility, who held significant power and wealth.

Third Estate: The common people (peasants, workers, and

bourgeoisie), who were heavily taxed and had few rights.

This inequality led to widespread resentment, as the common people suffered while the upper classes enjoyed privileges.

2. Financial Crisis: France's financial situation was dire due to years of extravagant spending by the monarchy, costly wars (including support for the American Revolution), and inefficient taxation. King Louis XVI and Queen Marie Antoinette's lavish lifestyle worsened the financial burden on the common people.

Example: The French monarchy's decision to support the American Revolution further strained the treasury, contributing to the financial crisis.

3. Enlightenment Ideas: Enlightenment thinkers, such as John Locke, Jean-Jacques Rousseau, and Voltaire, challenged traditional structures of authority, advocating for equality, liberty, and fraternity. Their ideas inspired the French people to question the legitimacy of the monarchy and the social hierarchy.

4. Poor Harvests and Economic Hardship: France suffered several years of poor harvests, leading to food shortages, hunger, and skyrocketing bread prices. The economic hardship experienced by the peasantry further fueled discontent and protests.

5. Weak Leadership: King Louis XVI was indecisive and failed to effectively address France's problems. His inability to resolve the financial crisis, his resistance to reforms, and his failure to connect with the common people led to widespread dissatisfaction with his rule.

**Key Events of the French Revolution:**

1. The Estates-General and the National Assembly: In 1789,

facing a financial crisis, King Louis XVI convened the Estates-General (a representative assembly) to address the situation. However, the Third Estate, representing the common people, felt underrepresented and formed the National Assembly. This marked the beginning of a new political order and the assertion of popular sovereignty.

2. The Storming of the Bastille (July 14, 1789): On July 14, 1789, a mob stormed the Bastille, a symbol of royal tyranny and a prison holding political prisoners. The event became a symbol of the revolution and marked the start of widespread popular uprisings.

3. The Declaration of the Rights of Man and Citizen (August 1789): The National Assembly adopted the Declaration of the Rights of Man and Citizen, which proclaimed the equality of all men, the rights to liberty, property, and security, and the sovereignty of the people.

4. The Reign of Terror (1793-1794): During the revolution, the Jacobins, led by Maximilien Robespierre, took control and launched the Reign of Terror. Revolutionary tribunals executed thousands, including King Louis XVI and Queen Marie Antoinette, through the guillotine. The period marked extreme violence and political repression.

5. The Rise of Napoleon Bonaparte: In 1799, after years of political instability, Napoleon Bonaparte staged a coup and became the ruler of France, eventually declaring himself Emperor. The revolution ultimately gave way to the Napoleonic Empire, but its ideals of liberty and equality continued to influence Europe and beyond.

## Key Outcomes and Effects of the French Revolution:

1. **End of Absolute Monarchy:** The French Revolution led to the abolition of the monarchy, and King Louis XVI was executed in 1793. The monarchy's collapse marked the end of feudalism in France and the rise of a republic based on democratic principles.

2. **Rise of Republicanism and Secularism:** The revolution gave rise to the French Republic and promoted secularism, reducing the power of the Catholic Church and establishing the principles of liberty, equality, and fraternity as the foundation of the new political system.

3. **Spread of Revolutionary Ideas:** The French Revolution inspired other revolutionary movements across Europe and the Americas, leading to the spread of democratic ideals and the eventual rise of republican governments.

4. **Social and Legal Reforms:** The revolution led to significant social reforms, including the abolition of feudal privileges, the declaration of equal rights, and the introduction of the Napoleonic Code, which influenced legal systems worldwide.

Hindi Explanation: फ्रांसीसी क्रांति (French Revolution) 1789 से 1799 तक का एक महत्वपूर्ण ऐतिहासिक आंदोलन था जिसने फ्रांस के समाज, राजनीति और आर्थिक संरचना को पूरी तरह से बदल दिया। इस क्रांति का मुख्य उद्देश्य सामंती शासन को समाप्त करना, राजतंत्र की शक्तियों को चुनौती देना और लोकतंत्र के सिद्धांतों को लागू करना था। फ्रांसीसी क्रांति ने न केवल फ्रांस, बल्कि पूरी दुनिया में क्रांतिकारी विचारों को फैलाया।

फ्रांसीसी क्रांति के प्रमुख कारण:

1. सामाजिक असमानता (तीन वर्ग): फ्रांसीसी समाज को तीन वर्गों में बांटा गया था:

पहला वर्ग: पुजारियों (धार्मिक वर्ग) का था, जो विशेषाधिकार प्राप्त थे और अधिकांश करों से मुक्त थे।

दूसरा वर्ग: कुलीन वर्ग (noble), जो शक्ति और संपत्ति में समृद्ध था।

तीसरा वर्ग: सामान्य लोग (किसान, श्रमिक और बुर्जुआ), जो भारी करों के अधीन थे और उनके पास बहुत कम अधिकार थे।

यह असमानता आम लोगों के बीच असंतोष का कारण बनी, क्योंकि वे मेहनत करने के बावजूद किसी प्रकार के विशेष अधिकार से वंचित थे, जबकि ऊपरी वर्ग लाभ में था।

2. आर्थिक संकट: फ्रांस की आर्थिक स्थिति बहुत खराब थी, मुख्यतः राजशाही के अत्यधिक खर्चों, महंगे युद्धों (विशेषकर अमेरिकी क्रांति में समर्थन) और असमर्थ कर व्यवस्था के कारण। राजा लुई XVI और रानी मेरी एंटोनेट की विलासी जीवनशैली ने आम जनता पर भारी आर्थिक बोझ डाला।

उदाहरण: फ्रांसीसी राजशाही द्वारा अमेरिकी क्रांति में समर्थन देने के कारण खजाना खाली हो गया, जिससे आर्थिक संकट और बढ़ गया।

3. प्रकाशन विचारधारा: जॉन लॉक, जीन-जैक्स रूसो और वोल्टेयर जैसे प्रकाशन विचारकों ने पारंपरिक सत्ता संरचनाओं पर सवाल उठाया, समानता, स्वतंत्रता और बंधुत्व के लिए आवाज उठाई। इन विचारों ने फ्रांसीसी जनता को राजतंत्र और सामाजिक पदानुक्रम की वैधता पर पुनः विचार करने के लिए प्रेरित किया।

4. खराब फसलें और आर्थिक कठिनाई: फ्रांस में कई वर्षों तक खराब फसलें हुईं, जिसके कारण खाद्य संकट, भुखमरी और रोटी की कीमतों में वृद्धि हुई। इस आर्थिक कठिनाई ने किसानों और आम जनता को और भी अधिक असंतुष्ट किया।

5. कमजोर नेतृत्व: राजा लुई XVI ने समस्याओं का सही समाधान नहीं किया। उनका शासन कमजोर और असमर्थ था, जिससे आम जनता में और असंतोष बढ़ा।

फ्रांसीसी क्रांति के प्रमुख घटनाएँ:

1. एस्टेट्स-जनरल और नेशनल असेंबली: 1789 में, वित्तीय संकट के कारण, राजा लुई XVI ने एस्टेट्स-जनरल (प्रतिनिधि सभा) बुलाई। लेकिन तीसरे वर्ग ने महसूस किया कि उसे उचित प्रतिनिधित्व नहीं मिल रहा और उसने नेशनल असेंबली बनाई, जिससे नई राजनीतिक व्यवस्था की शुरुआत हुई।

2. बास्टिल का तूफान (14 जुलाई 1789): 14 जुलाई 1789 को एक जनसमूह ने बास्टिल किले पर हमला किया, जो शाही अत्याचार और राजनीतिक कैदियों का प्रतीक था। यह घटना क्रांति का प्रतीक बन गई और व्यापक जन विद्रोह की शुरुआत की।

3. मानव और नागरिक के अधिकारों की घोषणा (अगस्त 1789): नेशनल असेंबली ने मानव और नागरिक के अधिकारों की घोषणा को अपनाया, जिसमें सभी पुरुषों की समानता, स्वतंत्रता, संपत्ति और सुरक्षा का अधिकार तथा जनता की संप्रभुता का घोषणा की गई।

4. आतंक का शासन (1793-1794): क्रांति के दौरान, जैकबिन्स के नेतृत्व में मैक्सिमिलियन रॉबेस्पीरे ने आतंक का शासन चलाया, जिसमें हजारों लोगों को गिलोटिन द्वारा मृत्युदंड दिया गया, जिसमें राजा लुई XVI और रानी मेरी एंटोनेट भी शामिल थे। यह अवधि अत्यधिक हिंसा और राजनीतिक दमन का थी।

5. नेपोलियन बोनापार्ट का उदय: 1799 में, राजनीतिक अस्थिरता के बाद, नेपोलियन बोनापार्ट ने सत्ता पर कब्जा कर लिया और स्वयं को सम्राट घोषित कर दिया। हालांकि क्रांति का अंतिम परिणाम नेपोलियन साम्राज्य का निर्माण था, लेकिन उसकी विचारधाराएँ यूरोप और अन्य स्थानों पर प्रभाव डालती रहीं।

फ्रांसीसी क्रांति के प्रमुख परिणाम और प्रभाव:

1. अधिकारों और स्वतंत्रता की बढ़ती मांग: फ्रांसीसी क्रांति ने समानता और स्वतंत्रता की मांग को बढ़ावा दिया और लोकतांत्रिक सिद्धांतों को फैलाया। इसके परिणामस्वरूप, फ्रांस में राजतंत्र समाप्त हुआ और एक गणराज्य की स्थापना हुई।

2. लोकतंत्र और गणराज्य की स्थापना: यह क्रांति फ्रांसीसी गणराज्य की स्थापना का कारण बनी, जिससे धर्मनिरपेक्षता को बढ़ावा मिला और राजशाही की शक्ति को कम किया गया।

3. क्रांतिकारी विचारों का प्रसार: फ्रांसीसी क्रांति ने यूरोप और अमेरिका में अन्य क्रांतिकारी आंदोलनों को प्रेरित किया, जिससे लोकतांत्रिक सिद्धांतों का प्रसार हुआ।

4. सामाजिक और कानूनी सुधार: इस क्रांति ने सामाजिक सुधारों की शुरुआत की, जिसमें फ्यूडल अधिकारों का उन्मूलन, समान अधिकारों की घोषणा और नेपोलियन संहिता का निर्माण किया, जो दुनिया भर में कानूनी प्रणालियों पर प्रभाव डालने वाला था।

## 10. Romanticism:

English Explanation: Romanticism was a cultural, artistic, and intellectual movement that originated in the late 18th century and reached its peak during the early 19th century in Europe. It marked a significant shift away from the rationality and order of the Enlightenment and the Classical period. Romanticism emphasized the importance of emotion, individualism, nature, and the imagination. It sought to celebrate the sublime, the mysterious, and the untamed forces of nature, and it often focused on themes of rebellion, freedom, and the beauty of the natural world.

### Key Features of Romanticism:

1. Emotion over Reason: Romanticism placed a strong emphasis on emotion, intuition, and the individual's inner feelings over the logical, reason-based thinking of the Enlightenment. The idea was to explore and express human emotions like passion, love, and despair.

2. Love for Nature: Romantic artists and writers were deeply inspired by nature. They celebrated the beauty and power of natural landscapes, often portraying them as a reflection of human emotions and experiences. Nature was viewed as a source of inspiration, solace, and spiritual renewal.

3. The Sublime and the Mysterious: Romantics were fascinated by the idea of the sublime – the sense of awe and wonder inspired by experiences or landscapes that were vast, overwhelming, or beyond human comprehension. They also focused on the mysterious and the supernatural, exploring themes such as the unknown, the fantastical, and the mystical.

4. Individualism and Freedom: Romanticism celebrated the power of the individual and

the idea of personal freedom. Many romantic writers and artists sought to break free from established norms and conventions, pushing for creative expression and the celebration of personal identity.

5. **Rebellion against Tradition:** Romanticism was, in part, a reaction against the strict rules of classical art and literature. It encouraged breaking away from traditional forms and experimenting with new styles, content, and modes of expression. Romantics rejected the constraints of reason and rationality, preferring instead to embrace imagination and creativity.

6. **Idealization of the Past:** While focused on the present, Romanticism also looked back to earlier times, especially the medieval and the ancient, viewing them as more pure and genuine than the present. The past was often romanticized in the works of artists and writers.

**Notable Figures of Romanticism:**

Literature: Writers such as William Wordsworth, Samuel Taylor Coleridge, Percy Bysshe Shelley, Lord Byron, and John Keats in England, Johann Wolfgang von Goethe in Germany, and Victor Hugo in France played key roles in the Romantic literary movement.

Art: Famous Romantic artists include Francisco Goya, Eugène Delacroix, and J.M.W. Turner, who created works that emphasized intense emotions, dramatic landscapes, and the exploration of the human experience.

Music: Romantic music, led by composers like Ludwig van Beethoven, Franz Schubert, and Johannes Brahms, sought to express deep emotions and used innovative techniques to create more dramatic and personal compositions.

**Impact of Romanticism:**

Romanticism had a profound influence on various fields, including literature, art, music, and politics. It gave rise to a more expressive, personal form of artistic creation that sought to communicate deeper emotional and psychological experiences. In politics, Romanticism contributed to the rise of nationalist movements and the spread of revolutionary ideals, as it emphasized individual freedom and the rejection of oppressive institutions.

Hindi Explanation: रोमैंटिकिज़्म (Romanticism) एक सांस्कृतिक, कला और बौद्धिक आंदोलन था जो 18वीं सदी के अंत और 19वीं सदी की शुरुआत में यूरोप में उत्पन्न हुआ। यह आंदोलन स्पष्ट रूप से प्रकाशन (Enlightenment) और शास्त्रीय काल (Classical period) की तर्कसंगतता और क्रम से एक महत्वपूर्ण बदलाव था। रोमांटिकिज़्म ने भावनाओं, व्यक्तित्व, प्रकृति और कल्पना की महत्ता को प्राथमिकता दी। यह आंदोलन रहस्यमय, अप्रतिबंधित और स्वाभाविक ताकतों का उत्सव मनाता था, और अक्सर विद्रोह, स्वतंत्रता और प्राकृतिक सुंदरता जैसे विषयों पर ध्यान केंद्रित करता था।

रोमैंटिकिज़्म की प्रमुख विशेषताएँ:

1. तर्क के मुकाबले भावना: रोमांटिकिज़्म ने तर्क और बुद्धि की बजाय भावना, सहजता और व्यक्ति की आंतरिक भावनाओं को महत्व दिया। इसका उद्देश्य मानव भावनाओं जैसे प्रेम, दुख और उत्तेजना की खोज और अभिव्यक्ति करना था।

2. प्रकृति के प्रति प्रेम: रोमांटिक लेखक और कलाकार प्रकृति से गहरे रूप से प्रेरित थे। उन्होंने प्राकृतिक दृश्यों की सुंदरता और शक्ति का उत्सव मनाया, और अक्सर उन्हें मानव भावनाओं और अनुभवों के रूप में चित्रित किया। प्रकृति को प्रेरणा, शांति और आध्यात्मिक नवीनीकरण का स्रोत माना गया था।

3. उत्कृष्टता और रहस्यमयता: रोमांटिकिज़्म उत्कृष्टता (Sublime) और रहस्यमयता के विचार से आकर्षित था ऐसी चीजें या दृश्य जो विशाल, अवर्णनीय या मानव समझ से परे होते थे, जो अचंभे और सम्मान की भावना पैदा करते थे। रोमांटिकों ने रहस्यमय और अलौकिक तत्वों पर भी ध्यान केंद्रित किया, जैसे अनजाना, काल्पनिक और रहस्यमय।

4. व्यक्तिवाद और स्वतंत्रता: रोमांटिकिज़्म ने व्यक्ति की शक्ति

और व्यक्तिगत स्वतंत्रता का उत्सव मनाया। कई रोमांटिक लेखक और कलाकार स्थापित मानकों और परंपराओं से मुक्त होकर अपनी रचनात्मकता और व्यक्तिगत पहचान को बढ़ावा देने की कोशिश कर रहे थे।

5. परंपरा के खिलाफ विद्रोह: रोमांटिकिज़्म एक हद तक शास्त्रीय कला और साहित्य के सख्त नियमों के खिलाफ प्रतिक्रिया थी। इसने पारंपरिक रूपों से बाहर जाकर नए शैलियों, विषयों और अभिव्यक्ति के तरीकों के प्रयोग को बढ़ावा दिया। रोमांटिकों ने तर्क और संज्ञानात्मकता की सीमाओं को नकारा और इसके बजाय कल्पना और रचनात्मकता को अपनाया।

6. भूतकाल का आदर्शकरण: रोमांटिकिज़्म वर्तमान पर ध्यान केंद्रित करते हुए भी अतीत, विशेषकर मध्यकालीन और प्राचीन समय को आदर्श रूप में देखता था, और उसे वर्तमान से अधिक शुद्ध और वास्तविक मानता था। अतीत को कलाकारों और लेखकों के कार्यों में अक्सर आदर्शित किया गया था।

रोमैंटिकिज़्म के प्रमुख हस्तियाँ:

साहित्य: इंग्लैंड में विलियम वर्डस्वर्थ, सैमुअल टेलर कोलरिज, पर्सी बिशे शेली, लॉर्ड बायरन और जॉन कीट्स, जर्मनी में जोहान वोल्फगांग वॉन गोएथे, और फ्रांस में विक्टर ह्यूगो ने रोमांटिक साहित्यिक आंदोलन में महत्वपूर्ण भूमिका निभाई।

कला: फ्रांसिस्को गोया, यूजीन डेलाक्रिक्स और जे.एम.डब्ल्यू. टर्नर जैसे प्रसिद्ध रोमांटिक कलाकारों ने इंटेंस इमोशंस, नाटकीय परिदृश्य और मानव अनुभव की खोज को प्रमुख रूप से चित्रित किया।

संगीत: लुडविग वान बीथोवेन, फ्रांज शुबर्ट और जोहान्स ब्राह्म्स जैसे संगीतकारों ने रोमांटिक संगीत को प्रमुखता दी, जिसमें गहरी भावनाओं की अभिव्यक्ति की कोशिश की गई और अधिक नाटकीय और व्यक्तिगत रचनाएँ तैयार की गईं।

रोमैंटिकिज़्म का प्रभाव: रोमैंटिकिज़्म ने साहित्य, कला, संगीत और राजनीति जैसे कई क्षेत्रों में गहरा प्रभाव डाला। इसने एक अधिक अभिव्यक्तिपूर्ण और व्यक्तिगत कला रूप को जन्म दिया जो गहरे भावनात्मक और मानसिक अनुभवों को व्यक्त करने के लिए प्रयासरत था। राजनीति में, रोमांटिकिज़्म ने राष्ट्रवादी आंदोलनों के उत्थान और क्रांतिकारी विचारों के प्रसार में योगदान किया, क्योंकि इसने व्यक्तिगत स्वतंत्रता और उत्पीड़नकारी संस्थाओं के विरोध को प्रमुखता दी।

## 11. The Pre-Raphaelites:

English Explanation: The Pre-Raphaelite Brotherhood (PRB) was a group of English painters, poets, and critics, founded in 1848 by Dante Gabriel Rossetti, William Holman Hunt, and John Everett Millais. The group sought to reform art by rejecting the academic standards of the time, particularly the influence of the Renaissance artist Raphael. The Pre-Raphaelites looked back to medieval, early Renaissance, and Gothic art for inspiration, believing that the works before Raphael represented a more authentic, natural, and spiritual form of art.

### Key Features of Pre-Raphaelite Art and Ideals:

1. Rejection of Academic Art: The Pre-Raphaelites rejected the conventional academic approach to painting, which was based on the study of classical art and Raphael's influence. They sought to revive the bright colors, attention to detail, and directness of earlier art, which they believed had been lost in the academic traditions of the Renaissance.

2. Vivid and Detailed Imagery: One of the most recognizable features of Pre-Raphaelite painting is the use of bright, vivid colors and intricate attention to detail. They sought to create works that were rich in texture and visually striking, often focusing on the precise rendering of natural forms, clothing, and landscapes.

3. Symbolism and Allegory: Many Pre-Raphaelite works were deeply symbolic, often incorporating mythological, biblical, or literary themes. The artists used these symbols to convey deeper meanings about love, sin, innocence, and the human condition.

4. Idealized and Beautiful Women: Women in Pre-Raphaelite paintings were often portrayed as idealized and ethereal figures, frequently seen as symbols of purity, beauty, and

spirituality. These women were often depicted in dreamlike settings, representing innocence, love, or tragedy.

5. Nature as a Central Theme: The Pre-Raphaelites had a strong connection to nature and often depicted it in their works with extreme attention to detail. Nature was seen as a source of divine beauty, and many paintings featured lush landscapes, flowers, and natural elements.

6. Influence of Medieval and Gothic Art: The group drew heavily from medieval and Gothic art traditions, emphasizing intricate patterns, symbolism, and a more religious or spiritual interpretation of the world. They were also inspired by the architecture, stained glass, and illuminated manuscripts of the time.

### Notable Members and Works:

Dante Gabriel Rossetti: Known for his vibrant, symbolic paintings of women, Rossetti's works include "The Awakening of the Violets" and "The Blessed Damozel." He was also a poet, writing many works inspired by medieval themes.

John Everett Millais: His most famous painting is "Ophelia," which depicts the tragic Shakespearean character in a lush, detailed natural setting. Millais was known for his realistic portrayal of nature and dramatic emotional content in his works.

William Holman Hunt: Hunt's most famous work is "The Light of the World," which is a religious allegory of Christ knocking at a door, symbolizing the invitation of salvation.

### Legacy and Influence:

The Pre-Raphaelite Brotherhood had a significant influence on both the art world and the broader culture. Their use of bright color and attention to detail marked a departure from the darker, more muted tones of earlier Victorian art. While initially controversial for their unconventional style and rejection of academic norms, they eventually gained widespread recognition and helped to influence the Aesthetic Movement and Symbolism in art. They also inspired later movements like the Arts and Crafts Movement and Art Nouveau.

Hindi Explanation: प्री-राफेलाइट्स (The Pre-Raphaelites): प्री-राफेलाइट ब्रदरहुड (PRB) एक समूह था जो 1848 में इंग्लैंड में स्थापित हुआ था। इसके संस्थापक थे डांटे गेब्रियल रॉसेट्टी, विलियम होलमैन हंट और जॉन एवरट मिलाईस। इस समूह ने उस समय की शैक्षिक कला मानकों को नकारते हुए, विशेष रूप से राफेल की कला से प्रभावित होने वाली परंपराओं को अस्वीकार किया। प्री-राफेलाइट्स ने मध्यकालीन, प्रारंभिक पुनर्जागरण और गोथिक कला से प्रेरणा ली, और माना कि राफेल से पहले की कला अधिक प्रामाणिक, प्राकृतिक और आध्यात्मिक थी।

प्री-राफेलाइट कला और विचारधारा की प्रमुख विशेषताएँ:

1. शैक्षिक कला का निषेध: प्री-राफेलाइट्स ने शास्त्रीय कला और राफेल की कला से प्रभावित शैक्षिक दृष्टिकोण को अस्वीकार कर दिया। उनका उद्देश्य पहले की कला के जीवंत रंगों, विस्तार से किए गए चित्रण और सीधेपन को पुनः जागृत करना था, जो उन्होंने महसूस किया कि पुनर्जागरण के शैक्षिक परंपराओं में खो गया था।

2. चमकदार और विस्तृत चित्रण: प्री-राफेलाइट चित्रकला का एक प्रमुख पहलू था उसकी चमकदार रंगत और विस्तार से किया गया चित्रण। इन कलाकारों ने प्राकृतिक रूपों, वस्त्रों और परिदृश्यों के सटीक चित्रण पर ध्यान केंद्रित किया, ताकि उनके कार्य सजीव और दृश्य रूप से प्रभावशाली लगें।

3. प्रतीकवाद और अलंकरण: कई प्री-राफेलाइट चित्रकृतियाँ गहरे प्रतीकात्मक थीं, जो मिथक, धार्मिक या साहित्यिक विषयों को समाहित करती थीं। इन प्रतीकों का प्रयोग प्रेम, पाप, निष्कलंकता और मानव स्थिति के गहरे अर्थ व्यक्त करने के लिए किया जाता था।

4. आदर्शित और सुंदर महिलाएँ: प्री-राफेलाइट चित्रों में महिलाएँ अक्सर आदर्शित और आकाशीय रूप में चित्रित की जाती थीं, जिन्हें निष्कलंकता, सुंदरता और आध्यात्मिकता के प्रतीक के रूप में देखा जाता था। ये महिलाएँ स्वप्निल वातावरण में दिखाई देती थीं, जो प्रेम, शुद्धता या त्रासदी का प्रतीक होती थीं।

5. **प्रकृति का केंद्रीय स्थान:** प्री-राफेलाइट्स का प्रकृति से गहरा संबंध था और उन्होंने अपनी कृतियों में इसे अत्यधिक विस्तार से चित्रित किया। प्रकृति को दिव्य सुंदरता का स्रोत माना जाता था, और उनकी कृतियों में अक्सर समृद्ध परिदृश्य, फूल और प्राकृतिक तत्व दिखाई देते थे।

6. **मध्यकालीन और गोथिक कला का प्रभाव:** इस समूह ने मध्यकालीन और गोथिक कला पर भारी प्रभाव डाला, जिसमें जटिल पैटर्न, प्रतीकवाद और एक धार्मिक या आध्यात्मिक दृष्टिकोण को प्रमुखता दी गई थी। वे उस समय की वास्तुकला, रंगीन कांच और प्रकाशमालिक पांडुलिपियों से भी प्रेरित थे।

**प्रमुख सदस्य और कृतियाँ:** डांटे गेब्रियल रॉसेट्टी: महिलाओं के प्रतीकात्मक चित्रों के लिए प्रसिद्ध, रॉसेट्टी की कृतियाँ "द अवेकनिंग ऑफ द वॉयलेट्स" और "द ब्लेसेड डैमोज़ेल" शामिल हैं। वे एक कवि भी थे, जिनकी कविताएँ मध्यकालीन विषयों से प्रेरित थीं।

जॉन एवरट मिलाईस: उनका सबसे प्रसिद्ध चित्र "ओफेलिया" है, जो शेक्सपियर के नायक ओफेलिया को एक समृद्ध, विस्तृत प्राकृतिक वातावरण में दिखाता है। मिलाईस को उनके प्राकृतिक चित्रण और नाटकीय भावनात्मक सामग्री के लिए जाना जाता था।

विलियम होलमैन हंट: हंट की सबसे प्रसिद्ध कृति "द लाइट ऑफ द वर्ल्ड" है, जिसमें मसीह एक दरवाजे पर दस्तक देते हुए दिखाई देते हैं, जो मुक्ति के निमंत्रण का प्रतीक है।

विरासत और प्रभाव: प्री-राफेलाइट ब्रदरहुड का कला और संस्कृति पर गहरा प्रभाव पड़ा। उनके चमकदार रंगों और विस्तार से किए गए चित्रण ने विक्टोरियाई कला में एक नया रुझान शुरू किया। पहले यह शैली विवादास्पद थी क्योंकि यह पारंपरिक कला रूपों के खिलाफ थी, लेकिन बाद में इसे व्यापक मान्यता प्राप्त हुई। इसने एस्थेटिक मूवमेंट और प्रतीकवाद को प्रभावित किया, और बाद में आर्ट्स एंड क्राफ्ट्स मूवमेंट और आर्ट नोव्यू जैसी शैलियों को प्रेरित किया।

## 12. Transcendentalism:

English Explanation: Transcendentalism was a philosophical, literary, and spiritual movement that originated in the early 19th century in the United States, primarily in New England. The movement emphasized the importance of the individual, nature, intuition, and the pursuit of a higher truth beyond the empirical world. Transcendentalists believed that humans could transcend (go beyond) ordinary experiences and discover a deeper spiritual connection with nature and the universe.

**Key Ideas of Transcendentalism:**

1. Individualism: Transcendentalism promoted the idea that individuals should trust their own intuition and inner voice rather than rely on external authorities, societal norms, or institutions. This belief in self-reliance was famously articulated by Ralph Waldo Emerson in his essay Self-Reliance.

2. Nature: Nature was seen as a direct connection to the divine. Transcendentalists believed that by immersing oneself in nature, one could achieve clarity of thought and spiritual awakening. Nature was viewed as a reflection of a greater, universal truth, and it played a central role in the movement's philosophy.

3. Intuition and Spiritual Insight: Transcendentalists valued intuition and the ability to perceive truths beyond what was available to the senses. They believed that humans could access spiritual truths through introspection, direct experience, and a connection with nature, rather than relying on intellectual reasoning alone.

4. Nonconformity: The movement encouraged nonconformity, urging individuals to follow their own path and resist the pressures to conform to societal expectations or materialism. It championed personal freedom and self-expression.

5. Universal Truth and the Over-Soul: The transcendentalists believed in the concept of an "Over-Soul," a shared, universal spirit that connects all people and all of nature. This divine spirit transcends individual identity and is the

source of all truth and goodness in the world.

6. Rejection of Materialism: Transcendentalism critiqued the growing materialism of society during the industrial revolution.

Transcendentalists believed that true fulfillment could not be found in material possessions or wealth but in spiritual growth and self-awareness.

**Key Figures:**

Ralph Waldo Emerson: Often considered the central figure of Transcendentalism, Emerson's writings, including his essay Nature (1836), laid the foundation for the movement. His philosophy emphasized the importance of self-reliance, the beauty of nature, and the potential for human spiritual growth.

Henry David Thoreau: A close associate of Emerson, Thoreau is best known for his book Walden (1854), in which he describes his experiment of living alone in nature near Walden Pond. Through his experiences, Thoreau explored themes of simplicity, self-reliance, and the pursuit of deeper truths.

Margaret Fuller: A writer and social reformer, Fuller was an important figure in the Transcendentalist movement. Her book Woman in the Nineteenth Century (1845) argued for women's rights and emphasized the spiritual equality of women.

**Impact of Transcendentalism:**

Transcendentalism had a significant influence on American culture, particularly in the development of American literature and philosophy. It inspired a focus on individual freedom, the connection between humans and nature, and the value of introspection and personal growth. It also influenced social and political movements, particularly those related to abolitionism and women's rights.

The movement also played a role in shaping the later development of American idealism and pragmatic philosophy. Its emphasis on self-reliance, nonconformity, and spirituality resonated through later movements, including the countercultural movements of the 1960s.

Hindi Explanation: ट्रांसेंडेंटलिज़्म (Transcendentalism): ट्रांसेंडेंटलिज़्म एक दार्शनिक, साहित्यिक और आध्यात्मिक आंदोलन था जो 19वीं सदी के प्रारंभ में संयुक्त राज्य अमेरिका में, मुख्य रूप से न्यू इंग्लैंड में उत्पन्न हुआ। इस आंदोलन ने व्यक्ति, प्रकृति, अंतर्ज्ञान और भौतिक जगत से परे एक उच्च सत्य की खोज की महत्ता पर जोर दिया। ट्रांसेंडेंटलिस्ट्स का मानना था कि मनुष्य सामान्य अनुभवों को पार कर सकता है और प्रकृति और ब्रह्मांड के साथ गहरे आध्यात्मिक संबंध की खोज कर सकता है।

ट्रांसेंडेंटलिज़्म के प्रमुख विचार:

1. व्यक्तिवाद (Individualism): ट्रांसेंडेंटलिज़्म इस विचार को बढ़ावा देता था कि व्यक्तियों को अपनी आंतरिक आवाज और अंतर्ज्ञान पर विश्वास करना चाहिए, न कि बाहरी प्राधिकरण, सामाजिक मान्यताओं या संस्थाओं पर। राल्फ वाल्डो इमर्सन ने अपनी निबंध Self-Reliance में आत्मनिर्भरता के इस विचार को विस्तार से प्रस्तुत किया।
2. प्रकृति (Nature): प्रकृति को दिव्य के साथ सीधा संबंध माना जाता था। ट्रांसेंडेंटलिस्ट्स का मानना था कि प्रकृति में खुद को डुबोकर, व्यक्ति मानसिक स्पष्टता और आध्यात्मिक जागरण प्राप्त कर सकता है। प्रकृति को एक बड़े, सार्वभौमिक सत्य का प्रतिबिंब माना जाता था, और यह आंदोलन के दर्शन में केंद्रीय भूमिका निभाती थी।
3. अंतर्ज्ञान और आध्यात्मिक ज्ञान (Intuition and Spiritual Insight): ट्रांसेंडेंटलिस्ट्स ने अंतर्ज्ञान और उन सत्यताओं को महत्त्व दिया जो इंद्रियों से परे होती थीं। उनका मानना था कि मनुष्य आध्यात्मिक सत्य को आत्म-चिंतन, प्रत्यक्ष अनुभव और प्रकृति के साथ संबंध के माध्यम से प्राप्त कर सकता है, न कि केवल बौद्धिक तर्क से।
4. असहमति (Nonconformity): इस आंदोलन ने असहमति को बढ़ावा दिया और व्यक्तियों को अपने मार्ग पर चलने और सामाजिक अपेक्षाओं या भौतिकवाद के दबावों से बचने का आह्वान किया। यह व्यक्तिगत स्वतंत्रता और आत्म-अभिव्यक्ति का समर्थक था।
5. सार्वभौमिक सत्य और ओवर-सोल (Universal Truth and the Over-Soul): ट्रांसेंडेंटलिस्ट्स का मानना था कि एक "ओवर-सोल"

(Over-Soul) है, जो सभी व्यक्तियों और प्रकृति को जोड़ता है। यह दिव्य आत्मा व्यक्तिगत पहचान से परे है और यह दुनिया में सभी सत्य और अच्छाई का स्रोत है।

6. भौतिकवाद का विरोध (Rejection of Materialism): ट्रांसेंडेंटलिज़्म ने औद्योगिक क्रांति के दौरान समाज में बढ़ते भौतिकवाद की आलोचना की। ट्रांसेंडेंटलिस्ट्स का मानना था कि असली संतोष भौतिक संपत्ति या धन में नहीं, बल्कि आध्यात्मिक वृद्धि और आत्म-जागरूकता में पाया जाता है।

प्रमुख व्यक्तित्व: राल्फ वाल्डो इमर्सन (Ralph Waldo Emerson): ट्रांसेंडेंटलिज़्म के केंद्रीय विचारक माने जाते हैं। उनके लेखन, विशेष रूप से निबंध Nature (1836), ने इस आंदोलन की नींव रखी। उनका दर्शन आत्मनिर्भरता, प्रकृति की सुंदरता और मानव आध्यात्मिक विकास की संभावना पर जोर देता था।

हेनरी डेविड थोरौ (Henry David Thoreau): इमर्सन के करीबी सहयोगी, थोरौ अपनी कृति Walden (1854) के लिए प्रसिद्ध हैं, जिसमें उन्होंने प्रकृति के पास अकेले रहने के अपने अनुभव का वर्णन किया। थोरौ ने सरलता, आत्मनिर्भरता और गहरे सत्य की खोज पर विचार किया।

मार्गरेट फुलर (Margaret Fuller): एक लेखिका और सामाजिक सुधारक, फुलर ट्रांसेंडेंटलिज़्म आंदोलन की महत्वपूर्ण शख्सियत थीं। उनकी कृति Woman in the Nineteenth Century (1845) महिलाओं के अधिकारों की वकालत करती है और महिलाओं की आध्यात्मिक समानता पर जोर देती है।

ट्रांसेंडेंटलिज़्म का प्रभाव: ट्रांसेंडेंटलिज़्म ने अमेरिकी संस्कृति पर गहरा प्रभाव डाला, खासकर अमेरिकी साहित्य और दर्शन के विकास में। इसने व्यक्तिगत स्वतंत्रता, मनुष्य और प्रकृति के बीच संबंध, और आत्म-चिंतन और व्यक्तिगत विकास के मूल्य को प्रोत्साहित किया। इसने सामाजिक और राजनीतिक आंदोलनों को भी प्रभावित किया, विशेष रूप से गुलामी उन्मूलन और महिलाओं के अधिकारों से संबंधित।

इस आंदोलन ने अमेरिकी आदर्शवाद और व्यावहारिक दर्शन के विकास में भी महत्वपूर्ण भूमिका निभाई। इसकी आत्मनिर्भरता, असहमति और आध्यात्मिकता पर आधारित विचारधारा बाद के आंदोलनों, जैसे कि 1960 के दशक के काउंटरकल्चरल आंदोलनों में भी गूंजती रही।

## 13. Realism:

English Explanation: Realism was a literary and artistic movement that emerged in the mid-19th century as a reaction against the idealized, exaggerated forms of Romanticism. It sought to depict life as it truly was, without embellishment, focusing on the everyday struggles, the lives of ordinary people, and the societal conditions of the time. Realism aimed to portray characters, settings, and events with a sense of accuracy and detail, often addressing social issues such as poverty, class struggles, and the effects of industrialization.

**Key Features of Realism:**
1. Depiction of Everyday Life: Realist writers and artists focused on the everyday experiences of ordinary people, rather than glorifying heroic or idealized characters. The stories were grounded in the ordinary, focusing on the mundane aspects of life.
2. Social and Political Critique: Realism often highlighted social issues and injustices, including poverty, class disparity, and the exploitation of the working class. Realists did not shy away from controversial topics, addressing them head-on in their works.
3. Character Complexity: Realist characters were portrayed with psychological depth, often struggling with internal conflicts, moral dilemmas, and the complexities of human nature. These characters were far from the one-dimensional, heroic figures of earlier literary movements.
4. Focus on Detail and Accuracy: Realist writers aimed to create lifelike representations of the world, using precise and detailed descriptions of settings, characters, and events. The aim was to present the world with factual accuracy, reflecting the harsh realities of life.
5. Rejection of Romantic Idealism: Realism rejected the romanticized portrayals of life and nature found in Romanticism. It was more concerned with the actual,

unembellished portrayal of human experiences.

6. **Influence of Science and Philosophy:** Realist writers were often influenced by the rise of science, particularly Darwinian theories of evolution, and the philosophy of determinism. They believed that human behavior was shaped by social and environmental forces.

**Key Figures in Realism:**

Gustave Flaubert: A French writer, Flaubert is often considered a central figure in literary realism. His novel Madame Bovary (1857) is a prime example of realism, focusing on the ordinary life of a provincial woman and her dissatisfaction with it, highlighting her tragic flaws.

Leo Tolstoy: A Russian novelist, Tolstoy's War and Peace (1869) and Anna Karenina (1877) are monumental works of realism. His novels often explore the moral dilemmas of his characters and provide detailed depictions of Russian society.

Charles Dickens: Although he wrote during the Victorian era, Dickens is often considered a realist. His novels, such as Oliver Twist (1837-1839) and David Copperfield (1849-1850), portray the lives of the poor and working class, critiquing the social systems that perpetuated their suffering.

Émile Zola: A French novelist and a leading figure in naturalism, a subgenre of realism, Zola's works, such as Germinal (1885), focused on the lives of working-class people and the harsh conditions they endured, emphasizing the influence of environment and heredity on human behavior.

**Impact of Realism:**

Realism had a profound impact on both literature and art, shaping the way writers and artists approached their subjects. It provided a more objective, truthful portrayal of the human experience and influenced the development of later literary movements such as naturalism and modernism. The movement also influenced theater and visual arts, with playwrights like Henrik Ibsen and artists like Gustave Courbet depicting the realities of life in their works.

**Realism in Visual Arts:**

In the visual arts, realism rejected the idealized forms of classical art and the dramatized subjects of Romanticism. Artists like Gustave Courbet, Jean-François Millet, and Honoré Daumier depicted the lives of ordinary people, including laborers, peasants, and the working class. These paintings focused on realism and the human condition, rather than glorifying the aristocracy or historical events.

**Realism vs. Romanticism:**

While Romanticism focused on emotions, individualism, and the idealized portrayal of nature and heroes, Realism sought to present an accurate representation of life, with an emphasis on the mundane and the often harsh realities of the world. Romanticism was concerned with imagination and the sublime, whereas Realism was rooted in the tangible, real world.

Hindi Explanation: रियलिज़्म (Realism): रियलिज़्म एक साहित्यिक और कलात्मक आंदोलन था जो 19वीं सदी के मध्य में रोमांटिकिज़्म के आदर्शीकृत रूपों के खिलाफ एक प्रतिक्रिया के रूप में उभरा। इसने जीवन को जैसा कि वह था, वैसे ही चित्रित करने का प्रयास किया, बिना किसी अतिशयोक्ति के, रोज़मर्रा के संघर्षों, सामान्य लोगों के जीवन और उस समय के समाजिक परिस्थितियों पर ध्यान केंद्रित किया। रियलिज़्म का उद्देश्य पात्रों, स्थानों और घटनाओं को सटीकता और विवरण के साथ चित्रित करना था, और यह अक्सर सामाजिक मुद्दों जैसे गरीबी, वर्ग संघर्ष और औद्योगिकीकरण के प्रभावों को संबोधित करता था।

रियलिज़्म की प्रमुख विशेषताएँ:

1. रोज़मर्रा के जीवन का चित्रण: रियलिज़्म के लेखक और कलाकार सामान्य लोगों के रोज़मर्रा के अनुभवों पर ध्यान केंद्रित करते थे, न कि नायक या आदर्श पात्रों को बढ़ा-चढ़ा कर प्रस्तुत करते थे। कहानियाँ सामान्य जीवन के पहलुओं पर आधारित होती थीं।
2. सामाजिक और राजनीतिक आलोचना: रियलिज़्म में अक्सर सामाजिक मुद्दों और अन्यायों को उजागर किया गया, जैसे गरीबी,

वर्गीय असमानता और श्रमिक वर्ग का शोषण। रियलिस्ट्स अपने कार्यों में विवादास्पद विषयों को सीधे तौर पर संबोधित करने से नहीं कतराते थे।

3. पात्रों की जटिलता: रियलिज़्म के पात्रों को मानसिक गहराई के साथ प्रस्तुत किया जाता था, जो अक्सर आंतरिक संघर्षों, नैतिक दुविधाओं और मानव स्वभाव की जटिलताओं से जूझते थे। ये पात्र पहले के साहित्यिक आंदोलनों के एक-आयामी, आदर्श नायक पात्रों से अलग होते थे।

4. विवरण और सटीकता पर ध्यान: रियलिस्ट लेखक दुनिया के जीवन्त चित्रण बनाने का प्रयास करते थे, स्थानों, पात्रों और घटनाओं का सटीक और विस्तृत विवरण देते थे। उद्देश्य था दुनिया को तथ्यों के आधार पर प्रस्तुत करना, जो जीवन की कठोर वास्तविकताओं को दर्शाता है।

5. रोमांटिक आदर्शवाद का विरोध: रियलिज़्म ने रोमांटिकिज़्म में पाए जाने वाले आदर्श रूपों और प्रकृति की अलंकरणीय प्रस्तुतियों का विरोध किया। यह मानव अनुभव की वास्तविक और बिना अलंकरण के चित्रण पर अधिक ध्यान केंद्रित करता था।

6. विज्ञान और दर्शन का प्रभाव: रियलिस्ट लेखक अक्सर विज्ञान, विशेष रूप से डार्विन के विकासवाद के सिद्धांतों और निर्धारणवाद के दर्शन से प्रभावित होते थे। उनका मानना था कि मानव व्यवहार सामाजिक और पर्यावरणीय बलों द्वारा आकारित होता है।

रियलिज़्म के प्रमुख लेखक: गुस्ताव फ्लोबर्ट (Gustave Flaubert): एक फ्रांसीसी लेखक, फ्लोबर्ट को साहित्यिक रियलिज़्म का केंद्रीय शख्स माना जाता है। उनका उपन्यास मैडम बोवरी (1857) रियलिज़्म का प्रमुख उदाहरण है, जिसमें एक प्रांतीय महिला के सामान्य जीवन और उससे असंतुष्टता को चित्रित किया गया है।

लियो टॉलस्टॉय (Leo Tolstoy): एक रूसी उपन्यासकार, टॉलस्टॉय के युद्ध और शांति (1869) और एना करेनिना (1877) जैसे उपन्यास रियलिज़्म के महान कार्य माने जाते हैं। उनके उपन्यास अक्सर उनके पात्रों के नैतिक संघर्षों और रूसी समाज के विस्तृत चित्रण करते हैं।

चार्ल्स डिकेन्स (Charles Dickens): विक्टोरियन युग के लेखक, डिकेन्स को भी रियलिस्ट लेखक माना जाता है। उनके उपन्यास जैसे ओलिवर ट्विस्ट (1837-1839) और डेविड कॉपरफील्ड (1849-1850) गरीबों और श्रमिक वर्ग के जीवन को चित्रित करते हैं, और वे उस

सामाजिक व्यवस्था की आलोचना करते हैं जो उनके दुखों को बढ़ावा देती थी।

एमाइल जोला (Émile Zola): एक फ्रांसीसी उपन्यासकार और रियलिज़्म के एक प्रमुख प्राकृतिकतावादी लेखक, जोला के उपन्यास जैसे जर्मिनल (1885) श्रमिक वर्ग के लोगों के जीवन और उनके द्वारा झेले गए कठोर हालातों पर आधारित थे, और यह पर्यावरण और वंशजता के प्रभाव को उजागर करते थे।

रियलिज़्म का प्रभाव: रियलिज़्म ने साहित्य और कला दोनों में गहरा प्रभाव डाला, और इसने लेखकों और कलाकारों को उनके विषयों के प्रति अधिक वस्तुनिष्ठ, सच्चे चित्रण को अपनाने के लिए प्रेरित किया। इसने मानव अनुभव के अधिक सटीक और सचेत चित्रण को संभव बनाया और बाद के साहित्यिक आंदोलनों जैसे प्राकृतिकतावाद और आधुनिकतावाद के विकास को प्रभावित किया।

कला में रियलिज़्म: कला में, रियलिज़्म ने आदर्शीकृत रूपों और रोमांटिकिज़्म के नाटकीय विषयों का विरोध किया। कलाकारों जैसे गुस्ताव कौरबेट, जीन-फ्रांस्वा मील्ले और ओनोरे दाऊमिएर ने सामान्य लोगों के जीवन को चित्रित किया, जिसमें श्रमिकों, किसानों और श्रमिक वर्ग की समस्याएँ शामिल थीं। इन चित्रों ने जीवन की वास्तविकता और मानव स्थिति पर ध्यान केंद्रित किया, बजाय इसके कि वे कुलीन वर्ग या ऐतिहासिक घटनाओं को बढ़ा-चढ़ा कर दिखाते।

## 14. Naturalism:

English Explanation: Naturalism is a literary and artistic movement that emerged in the late 19th century as an extension of realism, heavily influenced by scientific theories, especially Darwin's theory of evolution and the concept of determinism. It was an attempt to apply the principles of scientific objectivity to literature, portraying characters as products of their environment, heredity, and social conditions. Naturalism emphasizes the harsh realities of life, often depicting the struggles of individuals against their circumstances, and shows human beings as helpless victims of forces beyond their control.

### Key Features of Naturalism:

1. Determinism: Naturalism is based on the idea that human behavior is shaped by forces beyond an individual's control, such as heredity (genetics) and environment (social and

economic conditions). Characters are often portrayed as victims of their biology or the socio-economic structures in which they exist.

2. Scientific Approach: Writers of naturalism used a scientific, objective approach to explore human nature. They focused on human behavior and the influence of the environment and heredity on actions and thoughts, trying to depict life with the same accuracy as a scientific experiment.

3. Pessimism: Naturalist literature often presents a pessimistic view of life, highlighting suffering, poverty, and the inevitability of human misery. Characters in naturalist works are often trapped in circumstances from which they cannot escape, leading to inevitable downfall.

4. Focus on the Lower Classes: Naturalism often focuses on the lives of the working class, the poor, and marginalized groups. The hardships they face are portrayed without idealization, emphasizing the brutal and sometimes ugly side of life.

5. Influence of Darwinism: The naturalist movement was heavily influenced by Charles Darwin's theory of evolution. Writers believed that just as species evolve based on natural selection, human beings' behaviors and destinies were shaped by biological and environmental forces, not free will or moral choices.

6. Graphic and Unflinching Depictions of Reality: Naturalist writers did not shy away from depicting the more unpleasant aspects of life, including poverty, violence, and disease. Their works often contain graphic details and a stark portrayal of life's difficulties.

**Key Figures in Naturalism:**

Émile Zola: A French writer considered one of the leading figures of naturalism. His series of novels known as Les Rougon-Macquart (1871-1893) explores the lives of a French family, with each novel focusing on a different member of the family and their struggles with environment and heredity. His novel Germinal (1885) is particularly famous for its portrayal of the harsh life of coal miners and the impact of their working conditions on their personal lives.

Stephen Crane: An American novelist and short story writer, Crane's Maggie: A Girl of the Streets (1893) is a prime example of naturalism. The novel explores the grim realities of urban poverty and the social forces that shape individuals' destinies.

Frank Norris: An American novelist, Norris's McTeague (1899) is another classic of naturalism. The novel explores the life of a dentist whose downward spiral into violence and madness is influenced by his environment and biological impulses.

Theodore Dreiser: An American writer, Dreiser's Sister Carrie (1900) is a notable work of naturalism that portrays the life of a young woman from a poor background who struggles to make a living in the big city. The novel presents a stark view of the economic and social forces that shape her choices and fate.

**Naturalism vs. Realism:**

While both realism and naturalism focus on the depiction of everyday life and reject the romanticized portrayals of life, naturalism is more extreme in its focus on the darker, often more brutal aspects of existence. Naturalist writers emphasize that humans are not in control of their destinies, unlike realists, who tend to believe that while circumstances may be challenging, individuals still have some agency in shaping their lives.

**Naturalism in Visual Arts:**

In the visual arts, naturalism focused on portraying subjects with lifelike accuracy, especially the lower classes and ordinary people. Artists like Gustave Courbet and Jean-François Millet focused on depicting peasants, workers, and scenes of daily labor, emphasizing the harsh realities of rural life and the working class.

**Impact of Naturalism:**

Naturalism had a significant impact on the development of modern literature, influencing later movements such as modernism and existentialism. Its focus on science, human nature, and the environment paved the way for the psychological depth and exploration of existential themes seen in 20th-century literature. Its influence can also be seen in the works of many 20th-century writers who focused on the darker aspects of human existence, such as William Faulkner and John Steinbeck.

Hindi Explanation: नेचुरलिज़्म (Naturalism): नेचुरलिज़्म एक साहित्यिक और कलात्मक आंदोलन था जो 19वीं सदी के अंत में रियलिज़्म का एक विस्तार था। यह मुख्य रूप से वैज्ञानिक सिद्धांतों, विशेष रूप से डार्विन के विकासवाद के सिद्धांत और निर्धारणवाद के विचारों से प्रभावित था। इसका उद्देश्य साहित्य में वैज्ञानिक वस्तुनिष्ठता को लागू करना था, जिसमें पात्रों को उनके पर्यावरण, वंशानुगत गुण और सामाजिक परिस्थितियों का परिणाम बताया गया। नेचुरलिज़्म जीवन की कठोर वास्तविकताओं को चित्रित करता है, और यह दिखाता है कि मनुष्य अपने हालात के खिलाफ बेबस होता है, और उसके ऊपर कुछ ऐसे बल होते हैं जिनसे वह भाग नहीं सकता।

नेचुरलिज़्म की प्रमुख विशेषताएँ:

1. निर्धारणवाद (Determinism): नेचुरलिज़्म के अनुसार, मानव व्यवहार वंशानुगत गुणों (जैविक) और पर्यावरण (सामाजिक और आर्थिक परिस्थितियाँ) से आकारित होता है, और व्यक्ति इन शक्तियों से बचने या अपनी किस्मत को बदलने में असमर्थ होता है।

2. वैज्ञानिक दृष्टिकोण (Scientific Approach): नेचुरलिस्ट लेखक मानव स्वभाव और पर्यावरण और वंशानुगत प्रभावों का वैज्ञानिक, वस्तुनिष्ठ दृष्टिकोण से अध्ययन करते थे। वे जीवन को वैसे ही चित्रित करने की कोशिश करते थे जैसे वैज्ञानिक प्रयोग में जीवन को देखा जाता है।

3. निराशावाद (Pessimism): नेचुरलिज़्म में अक्सर जीवन के प्रति निराशावादी दृष्टिकोण दिखाया गया

है। पात्रों को कठोर परिस्थितियों और दुखों का सामना करते हुए दिखाया जाता है, और जीवन को अक्सर अप्रत्याशित और दुखद रूप में प्रस्तुत किया जाता है।

4. निम्न वर्गों का ध्यान केंद्रित करना: नेचुरलिज़्म में श्रमिक वर्ग, गरीब और हाशिए पर रहने वाले समूहों के जीवन पर विशेष ध्यान दिया गया। इनके जीवन के संघर्षों को आदर्श रूप से नहीं, बल्कि वास्तविक और कठोर रूप में दिखाया गया।

5. डार्विनवाद का प्रभाव: नेचुरलिज़्म में डार्विन के विकासवाद के सिद्धांत का गहरा प्रभाव था। लेखक मानते थे कि जैसे प्रजातियाँ प्राकृतिक चयन के आधार पर विकसित होती हैं, वैसे ही मानव का व्यवहार और उसका भविष्य भी जैविक और पर्यावरणीय बलों से प्रभावित होता है, न कि स्वतंत्र इच्छा या नैतिक चुनाव से।

6. जीवन की वास्तविकता का ग्राफिक चित्रण: नेचुरलिस्ट लेखक जीवन के कठिन और अप्रिय पहलुओं को बिना किसी संकोच के चित्रित करते थे, जैसे गरीबी, हिंसा और रोग। उनके कामों में जीवन की कठिनाइयों का वास्तविक और निःसंकोच चित्रण होता था।

नेचुरलिज़्म के प्रमुख लेखक: एमाइल जोला (Émile Zola): फ्रांसीसी लेखक, जो नेचुरलिज़्म के सबसे प्रमुख शख्स माने जाते हैं। उनका गर्मिनल (1885) उपन्यास खदानों में काम करने वाले मजदूरों के जीवन को दर्शाता है और उनके कार्य परिस्थितियों के प्रभाव को दिखाता है।

स्टीफन क्रेन (Stephen Crane): अमेरिकी उपन्यासकार, जिनका मैगी: ए गर्ल ऑफ द स्ट्रीट्स (1893) उपन्यास नेचुरलिज़्म का एक प्रमुख उदाहरण है। यह उपन्यास शहरी गरीबी और सामाजिक बलों के प्रभाव को दर्शाता है।

फ्रैंक नॉरिस (Frank Norris): अमेरिकी लेखक, जिनका McTeague (1899) नेचुरलिज़्म का एक प्रसिद्ध उदाहरण है। यह उपन्यास एक दंत चिकित्सक की कहानी है जो अपनी जीवन यात्रा में हिंसा और पागलपन की ओर बढ़ता है, और इसके कारण उसके जैविक और पर्यावरणीय प्रभाव होते हैं।

थिओडोर ड्राइज़र (Theodore Dreiser): अमेरिकी लेखक, जिनका सिस्टर कैरी (1900) नेचुरलिज़्म का एक महत्वपूर्ण कार्य है, जो एक गरीब महिला के जीवन की कठिनाइयों और उसके निर्णयों पर समाज और अर्थव्यवस्था के प्रभाव को दर्शाता है।

नेचुरलिज़्म और रियलिज़्म में अंतर: रियलिज़्म और नेचुरलिज़्म दोनों ही सामान्य जीवन को चित्रित करने पर ध्यान केंद्रित करते हैं, लेकिन नेचुरलिज़्म में जीवन के अधिक कठोर, कभी-कभी

निंदनीय पहलुओं पर विशेष ध्यान दिया गया है। नेचुरलिज़्म मानता है कि मनुष्य अपनी किस्मत और कार्यों पर कोई नियंत्रण नहीं रखता, जबकि रियलिज़्म में पात्रों के पास जीवन को बदलने का कुछ हद तक नियंत्रण होता है।

## 15. Aesthetic Movement:

English Explanation: The Aesthetic Movement was an artistic and literary movement that emerged in the late 19th century, primarily in Britain and France. Its key belief was "art for art's sake," meaning that art should not serve any moral, political, or social purpose but should instead be appreciated for its own beauty and sensory experience. The movement rejected the utilitarian approach of art and emphasized that the value of art lay in its ability to provide pleasure, stimulate the senses, and create an aesthetic experience.

**Key Features of the Aesthetic Movement:**

1. "Art for Art's Sake": The central tenet of the Aesthetic Movement was the idea that art should not be judged by any external criteria such as moral lessons, political messages, or social functions. Art, in the view of the movement, existed purely to be enjoyed for its intrinsic beauty and aesthetic qualities.

2. Rejection of Moral and Social Themes: Aesthetes rejected the idea that art should be a tool for teaching or conveying moral lessons. They believed that art should be free from the constraints of morality and should not be used to make political statements or critique social issues.

3. Emphasis on Beauty and Sensory Experience: The movement placed great importance on the visual and sensual qualities of art. This involved an emphasis on color, form, and design in visual arts, as well as the pleasure derived from engaging with art in a sensory way, whether it be through music, literature, or fine art.

4. Influence of Decadence: The Aesthetic Movement had close ties with the Decadent movement, which also focused on the pursuit of beauty and indulgence in sensory experiences. Both movements were seen as a reaction against the moral and social seriousness of the Victorian era.

5. Artistic Individualism: Aesthetes often celebrated the idea of the artist as an individual genius, separate from the expectations of society. They sought to create works that were personal and unique, rather than conforming to the mainstream or popular taste.

6. Influence on Architecture and Design: The Aesthetic Movement also had a significant impact on interior design and architecture, promoting the use of rich colors, luxurious materials, and ornate details. It contributed to the design of aesthetic objects like ceramics, wallpapers, furniture, and textiles.

### Key Figures in the Aesthetic Movement:

Oscar Wilde: One of the most famous figures associated with the Aesthetic Movement, Wilde was an Irish playwright, poet, and novelist known for his wit and his exploration of beauty and art in his works. His famous saying, "Art for art's sake," encapsulated the movement's philosophy. Wilde's works, such as The Picture of Dorian Gray (1890) and The Importance of Being Earnest (1895), are key examples of Aestheticism.

James McNeill Whistler: An American-born, British-based painter and etcher, Whistler was known for his "nocturnes," a series of paintings that emphasized color and composition over narrative content. His famous painting Whistler's Mother (1871) exemplifies the Aesthetic Movement's focus on beauty and form.

Walter Pater: A British critic and essayist, Pater was a major figure in the Aesthetic Movement. His work The Renaissance (1873) was influential in promoting the idea that art should be appreciated for its beauty rather than its moral or social purpose.

Gustav Klimt: An Austrian symbolist painter associated with the Vienna Secession movement, Klimt's works, such as The Kiss (1907-1908), focused on beauty, sensuality, and ornamentation, in keeping with the principles of the Aesthetic Movement.

**Aesthetic Movement in Literature:**

In literature, the Aesthetic Movement influenced many writers to focus on style and form, often at the expense of content or moral message. Writers sought to craft beautiful, highly stylized works that emphasized language and imagery over plot or character development. Writers such as Walter Pater, Oscar Wilde, and John Ruskin are often associated with the movement.

Oscar Wilde's The Picture of Dorian Gray (1890): The novel deals with themes of beauty, indulgence, and hedonism, exploring the consequences of living solely for pleasure, which reflects the central ideas of the Aesthetic Movement.

**The Legacy of the Aesthetic Movement:**

While the Aesthetic Movement itself was relatively short-lived, its influence can still be seen today. It contributed to the development of modernism, especially in the rejection of Victorian moralism and in the focus on art as an expression of beauty. It also laid the groundwork for movements such as Art Nouveau and Symbolism, which also placed emphasis on aesthetic beauty and the use of ornamentation in art and design.

**Comparison to Other Movements:**

Aestheticism vs. Realism: While realism was focused on depicting life as it is, often with an emphasis on social issues, Aestheticism was concerned with art for its own sake, focusing on beauty, style, and form rather than real-life concerns.

Aestheticism vs. Symbolism: Like the Symbolists, Aestheticists placed importance on the emotional experience of art, but Aestheticism was more focused on the formal beauty and sensory pleasure derived from art, while Symbolism often dealt with the exploration of deeper, abstract meanings and the subconscious.

Hindi Explanation: एस्थेटिक मूवमेंट (Aesthetic Movement): एस्थेटिक मूवमेंट एक कलात्मक और साहित्यिक आंदोलन था जो 19वीं सदी के अंत में ब्रिटेन और फ्रांस में उभरा। इसका मुख्य सिद्धांत था "कला के लिए कला" यानी कला को किसी नैतिक, राजनीतिक या सामाजिक उद्देश्य की पूर्ति के रूप में नहीं देखा जाना चाहिए, बल्कि इसे केवल अपनी सुंदरता और संवेदनशील अनुभव के लिए सराहा जाना चाहिए। यह आंदोलन कला के उपयोगितावादी दृष्टिकोण का विरोध करता था और यह मानता था कि कला का मूल्य केवल उसकी आंतरिक सुंदरता और सौंदर्य गुणों में है।

एस्थेटिक मूवमेंट की प्रमुख विशेषताएँ:

1. "कला के लिए कला": इस आंदोलन का केंद्रीय सिद्धांत था कि कला को किसी बाहरी मानदंड जैसे नैतिक शिक्षा, राजनीतिक संदेश या सामाजिक कार्यों से नहीं आंका जाना चाहिए। कला को केवल उसकी आंतरिक सुंदरता और सौंदर्य के कारण सराहा जाना चाहिए।

2. नैतिक और सामाजिक विषयों का विरोध: एस्थेटिक मूवमेंट ने कला के माध्यम से नैतिक शिक्षा देने या सामाजिक मुद्दों पर टिप्पणी करने के विचार का विरोध किया। उनका मानना था कि कला को इन प्रतिबंधों से मुक्त होना चाहिए और इसे राजनीतिक या सामाजिक संदर्भों से बाहर देखा जाना चाहिए।

3. सौंदर्य और संवेदनशील अनुभव पर जोर: यह आंदोलन कला के दृश्य और संवेदी गुणों पर जोर देता था। इसका उद्देश्य था कि कला में रंग, रूप, और डिजाइन की सुंदरता का आनंद लिया जाए, और इसका अनुभव एक संवेदी प्रक्रिया हो।

4. व्यक्तिवादी कलाकार: एस्थेटिक मूवमेंट ने कलाकारों को एक व्यक्तिगत प्रतिभा के रूप में देखा और उन्होंने कला को व्यक्तिगत और अद्वितीय बनाने का प्रयास किया, न कि समाज के सामान्य मानकों के अनुरूप।

5. आर्किटेक्चर और डिज़ाइन पर प्रभाव: इस आंदोलन का आंतरिक डिज़ाइन और वास्तुकला पर भी गहरा प्रभाव था, जिसमें समृद्ध रंगों, विलासिता से भरे सामग्री, और विस्तृत डिज़ाइनों को बढ़ावा दिया गया।

## एस्थेटिक मूवमेंट के प्रमुख लेखक और कलाकार:

ऑस्कर वाइल्ड (Oscar Wilde): एस्थेटिक मूवमेंट के सबसे प्रसिद्ध लेखक और कवि, जिनका मानना था कि कला को किसी उद्देश्य के लिए नहीं, बल्कि केवल सौंदर्य और आनंद के लिए होना चाहिए। उनका प्रसिद्ध कथन "कला के लिए कला" इस आंदोलन के दर्शन को स्पष्ट करता है।

जेम्स मैकनेल व्हिस्लर (James McNeill Whistler): एक अमेरिकी-जनित ब्रिटिश चित्रकार, जो अपनी "नोकटर्न" श्रृंखला के लिए प्रसिद्ध थे। उनका काम कला की सुंदरता और रूप को प्रमुखता देता था।

वाल्टर पैटर (Walter Pater): ब्रिटिश आलोचक और निबंधकार, जिन्होंने कला को सुंदरता के रूप में सराहा और इसे नैतिक या सामाजिक उद्देश्यों से मुक्त किया।

## एस्थेटिक मूवमेंट का प्रभाव:

हालांकि एस्थेटिक मूवमेंट का प्रभाव समय के साथ कम हो गया, लेकिन इसका प्रभाव आज भी देखा जा सकता है। इसने आधुनिकतावाद के विकास में योगदान किया, विशेष रूप से विक्टोरियन नैतिकता के विरोध में और कला को सौंदर्य के रूप में देखने की अवधारणा में।

## 16. Decadent Movement:

English Explanation: The Decadent Movement was a literary and artistic movement that emerged in the late 19th century, primarily in France and England. It is often considered a reaction against the prevailing values of Victorian society and the moralistic approach to art and life. The movement was characterized by a focus on excess, indulgence, and the exploration of unconventional, often taboo subjects. It embraced decadence—meaning moral or cultural decline—as an aesthetic and philosophical principle, viewing it as an expression of individuality and artistic freedom.

### Key Features of the Decadent Movement:

1. Rejection of Victorian Morality: The Decadents rejected the moralism and

rigid social conventions of the Victorian era. They saw the strict moral codes and societal norms as stifling to artistic and personal freedom. In contrast, they celebrated individualism, sensuality, and hedonism.

2. Focus on Beauty and Sensual Pleasure: The movement emphasized the pursuit of beauty, often in excessive or exaggerated forms. It explored sensual pleasure, indulging in aesthetic experiences without concern for the practical or moral aspects of life. Beauty, for the Decadents, was an end in itself, and they sought to heighten the experience of beauty in all forms of art.

3. Interest in the Unconventional and Taboo: Decadent artists and writers often focused on themes of decay, degeneration, death, and taboo subjects such as homosexuality, drugs, and forbidden desires. They explored the darker side of human nature, often blending beauty with horror and disgust to create a striking effect.

4. Art as an Escape: For many Decadent artists, art became a form of escape from the harsh realities of life, especially the industrialization and urbanization of the late 19th century. Art allowed them to retreat into a world of fantasy and excess, where they could transcend the limitations of everyday life.

5. Cult of Individualism and Isolation: The Decadent Movement was highly individualistic. Many writers and artists involved in the movement celebrated the idea of the artist as an isolated genius, separate from society's moral and social expectations. This sense of alienation and isolation is reflected in their works, where the protagonists are often portrayed as outcasts or misunderstood figures.

6. **Embrace of Excess:** The Decadents often reveled in excess, whether in art, lifestyle, or thought. This could be seen in their indulgence in fine art, elaborate clothing, extravagant behavior, and engagement with substances like opium and alcohol. They sought to experience everything in extreme—whether it be pleasure, pain, beauty, or despair.

**Key Figures of the Decadent Movement:**

Charles Baudelaire: A French poet and critic, Baudelaire is often considered the father of the Decadent Movement. His collection Les Fleurs du mal (The Flowers of Evil) (1857) exemplifies many of the movement's themes, such as the exploration of beauty, decay, death, and the darker side of human nature.

Oscar Wilde: An Irish playwright, poet, and novelist, Wilde is one of the most famous figures associated with the Decadent Movement. His novel The Picture of Dorian Gray (1890) explores themes of hedonism, the pursuit of beauty, and moral corruption, all central to the Decadent philosophy. Wilde's wit and epigrams also reflect the movement's rejection of conventional morality.

Joris-Karl Huysmans: A French novelist, Huysmans is known for his novel À rebours (Against the Grain) (1884), a quintessential work of Decadent literature. The novel features a protagonist who indulges in excess and withdraws from society, embracing a life of solitary contemplation, decadence, and aestheticism.

Paul Verlaine and Arthur Rimbaud: Both French poets were associated with the Decadent movement. Verlaine's poetry often explored themes of sensuality, beauty, and melancholy, while Rimbaud's works delved into visions of rebellion and the search for new forms of expression. Their works are marked by their use of vivid imagery and exploration of unconventional subjects.

**Themes and Symbolism:**

1. Decay and Decadence: The central theme of the Decadent Movement is the idea of decay—both cultural and moral. Decadent artists often portrayed a world in decline, filled with corruption, perversion, and a sense of nihilism. This decay was often juxtaposed with beauty, creating a sense of dissonance.

2. Hedonism and Sensuality: The Decadents believed that pleasure, particularly sensual pleasure, was the highest good. They explored themes of indulgence in sexuality, drugs, and artistic excess. Their works often contained sensual imagery and expressed a desire for aesthetic experience over moral or intellectual concerns.

3. Death and the Supernatural: Many Decadent works include themes of death, decay, and the supernatural. Writers were fascinated by the idea of death as a form of transcendence or escape, often portraying it as an ultimate release from the constraints of life.

4. Isolation and Alienation: A recurring theme in Decadent literature is the sense of isolation and alienation from society. Many Decadent protagonists are depicted as outcasts or misunderstood figures, often engaged in solitary pursuits of art, beauty, and self-destruction.

**Legacy of the Decadent Movement:**

The Decadent Movement had a significant influence on later artistic and literary movements, especially Symbolism and Modernism. It helped pave the way for the development of 20th-century avant-garde art, as it broke away from traditional forms and embraced new, experimental modes of expression. The movement's focus on individualism, the exploration of taboo subjects, and its emphasis on aesthetic experience also had a lasting impact on art, literature, and culture in the 20th century.

Hindi Explanation: डिकेडेंट मूवमेंट (Decadent Movement): डिकेडेंट मूवमेंट एक साहित्यिक और कलात्मक आंदोलन था जो 19वीं सदी के अंत में फ्रांस और इंग्लैंड में उत्पन्न हुआ। यह आंदोलन विक्टोरियन समाज के प्रचलित मूल्यों और कला तथा जीवन के नैतिक दृष्टिकोण के खिलाफ एक प्रतिक्रिया के रूप में उभरा। इस आंदोलन की विशेषता अत्यधिकता, विलासिता और असामान्य या वर्जित विषयों की खोज में थी। यह पतन (decadence)—जिसका अर्थ है नैतिक या सांस्कृतिक गिरावट—को एक सौंदर्यशास्त्र और दार्शनिक सिद्धांत के रूप में अपनाता था, और इसे व्यक्तिगतता और कलात्मक स्वतंत्रता की अभिव्यक्ति माना जाता था।

## डिकेडेंट मूवमेंट की प्रमुख विशेषताएँ:

1. विक्टोरियन नैतिकता का विरोध: डिकेडेंट मूवमेंट के कलाकारों और लेखकों ने विक्टोरियन युग की नैतिकता और कठोर सामाजिक आदर्शों का विरोध किया। उन्होंने कला और व्यक्तिगत स्वतंत्रता को मान्यता दी और समाज के दवाब से मुक्त रहने की वकालत की।

2. सौंदर्य और संवेदी आनंद पर जोर: इस आंदोलन ने सौंदर्य और आनंद की अत्यधिक खोज की, जो जीवन के नैतिक या व्यावहारिक पहलुओं से परे था। सौंदर्य को एक उद्देश्य के रूप में देखा जाता था और कला को एक ऐसा माध्यम माना जाता था, जो आनंद और संवेदनाओं का विस्तार करता था।

3. असामान्य और वर्जित विषयों में रुचि: डिकेडेंट कलाकारों और लेखकों ने अक्सर पतन, विकृति, मृत्यु, और वर्जित विषयों जैसे समलैंगिकता, मादक पदार्थों का सेवन, और निषिद्ध इच्छाओं पर ध्यान केंद्रित किया। उन्होंने मानव प्रकृति के अंधेरे पक्ष का अन्वेषण किया, जिससे सुंदरता और भय के संयोजन से एक चौंकाने वाला प्रभाव पैदा हुआ।

4. कला को भाग्य से बचने का मार्ग: कला के लिए, डिकेडेंट कलाकारों ने जीवन की कठोर वास्तविकताओं से बचने का तरीका माना। कला के माध्यम से वे एक काल्पनिक और अत्यधिक दुनिया में शरण लेने का प्रयास करते थे।

5. व्यक्तिवाद और अलगाव का आदर्श: डिकेडेंट मूवमेंट ने कलाकार को एक अकेला और अलगाव में रहने वाला व्यक्ति माना। इसके द्वारा परिकल्पित नायक अक्सर अकेले होते थे, जो समाज से अलग होते हुए अपनी कला, सौंदर्य, और आत्म-विनाश में डूबे रहते थे।

### डिकेडेंट मूवमेंट के प्रमुख लेखक और कलाकार:

चार्ल्स बॉडेलेयर (Charles Baudelaire): फ्रांसीसी कवि और आलोचक, जिन्हें डिकेडेंट मूवमेंट का जनक माना जाता है। उनका काव्य संग्रह Les Fleurs du mal (The Flowers of Evil) (1857) इस आंदोलन की प्रमुख विशेषताओं का आदान-प्रदान करता है।

ऑस्कर वाइल्ड (Oscar Wilde): आयरिश लेखक और नाटककार, जिनकी रचनाएँ जैसे The Picture of Dorian Gray (1890) डिकेडेंट विचारधारा की विशिष्ट उदाहरण हैं। उनका साहित्य कला, सौंदर्य, और नैतिक भ्रष्टाचार की तलाश करता है।

जॉरीस-कार्ल हूसमांस (Joris-Karl Huysmans): फ्रांसीसी उपन्यासकार, जिनकी पुस्तक À rebours (Against the Grain) (1884) डिकेडेंट साहित्य की एक आदर्श कृति मानी जाती है।

डिकेडेंट मूवमेंट का प्रभाव: डिकेडेंट मूवमेंट ने बाद में आने वाले कला और साहित्यिक आंदोलनों, जैसे सिम्बॉलिज्म और आधुनिकतावाद, पर गहरा प्रभाव डाला। इसने 20वीं सदी के avant-garde कला के विकास का मार्ग प्रशस्त किया, और कला के नए प्रयोगात्मक रूपों को अपनाया।

### 17. Symbolism:

English Explanation: Symbolism was a literary and artistic movement that emerged in France in the late 19th century as a reaction against the realism and naturalism of the time. The Symbolists believed that reality could not be fully understood through direct representation or the strict depiction of observable events. Instead, they emphasized the use of symbols, metaphors, and suggestive imagery to evoke deeper meanings, emotions, and states of mind. Symbolism sought to convey the ineffable, the unseen, and the mysterious aspects of life that could not be captured by mere words or images. It often explored themes of spirituality, dreams, and the subconscious.

**Key Features of Symbolism:**

1. Use of Symbols: One of the defining characteristics of Symbolism is the use of symbols to represent ideas, emotions, or concepts. These symbols are not meant to be taken literally but serve as a way to express

the deeper truths or hidden realities of the world. For example, a bird might symbolize freedom, while darkness might represent death or the unknown.

2. Focus on the Inner World: Unlike Realism or Naturalism, which focused on external reality and the observable world, Symbolism turned inward, focusing on the internal world of emotions, dreams, and the subconscious. The Symbolists were interested in exploring the subjective experience of reality rather than presenting an objective, realistic view of the world.

3. Ambiguity and Suggestion: Symbolist works are often characterized by ambiguity and a sense of mystery. Instead of providing clear, straightforward narratives, Symbolist literature and art leave much to the imagination, allowing for multiple interpretations. This open-endedness was seen as a way to engage the viewer or reader on a deeper, more personal level.

4. Emphasis on Aesthetic Beauty: Symbolism was closely associated with the belief that art should prioritize beauty and aesthetic experience over moral or social concerns. Symbolist artists and writers sought to create works that were sensually appealing, using rich imagery and evocative language to produce a heightened emotional response.

5. Exploration of the Unseen and the Ineffable: Symbolists often focused on themes that dealt with the unseen or the transcendent, such as spirituality, the supernatural, dreams, and the mysteries of the universe. They believed that certain aspects of life, like emotions or spiritual truths, could not be fully captured by direct expression but needed to be suggested or implied.

**Key Figures of Symbolism:**

Charles Baudelaire: A French poet and one of the founding figures of Symbolism. His famous collection Les Fleurs du mal (The Flowers of Evil) (1857) is a prime example of Symbolist poetry, using rich and often provocative imagery to explore themes of beauty, death, and the divine.

Paul Verlaine: A French poet known for his musicality and use of vivid, symbolic imagery in his works. His poetry often reflects Symbolist ideals, with an emphasis on personal emotions, fleeting moments, and the mysteries of life.

Arthur Rimbaud: Another French poet, Rimbaud was a key figure in the Symbolist movement. His works, such as A Season in Hell (Une Saison en Enfer) (1873), explore themes of rebellion, dreams, and the exploration of consciousness through symbolic imagery and vivid language.

Stéphane Mallarmé: A French poet who is often considered one of the most important figures of Symbolism. His poems, such as Un coup de dés jamais n'abolira le hasard (A Throw of the Dice Will Never Abolish Chance) (1897), are highly symbolic and experimental, focusing on the fluidity of language and meaning.

Gustave Moreau: A French painter associated with the Symbolist movement. His works are known for their mystical, dreamlike qualities, often depicting mythological or religious subjects through highly symbolic imagery.

**Themes of Symbolism:**

1. The Supernatural and Spiritual: Symbolism often explored themes related to the supernatural, spirituality, and the search for meaning beyond the material world. Symbolists sought to express the ineffable, using symbols and metaphors to hint at the mysteries of existence and the divine.

2. Death and Decay: Many Symbolist works focus on the themes of death, decay, and the passage of time.

## Literary Terms & Movements

These themes were often explored in a way that suggested the transcendence of the material world and the longing for something eternal or beyond human understanding.

3. Nature and the Sublime: Symbolism frequently depicted nature in ways that went beyond simple realism. Nature was often represented as a reflection of the inner world of the artist, symbolizing emotions, states of mind, or spiritual truths.

4. Mysticism and Dreams: The Symbolists were deeply interested in dreams, visions, and the mystical realms of the unconscious mind. They believed that the unconscious could reveal hidden truths and that dreams could serve as a guide to understanding deeper realities.

**Legacy of Symbolism:**

Symbolism had a profound influence on both literature and the visual arts, laying the groundwork for later movements such as Surrealism and Modernism. Its emphasis on subjectivity, symbolism, and the exploration of the unconscious mind helped shape the development of 20th-century art and literature. The movement also had a lasting impact on poetry, particularly through its focus on musicality, imagery, and suggestion over direct narrative.

Hindi Explanation: **सिंबोलिज़्म (Symbolism):** सिंबोलिज़्म एक साहित्यिक और कलात्मक आंदोलन था जो 19वीं सदी के अंत में फ्रांस में उत्पन्न हुआ। यह आंदोलन उस समय के रियलिज़्म और नैतिकतावाद के खिलाफ एक प्रतिक्रिया के रूप में उभरा। सिंबोलिज़्म के अनुसार, वास्तविकता को सीधे रूप में या सटीक रूप से प्रस्तुत नहीं किया जा सकता था, बल्कि प्रतीकों, रूपकों और संकेतात्मक चित्रकला का उपयोग करके गहरे अर्थ, भावनाएँ और मानसिक स्थितियाँ व्यक्त की जा सकती थीं। यह आंदोलन जीवन के उन पहलुओं की खोज करता था जिन्हें शब्दों या चित्रों के माध्यम से पूरी तरह से व्यक्त नहीं किया जा सकता था—जैसे आध्यात्मिकता, स्वप्न, और अवचेतन।

**सिंबोलिज़्म की प्रमुख विशेषताएँ:**

1. प्रतीकों का उपयोग: सिंबोलिज़्म की मुख्य विशेषता प्रतीकों का उपयोग है, जिनसे विचारों, भावनाओं या अवधारणाओं को व्यक्त किया जाता है। ये प्रतीक सीधे तौर पर नहीं लिए जाते, बल्कि वे संसार के गहरे सत्य या छिपे हुए वास्तविकताओं को व्यक्त करने का एक तरीका होते हैं। उदाहरण के लिए, एक पक्षी स्वतंत्रता का प्रतीक हो सकता है, जबकि अंधकार मृत्यु या अज्ञात का प्रतीक हो सकता है।

2. आंतरिक दुनिया पर ध्यान: रियलिज़्म और नैतिकतावाद के विपरीत, जो बाहरी वास्तविकता पर ध्यान केंद्रित करते थे, सिंबोलिज़्म ने आंतरिक दुनिया—भावनाओं, स्वप्नों, और अवचेतन पर ध्यान केंद्रित किया। सिंबोलिज़्म के लेखक और कलाकार वास्तविकता के विषय में अपने व्यक्तिगत अनुभव की खोज करते थे, न कि उसे बाहरी, वस्तुनिष्ठ रूप में प्रस्तुत करते थे।

3. अस्पष्टता और संकेत: सिंबोलिज़्म के कार्यों में अक्सर अस्पष्टता और रहस्य का आभास होता है। ये कार्य स्पष्ट और सीधी कहानी नहीं प्रस्तुत करते, बल्कि पाठक या दर्शक की कल्पना को उत्तेजित करते हैं और कई प्रकार की व्याख्याओं की संभावना छोड़ते हैं।

4. सौंदर्य पर जोर: सिंबोलिज़्म कला के माध्यम से सौंदर्य और कलात्मक अनुभव को प्राथमिकता देता था। कलाकारों का उद्देश्य केवल नैतिक या सामाजिक दृष्टिकोण से अधिक, सौंदर्यपूर्ण रूप से आकर्षक और संवेदनशील प्रभाव उत्पन्न करना था।

5. अदृश्य और अनिर्वचनीय का अन्वेषण: सिंबोलिज़्म के कलाकार और लेखक उन पहलुओं पर ध्यान केंद्रित करते थे जिन्हें सीधे व्यक्त नहीं किया जा सकता था—जैसे आध्यात्मिकता, स्वप्न, और ब्रह्मांड के रहस्यों की खोज। उनका मानना था कि कुछ जीवन पहलुओं को केवल प्रतीकों और रूपकों के माध्यम से व्यक्त किया जा सकता है, न कि सीधे शब्दों से।

**सिंबोलिज़्म के प्रमुख लेखक और कलाकार:**

चार्ल्स बॉडेलेयर (Charles Baudelaire): फ्रांसीसी कवि और सिंबोलिज़्म के संस्थापक व्यक्तित्व। उनका काव्य संग्रह Les Fleurs du mal (The Flowers of Evil) इस आंदोलन का उत्कृष्ट उदाहरण है।

पॉल वेरलैन (Paul Verlaine): एक फ्रांसीसी कवि, जिनकी कविता में संगीत और प्रतीकात्मकता की विशेषता है।

आर्थर रिंबो (Arthur Rimbaud): फ्रांसीसी कवि, जिनकी रचनाएँ स्वप्न, विद्रोह, और चेतना की खोज को प्रतीकात्मक रूप में प्रस्तुत करती हैं।

स्टेफेन मलार्मे (Stéphane Mallarmé): एक फ्रांसीसी कवि जो

सिंबोलिज़्म के सबसे महत्वपूर्ण हस्तियों में से एक माने जाते हैं। उनके कविता संग्रह Un coup de dés jamais n'abolira le hasard में प्रतीकों और प्रयोगात्मक रूप से शब्दों का उपयोग किया गया।

सिंबोलिज़्म का प्रभाव: सिंबोलिज़्म का साहित्य और दृश्य कला पर गहरा प्रभाव पड़ा। इसने 20वीं सदी के कला और साहित्य आंदोलनों जैसे स्यूरियलिज़्म और आधुनिकतावाद के लिए मार्ग प्रशस्त किया। इस आंदोलन ने साहित्य, विशेष रूप से कविता, में संगीत, चित्रकला और संकेत पर ध्यान केंद्रित करने का एक नया रास्ता खोला।

## 18. Impressionism:

English Explanation: Impressionism was an art movement that originated in France during the late 19th century. It was initially met with criticism but later became one of the most influential movements in the history of Western art. The term "Impressionism" was coined from a derogatory review of Claude Monet's painting Impression, Sunrise (1872), which depicted a blurry view of the port of Le Havre. The name, meant as an insult, was embraced by the artists themselves.

Impressionism focused on capturing a momentary, fleeting effect of light, color, and atmosphere, rather than providing a detailed or realistic representation of subjects. It emphasized the artist's immediate perception and experience of the world around them, often focusing on landscapes, daily life, and scenes of modern life.

**Key Features of Impressionism:**

1. Use of Light and Color: Impressionists were highly focused on how light changes the colors of objects in different conditions. Instead of mixing colors on a palette, they applied color directly onto the canvas, allowing the colors to blend optically from a distance. They used bright, pure colors rather than muted

tones, and often worked outdoors (en plein air) to capture the changing light of the moment.

2. Brushstroke Techniques: Impressionist painters used loose, visible brushstrokes that were often short and broken. This technique gave a sense of movement and dynamism, as if the viewer were experiencing the scene in real-time.

3. Focus on Everyday Life: Unlike previous movements, which often focused on historical or mythological themes, Impressionism portrayed scenes from everyday life. Artists painted ordinary people, leisure activities, streets, cafes, gardens, and rural landscapes, making art more accessible and relatable.

4. Avoidance of Detail and Clarity: Impressionists often avoided detailed, precise depictions of objects. Instead, they aimed to evoke an impression or mood. The details were not the focus; the goal was to convey the overall feeling or atmosphere of a scene, often with an emphasis on light and its effect on the environment.

5. Modern Life and Urbanization: Many Impressionist works depicted the changing urban landscape of the time, particularly in Paris. Scenes of new industrial areas, bustling streets, and leisure activities in parks or cafes reflected the transformation of society during the Industrial Revolution.

**Key Figures of Impressionism:**

Claude Monet: Often regarded as the father of Impressionism, Monet's Impression, Sunrise is considered the first true Impressionist painting. His series of paintings of water lilies, the Rouen Cathedral, and the Houses of Parliament are iconic representations of the movement's focus on light and its effects.

Pierre-Auguste Renoir: Renoir focused on capturing human

figures and social scenes. His paintings, such as Luncheon of the Boating Party (1881), highlight vibrant color and the effects of light on people and their surroundings.

Édouard Manet: Though often considered a precursor to Impressionism, Manet's work influenced many Impressionist artists. His paintings such as Olympia (1863) challenged traditional norms and paved the way for more modern, bold representations in art.

Edgar Degas: Known for his paintings of ballet dancers, Degas focused on movement, and his works are notable for their use of unusual perspectives and attention to the human figure. Though he was closely associated with the Impressionists, his work often had a more classical approach compared to other members of the movement.

Berthe Morisot: One of the few female artists associated with the movement, Morisot's works often portrayed intimate, domestic scenes. She was known for her fluid brushstrokes and light color palette.

## Themes of Impressionism:

1. Light and Atmosphere: The most defining theme of Impressionism is the emphasis on light and its changing qualities throughout the day. Artists explored how light could affect the colors and mood of a scene, often capturing the fleeting moments of sunrise, sunset, or the glistening reflections of light on water.

2. Outdoor (Plein Air) Painting: Impressionists often painted outdoors to capture the true effects of natural light. This was a significant departure from previous traditions, which typically saw artists working indoors with artificial lighting.

3. Modern Urban Life: Many Impressionist artists were fascinated with the rapid changes occurring in urban environments. The rise of cafés, bustling streets, and

modern leisure activities became common subjects for many Impressionist works.

4. Movement and Change: Impressionism was also about capturing the movement and change in everyday life. This was often reflected in the brushstrokes, which depicted the fleeting, transient nature of the moment.

**Legacy of Impressionism:**

Impressionism revolutionized the world of art, challenging traditional techniques and themes. It inspired numerous movements that followed, including Post-Impressionism, Fauvism, and even Abstract Expressionism. By emphasizing light, color, and the subjective experience, Impressionism shifted the focus of art from the realistic representation of the world to an exploration of perception, making it one of the most important movements in the history of modern art.

Hindi Explanation: **इंप्रेशनिज़्म (Impressionism):** इंप्रेशनिज़्म एक कला आंदोलन था जो 19वीं सदी के अंत में फ्रांस में उत्पन्न हुआ। यह आंदोलन पहले आलोचनाओं का शिकार हुआ, लेकिन बाद में यह पश्चिमी कला के इतिहास में सबसे प्रभावशाली आंदोलनों में से एक बन गया। "इंप्रेशनिज़्म" शब्द को क्लॉड माने की पेंटिंग Impression, Sunrise (1872) के एक नकारात्मक समीक्षकों द्वारा दिया गया था, जिसमें हवरे के बंदरगाह का धुंधला चित्रण किया गया था। यह नाम एक अपमान के रूप में था, जिसे कलाकारों ने खुद अपनाया।

इंप्रेशनिज़्म का मुख्य उद्देश्य हल्के, रंग, और वातावरण के क्षणिक प्रभाव को पकड़ना था, न कि विषयों का विस्तृत या वास्तविक प्रतिनिधित्व। यह कलाकारों के आसपास की दुनिया के तत्काल अनुभव और धारणा को चित्रित करने पर ध्यान केंद्रित करता था, जिसमें प्रायः परिदृश्य, दैनिक जीवन और आधुनिक जीवन के दृश्य शामिल थे।

**इंप्रेशनिज़्म की प्रमुख विशेषताएँ:**

1. रोशनी और रंग का उपयोग: इंप्रेशनिस्ट कलाकारों ने यह दिखाने पर ध्यान दिया कि विभिन्न परिस्थितियों में रोशनी कैसे वस्तुओं के रंगों को बदल देती है। उन्होंने रंगों को सीधे कैनवास पर लगाया, ताकि

रंग दूर से एक साथ मिलते हुए दिखाई दें।

2. ब्रश स्ट्रोक तकनीकें: इंप्रेशनिस्ट पेंटर्स ने ढीले, दिखने वाले ब्रश स्ट्रोक्स का उपयोग किया, जो आमतौर पर छोटे और टूटे हुए होते थे। यह तकनीक दृश्य को गतिशील और जीवंत बनाती थी, जैसे दर्शक वास्तविक समय में दृश्य का अनुभव कर रहे हों।

3. दैनिक जीवन पर ध्यान: इंप्रेशनिज़्म ने पहले के आंदोलनों से भिन्न होकर दैनिक जीवन को चित्रित किया। कलाकारों ने साधारण लोगों, मनोरंजन गतिविधियों, सड़कें, कैफे, बाग़, और ग्रामीण परिदृश्य को चित्रित किया, जिससे कला अधिक सुलभ और सामान्य लोगों से जुड़ी हुई दिखने लगी।

4. विवरण और स्पष्टता से परहेज़: इंप्रेशनिस्ट चित्रों में वस्तुओं की सटीक, विस्तृत चित्रण से अधिक, वातावरण और भावनाओं को व्यक्त किया जाता था। उनका उद्देश्य दृश्य का समग्र आभास या भावना व्यक्त करना था, न कि हर विवरण को पूरी तरह से प्रस्तुत करना।

5. आधुनिक जीवन और शहरीकरण: इंप्रेशनिस्ट कार्यों में आधुनिक शहरी परिदृश्य को चित्रित किया गया, विशेषकर पेरिस में। उद्योगीकरण के साथ बदलते हुए शहरी क्षेत्रों, व्यस्त सड़कों और सार्वजनिक स्थानों पर ध्यान केंद्रित किया गया।

### इंप्रेशनिज़्म के प्रमुख कलाकार:

क्लॉड माने (Claude Monet): माने को इंप्रेशनिज़्म का पिता माना जाता है। उनकी पेंटिंग Impression, Sunrise इस आंदोलन का प्रतीक मानी जाती है।

पियरे-अगस्ते रेनॉइर (Pierre-Auguste Renoir): रेनॉइर ने मानव आकृतियों और सामाजिक दृश्यों को चित्रित किया। उनकी पेंटिंग Luncheon of the Boating Party (1881) का रंग और रोशनी पर जोर था।

एडगर डेगास (Edgar Degas): डेगास ने बैले नर्तकियों की पेंटिंग्स बनाई। उन्होंने आंदोलन और मानव आकृतियों पर गहरा ध्यान दिया।

बर्टे मोरीसो (Berthe Morisot): मोरीसो, इंप्रेशनिज़्म से जुड़ी एकमात्र महिला कलाकार थीं, जिनकी पेंटिंग्स घरेलू जीवन के चित्रण से जुड़ी थीं।

### इंप्रेशनिज़्म का प्रभाव:

इंप्रेशनिज़्म ने कला की दुनिया में एक क्रांति लाने का काम किया, और इसके प्रभाव से बाद के आंदोलनों जैसे पोस्ट-इंप्रेशनिज़्म और आधुनिक कला को प्रेरणा मिली। इसने कला को वास्तविकता के बजाय धारणा और अनुभव की खोज के रूप में प्रस्तुत किया।

## 19. Expressionism:

English Explanation: Expressionism was an art movement that developed in the early 20th century, primarily in Germany. It focused on representing raw, emotional, and subjective experiences rather than attempting to depict reality or physical appearance accurately. Expressionists sought to express the inner turmoil, emotions, and psychological states of the artist, often through distorted and exaggerated forms.

The movement emerged as a reaction against the industrialization, urbanization, and social issues of the time. It was also a response to the horrors of war, particularly World War I. Expressionism aimed to convey the artist's emotional experience rather than a realistic portrayal of the world.

### Key Features of Expressionism:

1. Emotional Intensity: Expressionist art is characterized by intense emotions and often conveys feelings such as fear, anxiety, anger, and alienation. The artists used exaggeration and distortion to communicate their inner emotional states.

2. Distorted Forms and Colors: In Expressionism, natural forms and figures were often distorted or exaggerated to evoke strong emotional responses. Bright, non-naturalistic colors were frequently used, further emphasizing the emotional intensity of the work. This was in stark contrast to the realism of earlier movements.

3. Focus on the Inner Self: Expressionist artists were more concerned with expressing their own emotions and experiences rather than representing the outer world objectively. The artwork became a channel for personal expression, reflecting the artist's state of mind, personal struggles, and reflections on society.

4. Themes of Alienation and Despair: Expressionism

often dealt with themes such as human isolation, alienation, the impact of modern life, and existential despair. Many works explored the individual's sense of disconnect from society, a recurring theme in modern life during the time.

5. Artistic Freedom and Experimentation:
Expressionists often rejected traditional artistic techniques, preferring instead to experiment with new ways of representing emotional states. This included the use of bold brushwork, unusual perspectives, and dynamic compositions.

**Key Figures of Expressionism:**
Edvard Munch: One of the most famous early Expressionists, Munch is best known for his painting The Scream (1893), which depicts existential dread and the isolation of modern life. His work explored themes of death, love, and anxiety.

Egón Schiele: An Austrian painter, Schiele was known for his raw, often controversial depictions of the human body and psychological states. His works, such as Self-Portrait with Chinese Lantern Plant (1912), emphasized emotional and physical tension.

Ernst Ludwig Kirchner: A German painter and one of the founders of Die Brücke (The Bridge), a group of Expressionist artists. His works, such as Street, Dresden (1908), depict scenes of modern life in the city, filled with emotional intensity and distorted forms.

Franz Marc: A key member of the Blue Rider group, Marc is known for his use of vibrant colors and animal imagery. His work, like Blue Horse I (1911), often depicted animals in a symbolic and emotional way, reflecting his spiritual beliefs.

Wassily Kandinsky: Although known for his abstract work, Kandinsky's early paintings were influenced by Expressionism. His work sought to convey spiritual and emotional content through colors and shapes, as seen in Composition VII (1913).

**Themes of Expressionism:**

1. Alienation and Modern Life: Expressionist artists frequently explored feelings of alienation in modern society, reflecting the emotional and psychological effects of urbanization, industrialization, and the changing social order.

2. Psychological and Emotional States: Expressionism was a way to represent the inner workings of the mind, often dealing with themes like anxiety, mental illness, fear, and existential despair. It sought to depict the human experience more than the physical reality.

3. Rejection of Traditional Norms: Expressionism rejected the classical ideals of beauty and proportion. Artists broke away from realism and classical art techniques, instead emphasizing emotion over accuracy, and focusing on the personal vision of the artist.

4. Impact of War and Social Issues: Expressionist art often responded to the social, political, and economic problems of the time. World War I had a significant influence on the movement, with many artists grappling with the trauma and devastation of war.

**Legacy of Expressionism:**

Expressionism had a lasting influence on both art and culture. It laid the foundation for later developments in art, such as Abstract Expressionism and Surrealism. It also contributed to the development of psychological and emotional themes in literature, theater, and film. Expressionism's emphasis on personal expression and emotional depth continues to resonate in modern art, theater, and cinema.

Hindi Explanation: **एक्सप्रेशनिज़्म (Expressionism):** एक्सप्रेशनिज़्म एक कला आंदोलन था जो 20वीं सदी की शुरुआत में, विशेष रूप से जर्मनी में उत्पन्न हुआ। इस आंदोलन का उद्देश्य

वास्तविकता या भौतिक रूपों के सही चित्रण से अधिक, कच्चे और मानसिक अनुभवों को व्यक्त करना था। एक्सप्रेशनिस्ट कलाकार अपने आंतरिक संघर्षों, भावनाओं और मानसिक स्थितियों को चित्रित करने का प्रयास करते थे, अक्सर विकृत और अतिरंजित रूपों के माध्यम से।

यह आंदोलन औद्योगिकीकरण, शहरीकरण और उस समय के सामाजिक मुद्दों के खिलाफ एक प्रतिक्रिया के रूप में उभरा। यह युद्ध, विशेष रूप से विश्व युद्ध I के भयानक प्रभावों के प्रति भी प्रतिक्रिया थी। एक्सप्रेशनिज़्म का उद्देश्य वास्तविक दुनिया का चित्रण करने के बजाय कलाकार के आंतरिक अनुभव को व्यक्त करना था।

एक्सप्रेशनिज़्म की प्रमुख विशेषताएँ:

1. भावनात्मक तीव्रता: एक्सप्रेशनिज़्म कला की विशेषता तीव्र भावनाओं की होती है, जैसे भय, चिंता, क्रोध और परायापन। कलाकार अपनी आंतरिक मानसिक स्थितियों को व्यक्त करने के लिए अतिरंजना और विकृति का उपयोग करते थे।

2. विकृत रूप और रंग: एक्सप्रेशनिज़्म में प्राकृतिक रूपों और आकृतियों को विकृत या अतिरंजित किया जाता था ताकि मजबूत भावनात्मक प्रतिक्रियाएँ उत्पन्न की जा सकें। चमकीले, अस्वाभाविक रंगों का उपयोग किया जाता था, जो कार्य की भावनात्मक तीव्रता को और बढ़ा देते थे। यह पहले के वास्तविकतावादी आंदोलनों से बिल्कुल विपरीत था।

3. आंतरिक स्वयं पर ध्यान: एक्सप्रेशनिस्ट कलाकार बाहरी दुनिया के बजाय अपनी भावनाओं और अनुभवों को व्यक्त करने में अधिक रुचि रखते थे। कला व्यक्तिगत अभिव्यक्ति का एक माध्यम बन गई, जो कलाकार की मानसिक स्थिति, निजी संघर्षों और समाज पर विचारों को दर्शाती थी।

4. परायापन और निराशा के विषय: एक्सप्रेशनिज़्म में मानव पृथकता, परायापन, आधुनिक जीवन का प्रभाव और अस्तित्वगत निराशा जैसे विषयों पर ध्यान केंद्रित किया जाता था। कई कार्यों में व्यक्ति की समाज से जुड़ी न होने की भावना का चित्रण किया गया, जो उस समय के आधुनिक जीवन में एक प्रमुख विषय था।

5. कला की स्वतंत्रता और प्रयोग: एक्सप्रेशनिस्ट कलाकार पारंपरिक कला तकनीकों से मना करते हुए नई तरीकों का प्रयोग करते थे, जो आंतरिक भावनात्मक स्थितियों को व्यक्त करने के लिए अधिक उपयुक्त होते थे। इसमें बोल्ड ब्रशवर्क, असामान्य दृष्टिकोण और गतिशील

संरचनाओं का उपयोग किया जाता था।

## एक्सप्रेशनिज़्म के प्रमुख कलाकार:

एडवर्ड मंस्क (Edvard Munch): मंस्क को एक्सप्रेशनिज़्म के प्रमुख कलाकारों में से एक माना जाता है। उनकी प्रसिद्ध पेंटिंग The Scream (1893) अस्तित्वगत भय और आधुनिक जीवन की पृथकता का प्रतीक है।

एगॉन शील (Egón Schiele): शील को उनकी कच्ची और विवादास्पद मानव शरीर की चित्रणों के लिए जाना जाता है। उनकी पेंटिंग्स मानसिक और शारीरिक तनाव को उजागर करती हैं।

एर्नस्ट लुडविग किर्चनर (Ernst Ludwig Kirchner): किर्चनर, Die Brücke (द ब्रिज) समूह के संस्थापक थे। उनकी पेंटिंग्स में शहरी जीवन के दृश्य होते थे, जो विकृत रूपों और तीव्र भावनाओं से भरे होते थे।

फ्रांज मार्क (Franz Marc): ब्लू राइडर (The Blue Rider) समूह के एक प्रमुख सदस्य, मार्क के कार्यों में उज्जवल रंगों और पशु प्रतीकों का उपयोग था, जो उनकी आध्यात्मिक मान्यताओं को व्यक्त करते थे।

वसिली कांडिंस्की (Wassily Kandinsky): कांडिंस्की का प्रारंभिक कार्य एक्सप्रेशनिज़्म से प्रभावित था। उनका उद्देश्य रंगों और आकारों के माध्यम से आध्यात्मिक और भावनात्मक सामग्री को व्यक्त करना था।

## एक्सप्रेशनिज़्म के विषय:

1. **आधुनिक जीवन और परायापन:** एक्सप्रेशनिज़्म ने आधुनिक समाज में परायापन और व्यक्तित्व की अकेलेपन को प्रमुख रूप से चित्रित किया। यह शहरीकरण, औद्योगिकीकरण और समाज के बदलावों के प्रभाव को दर्शाता था।
2. **मानसिक और भावनात्मक स्थितियाँ:** एक्सप्रेशनिज़्म मानसिक रोग, चिंता, भय और अस्तित्वगत निराशा जैसे आंतरिक संघर्षों और भावनाओं को व्यक्त करने का एक तरीका था। यह बाहरी वास्तविकता से अधिक व्यक्ति के आंतरिक अनुभव को चित्रित करता था।
3. **पारंपरिक मानकों का विरोध:** एक्सप्रेशनिज़्म ने पारंपरिक सुंदरता और अनुपात के आदर्शों को खारिज किया। कलाकारों ने वास्तविकता से अधिक अपनी व्यक्तिगत दृष्टि और भावनाओं को अभिव्यक्त करने की कोशिश की।
4. **युद्ध और सामाजिक मुद्दों का प्रभाव:** एक्सप्रेशनिज़्म कला युद्ध और सामाजिक समस्याओं पर प्रतिक्रिया करने के रूप में विकसित हुआ था। विशेष रूप से प्रथम विश्व

युद्ध के बाद, कलाकारों ने युद्ध के भयंकर परिणामों को चित्रित किया।

### एक्सप्रेशनिज़्म की धरोहर:

एक्सप्रेशनिज़्म ने कला और संस्कृति में गहरी छाप छोड़ी। इसने बाद में विकसित हुए कला आंदोलनों जैसे एब्स्ट्रैक्ट एक्सप्रेशनिज़्म और सुर्रियलिज़्म को प्रेरित किया। इसके अलावा, यह साहित्य, थियेटर और फिल्म में भी मानसिक और भावनात्मक विषयों के विकास में योगदान किया। एक्सप्रेशनिज़्म का व्यक्तिगत अभिव्यक्ति और भावनात्मक गहराई पर जोर आज भी समकालीन कला, सिनेमा और थियेटर में देखा जा सकता है।

## 20. Cubism

English Explanation: Cubism was a revolutionary art movement developed in the early 20th century by Pablo Picasso and Georges Braque. It marked a radical break from traditional Western art by rejecting the conventions of perspective, realism, and the depiction of three-dimensional space. Instead, Cubism aimed to depict subjects from multiple viewpoints simultaneously, breaking objects into geometric shapes and reassembling them abstractly.

The movement is divided into two main phases: Analytical Cubism (1907–1912) and Synthetic Cubism (1912–1919).

**Key Features of Cubism:**

1. Multiple Perspectives: Cubist works often show objects or figures from several angles at once, challenging the viewer's perception.

2. Geometric Forms: Objects are broken down into geometric shapes like cubes, cylinders, spheres, and cones.

3. Flattened Space: Depth and perspective are de-emphasized, creating a flat, fragmented appearance.

4. Limited Color Palette: Early Cubist works used a muted color palette (grays, browns, and blacks) to focus attention on structure rather than color. Synthetic Cubism later introduced brighter colors and mixed media.

5. Collage Elements: Synthetic Cubism incorporated materials like newspapers, fabric, and other found objects into paintings, blending fine art with everyday life.

**Phases of Cubism:**

1. **Analytical Cubism:**

Focused on deconstructing objects into basic geometric components.

Limited use of color and highly abstract.

Example: Pablo Picasso's Les Demoiselles d'Avignon (1907).

2. **Synthetic Cubism:**

Introduced simpler shapes, brighter colors, and collage techniques.

Sought to reconstruct objects from abstracted parts.

Example: Picasso's Still Life with Chair Caning (1912).

**Key Artists:**

Pablo Picasso: Co-founder of Cubism, known for works like Guernica and The Weeping Woman.

Georges Braque: Picasso's collaborator, known for paintings like Violin and Candlestick (1910).

Juan Gris: Known for bringing a colorful and decorative touch to Cubism, as seen in The Breakfast Table (1914).

**Themes in Cubism:**

1. Breaking Tradition: Cubism sought to redefine art, moving away from realism toward abstraction.
2. Fragmentation and Reconstruction: Objects and figures were deconstructed and reassembled in new, abstract forms.
3. Intersection of Time and Space: By showing multiple perspectives, Cubism aimed to capture a sense of time and motion in a static image.

**Legacy of Cubism:**

Cubism had a profound influence on modern art and inspired many later movements, including Futurism, Constructivism, and Abstract Expressionism. It also impacted sculpture, architecture, and design, changing how artists approached form and structure.

Hindi Explanation: **क्यूबिज़्म (Cubism):** क्यूबिज़्म 20वीं सदी की शुरुआत में विकसित एक क्रांतिकारी कला आंदोलन था, जिसे पाब्लो पिकासो और जॉर्जेस ब्राक ने शुरू किया। यह पारंपरिक पश्चिमी कला की परंपराओं को तोड़ते हुए विकसित हुआ और यथार्थवाद और त्रि-आयामी (3D) स्थान के चित्रण को खारिज करता था। क्यूबिज़्म में वस्तुओं को ज्यामितीय आकारों में तोड़ा और पुनः संयोजित किया जाता था ताकि उन्हें एक ही समय में कई दृष्टिकोणों से दिखाया जा सके।

क्यूबिज़्म को दो मुख्य चरणों में विभाजित किया गया है:

1. एनालिटिकल क्यूबिज़्म (1907-1912): वस्तुओं को छोटे ज्यामितीय आकारों में तोड़ने पर ध्यान केंद्रित किया।
2. सिंथेटिक क्यूबिज़्म (1912-1919): कोलाज और चमकीले रंगों का उपयोग करते हुए सरल रूपों और पुनर्निर्माण पर जोर दिया।

**क्यूबिज़्म की प्रमुख विशेषताएँ:**

1. कई दृष्टिकोण: क्यूबिज़्म में वस्तुओं या आकृतियों को कई कोणों से एक साथ दिखाया जाता है, जिससे देखने वाले की धारणा को चुनौती मिलती है।
2. ज्यामितीय रूप: वस्तुओं को ज्यामितीय आकारों (घन, सिलेंडर, गोले आदि) में तोड़ा जाता था।
3. चपटापन: गहराई और परिप्रेक्ष्य को कम कर दिया जाता था, जिससे चित्र सपाट और टुकड़ों में बंटा हुआ दिखाई देता था।
4. सीमित रंग योजना: शुरुआती क्यूबिज़्म में ग्रे, भूरे और काले जैसे म्यूट रंगों का उपयोग किया गया। बाद में सिंथेटिक क्यूबिज़्म में चमकीले रंग जोड़े गए।
5. कोलाज तकनीक: सिंथेटिक क्यूबिज़्म में समाचार पत्र, कपड़े और अन्य वस्तुओं को चित्रों में शामिल किया गया।

**क्यूबिज़्म के चरण:**

**1. एनालिटिकल क्यूबिज़्म:**

वस्तुओं को छोटे-छोटे भागों में तोड़ा गया।

रंगों का उपयोग बहुत कम किया गया और चित्र अत्यधिक अमूर्त थे।

उदाहरण: पिकासो की पेंटिंग Les Demoiselles d'Avignon।

**2. सिंथेटिक क्यूबिज़्म:**

सरल आकारों, चमकीले रंगों और कोलाज तकनीकों का उपयोग।

उद्देश्य वस्तुओं को अमूर्त भागों से पुनः निर्मित करना।

उदाहरण: पिकासो की Still Life with Chair Caning।

प्रमुख कलाकार: पाब्लो पिकासो: क्यूबिज़्म के सह-संस्थापक। उनकी प्रसिद्ध पेंटिंग्स में Guernica और The Weeping Woman शामिल हैं।

जॉर्जेस ब्राक: पिकासो के सहयोगी। उनकी क्यूबिस्ट पेंटिंग्स में Violin and Candlestick प्रमुख हैं।

जुआन ग्रिस: क्यूबिज़्म में रंगों और सजावट को जोड़ने के लिए जाने जाते हैं। उनकी पेंटिंग The Breakfast Table प्रसिद्ध है।

### क्यूबिज़्म के विषय:

1. परंपरा को तोड़ना: यथार्थवाद से अमूर्तता की ओर बढ़ते हुए क्यूबिज़्म ने कला को पुनः परिभाषित किया।
2. विखंडन और पुनर्निर्माण: वस्तुओं और आकृतियों को तोड़ा और नए रूप में संयोजित किया गया।
3. समय और स्थान का संगम: कई दृष्टिकोणों को दिखाकर क्यूबिज़्म ने स्थिर छवि में समय और गति को पकड़ने की कोशिश की।

### क्यूबिज़्म की विरासत:

क्यूबिज़्म ने आधुनिक कला पर गहरा प्रभाव डाला और भविष्यवाद, कंस्ट्रक्टिविज़्म, और अमूर्त अभिव्यक्तिवाद जैसे आंदोलनों को प्रेरित किया। इसने मूर्तिकला, वास्तुकला, और डिज़ाइन को भी प्रभावित किया और कला में रूप और संरचना के प्रति दृष्टिकोण को बदल दिया।

## 21. Surrealism

English Explanation: Surrealism was an influential 20th-century cultural and artistic movement that sought to unlock the power of the unconscious mind and explore the world beyond rational thought. It was founded in the 1920s by French poet André Breton, who wrote the first Surrealist Manifesto in 1924.

Surrealism emerged as a response to the trauma of World War I and was deeply influenced by the psychoanalytic theories of Sigmund Freud, particularly his ideas about dreams, the unconscious, and free association. The movement spanned visual art, literature, theater, and film, aiming to challenge conventional norms and represent an alternate reality.

## Key Features of Surrealism:

1. Dream Imagery: Surrealist works often depict dreamlike scenes, blending reality with fantasy.
2. Juxtaposition: The placement of unrelated objects or ideas together to create surprising and thought-provoking imagery.
3. Automatic Writing/Drawing: A technique where artists and writers let their subconscious flow freely without rational interference.
4. Freudian Influence: Exploration of desires, fears, and the human psyche.
5. Irrational and Absurd: Themes that defy logic, aiming to provoke emotional or psychological responses.

## Themes in Surrealism:

Dreams and the Unconscious: Inspired by Freud, surrealists explored the hidden aspects of the human mind.

Liberation of Thought: Breaking free from societal constraints and rationality.

Fantasy and Imagination: Representing surreal, often bizarre worlds.

Love and Eroticism: Exploring human desires and emotions.

## Key Artists and Writers:

Salvador Dalí: Known for his dreamlike, bizarre imagery, such as The Persistence of Memory (1931), featuring melting clocks.

René Magritte: Famous for works like The Son of Man and The Treachery of Images, challenging viewers' perceptions.

Max Ernst: Used techniques like frottage and collage to create fantastical, otherworldly images.

André Breton: The founder and leading theorist of Surrealism, known for works like Nadja.

## Legacy of Surrealism:

Surrealism profoundly influenced modern art, literature, film, and philosophy. It continues to inspire creative movements, emphasizing the power of imagination and challenging conventional boundaries.

Hindi Explanation: **सुर्रियलिज़्म (अतियथार्थवाद):** सुर्रियलिज़्म 20वीं सदी का एक प्रमुख सांस्कृतिक और कलात्मक आंदोलन था, जिसका उद्देश्य मानव मस्तिष्क के अवचेतन भाग को समझना और तर्कसंगत सोच से परे की दुनिया का अन्वेषण करना था। इसकी शुरुआत 1920 के दशक में फ्रांसीसी कवि आंद्रे ब्रेटन ने की, जिन्होंने 1924 में सुर्रियलिस्ट घोषणापत्र लिखा।

यह आंदोलन सिगमंड फ्रॉयड के मनोविश्लेषण के सिद्धांतों से प्रभावित था, विशेष रूप से सपनों और अवचेतन से संबंधित उनके विचारों से। सुर्रियलिज़्म ने दृश्य कला, साहित्य, रंगमंच और फिल्म में परंपरागत मानदंडों को चुनौती दी और एक वैकल्पिक वास्तविकता को प्रस्तुत किया।

### सुर्रियलिज़्म की प्रमुख विशेषताएँ:

1. सपनों की छवियाँ: सुर्रियलिस्ट कला में अक्सर सपनों जैसी कल्पनाएँ और दृश्य दिखाए जाते हैं।
2. असंबंधित वस्तुओं का संयोजन: वस्तुओं या विचारों को इस तरह से प्रस्तुत करना, जो अप्रत्याशित और विचारोत्तेजक हों।
3. स्वचालित लेखन/चित्रण: कलाकार और लेखक बिना किसी तर्कसंगत हस्तक्षेप के अपने अवचेतन को प्रवाहित करते हैं।
4. फ्रॉयड का प्रभाव: इच्छाओं, भय और मानव मनोविज्ञान की खोज।
5. अतार्किक और अजीब: ऐसी थीम जो तर्क को चुनौती देती हैं और भावनात्मक या मनोवैज्ञानिक प्रतिक्रिया उत्पन्न करती हैं।

### सुर्रियलिज़्म के प्रमुख विषय:

सपने और अवचेतन: फ्रॉयड से प्रेरित, सुर्रियलिस्टों ने मानव मस्तिष्क के छिपे हुए पहलुओं की खोज की।

विचारों की स्वतंत्रता: सामाजिक बाधाओं और तर्कसंगतता से मुक्त होना।

कल्पना और फैंटेसी: अद्भुत और असामान्य दुनियाओं का चित्रण।

प्रेम और कामुकता: मानवीय इच्छाओं और भावनाओं की अभिव्यक्ति।

### प्रमुख कलाकार और लेखक:

सल्वाडोर डाली: अपनी सपनों जैसी विचित्र छवियों के लिए प्रसिद्ध, जैसे The Persistence of Memory (1931), जिसमें पिघलती हुई घड़ियाँ दिखाई गई हैं।

रेने माग्रिट: उनकी प्रसिद्ध रचनाओं में The Son of Man और The Treachery of Images शामिल हैं, जो देखने वालों की धारणा को चुनौती देती हैं।

मैक्स एर्न्स्ट: फ्रोताज और कोलाज जैसी तकनीकों का उपयोग कर अन्य दुनिया जैसी छवियाँ बनाई।

आंद्रे ब्रेटन: सुर्रियलिज़्म के संस्थापक और प्रमुख सिद्धांतकार, उनकी पुस्तक नादजा प्रसिद्ध है।

**सुर्रियलिज़्म की विरासत:**

सुर्रियलिज़्म ने आधुनिक कला, साहित्य, फिल्म और दर्शन पर गहरा प्रभाव डाला। यह रचनात्मक आंदोलनों को प्रेरित करता है और कल्पना की शक्ति पर जोर देता है, साथ ही परंपरागत सीमाओं को चुनौती देता है।

## 22. Modernism

English Explanation: Modernism is a cultural and artistic movement that emerged in the late 19th and early 20th centuries, reacting against traditional forms, styles, and societal norms. It reflects a break from past conventions and embraces innovation, experimentation, and a sense of disillusionment with the established order.

Modernism arose in the context of rapid industrialization, urbanization, scientific advancements, and the impact of World War I. It rejected realism and romanticism, focusing instead on subjective experiences, fragmentation, and the complexities of modern life.

**Key Features of Modernism:**

1. Experimentation with Form: Use of unconventional structures, fragmented narratives, and stream-of-consciousness techniques.
2. Subjectivity and Individualism: Exploration of personal experiences, emotions, and perceptions.
3. Alienation and Disillusionment: A sense of loss and estrangement from traditional values, often reflecting the chaos of the modern world.
4. Rejection of Tradition: Challenging classical styles and conventions in favor of new forms of expression.
5. Focus on Urban and Industrial Themes: Depictions of city life, industrial landscapes, and modern technology.

### Modernism in Literature:

Stream of Consciousness: Writers like James Joyce (Ulysses) and Virginia Woolf (To the Lighthouse) used this technique to present characters' inner thoughts and emotions.

Imagism: Poets like Ezra Pound and T.S. Eliot emphasized clear, sharp images and economy of language.

Themes of Disillusionment: Reflected in works like F. Scott Fitzgerald's The Great Gatsby and T.S. Eliot's The Waste Land.

### Modernism in Art:

Movements like Cubism (Pablo Picasso), Futurism, and Abstract Art challenged traditional representations of reality.

Modernist art often fragmented subjects, deconstructed perspectives, and embraced abstraction.

### Modernism in Philosophy and Ideas:

Influenced by thinkers like Sigmund Freud (psychoanalysis), Karl Marx (social critique), and Friedrich Nietzsche (philosophy of individualism and existentialism).

Questioning of religious, moral, and societal values.

### Legacy of Modernism:

Modernism paved the way for postmodernism and remains influential in literature, art, and culture. It is celebrated for its bold experimentation and efforts to redefine human creativity in a rapidly changing world.

Hindi Explanation: **आधुनिकतावाद (Modernism):** आधुनिकतावाद 19वीं सदी के अंत और 20वीं सदी की शुरुआत में उभरा एक सांस्कृतिक और कलात्मक आंदोलन है। यह परंपरागत रूपों, शैलियों और सामाजिक मान्यताओं के खिलाफ एक प्रतिक्रिया थी। आधुनिकतावाद ने नवाचार, प्रयोग और स्थापित मान्यताओं से असंतोष को अपनाया।

यह आंदोलन औद्योगिकीकरण, शहरीकरण, वैज्ञानिक प्रगति और प्रथम विश्व युद्ध के प्रभाव की पृष्ठभूमि में उभरा। इसने यथार्थवाद और रोमांटिसिज्म को खारिज कर, व्यक्तिगत अनुभव, विखंडन, और आधुनिक जीवन की जटिलताओं पर ध्यान केंद्रित किया।

### आधुनिकतावाद की प्रमुख विशेषताएँ:

1. रूप का प्रयोग: अपरंपरागत संरचनाओं, खंडित कथाओं, और स्ट्रीम ऑफ कॉन्शसनेस तकनीकों का उपयोग।
2. व्यक्तिवाद और आत्मपरकता: व्यक्तिगत अनुभवों, भावनाओं और धारणाओं की खोज।
3. विक्षोभ और मोहभंग: परंपरागत मूल्यों से दूर होने और आधुनिक दुनिया के अराजकता को दर्शाना।
4. परंपरा का खंडन: अभिव्यक्ति के नए रूपों के पक्ष में पारंपरिक शैलियों और परंपराओं को चुनौती देना।
5. शहरी और औद्योगिक विषयों पर ध्यान: शहरी जीवन, औद्योगिक परिदृश्य, और आधुनिक प्रौद्योगिकी का चित्रण।

### आधुनिकतावाद साहित्य में:

स्ट्रीम ऑफ कॉन्शसनेस तकनीक: जेम्स जॉयस (Ulysses) और वर्जीनिया वूल्फ (To the Lighthouse) जैसे लेखकों ने इस तकनीक का उपयोग किया।

इमेजिज्म: एज़रा पाउंड और टी.एस. इलियट जैसे कवियों ने स्पष्ट और सटीक छवियों और संक्षिप्त भाषा पर जोर दिया।

मोहभंग के विषय: एफ. स्कॉट फिट्ज़गेराल्ड की The Great Gatsby और टी.एस. इलियट की The Waste Land में यह स्पष्ट रूप से झलकता है।

### आधुनिकतावाद कला में:

क्यूबिज़्म (पाब्लो पिकासो), भविष्यवाद, और अमूर्त कला जैसे आंदोलनों ने यथार्थ के पारंपरिक चित्रण को चुनौती दी।

आधुनिकतावादी कला ने विषयों को खंडित किया, दृष्टिकोणों को पुनर्निर्मित किया, और अमूर्तता को अपनाया।

### आधुनिकतावाद के दर्शन और विचार:

सिगमंड फ्रॉयड (मनोविश्लेषण), कार्ल मार्क्स (सामाजिक आलोचना), और फ्रेडरिक नीत्शे (अस्तित्ववाद और व्यक्तिवाद के दर्शन) जैसे विचारकों से प्रभावित।

धार्मिक, नैतिक और सामाजिक मूल्यों पर सवाल उठाना।

### आधुनिकतावाद की विरासत:

आधुनिकतावाद ने उत्तर-आधुनिकतावाद का मार्ग प्रशस्त किया और साहित्य, कला और संस्कृति में प्रभावशाली बना रहा। यह अपने साहसी प्रयोग और तेजी से बदलती दुनिया में मानव रचनात्मकता को फिर से परिभाषित करने के प्रयासों के लिए प्रसिद्ध है।

## 23. Post-Modernism

English Explanation: Post-Modernism is a cultural, intellectual, and artistic movement that emerged in the mid-20th century as a reaction to

Modernism. While modernism focused on innovation and the search for universal truths, post-modernism rejects these notions, emphasizing skepticism, subjectivity, and the idea that truth is relative.

Post-modernism questions the foundations of knowledge, culture, and art, often breaking traditional boundaries and celebrating diversity, playfulness, and irony.

**Key Features of Post-Modernism:**

1. Rejection of Grand Narratives: It challenges overarching stories or universal truths, such as progress, science, or religion.
2. Relativism: Truth and reality are considered subjective and constructed by cultural and social contexts.
3. Intertextuality: References to other texts, blending genres, and creating self-aware works.
4. Pastiche: Combining multiple styles, genres, and ideas to create something eclectic.
5. Irony and Playfulness: A sense of humor, absurdity, and critique in works.
6. Fragmentation: Disjointed narratives, broken structures, and multiple perspectives.
7. Meta-Narratives: Works that are self-reflective, acknowledging themselves as constructs.

**Post-Modernism in Literature:**

**Authors:**

Thomas Pynchon (Gravity's Rainbow): Complex, fragmented narrative with paranoia and skepticism.

Don DeLillo (White Noise): Satirical take on consumer culture and existential anxiety.

Margaret Atwood (The Handmaid's Tale): Blends dystopian fiction with feminist critique.

**Themes:**

Questioning identity, authority, and the boundaries between fiction and reality.

Deconstruction of language and meaning, as explored by Jacques Derrida.

### Post-Modernism in Art:

Movements like Pop Art (Andy Warhol), Conceptual Art, and Performance Art embraced post-modern principles.

Art became more about the idea and process than traditional aesthetics or technical skill.

### Post-Modernism in Philosophy and Thought:

Influenced by philosophers like Jean-François Lyotard, Michel Foucault, and Jacques Derrida.

Focus on deconstruction, power dynamics, and how language shapes reality.

### Criticism of Post-Modernism:

Critics argue that it leads to moral relativism, where no objective standards or truths exist.

Others see it as overly skeptical, undermining the possibility of constructive critique or progress.

### Legacy of Post-Modernism:

Post-modernism remains influential in literature, art, architecture, and culture. It challenges us to question assumptions, embrace diversity, and explore the complexities of the human experience in a fragmented and pluralistic world.

Hindi Explanation: **उत्तर-आधुनिकतावाद (Post-Modernism):**
उत्तर-आधुनिकतावाद 20वीं सदी के मध्य में उभरा एक सांस्कृतिक, बौद्धिक और कलात्मक आंदोलन है, जो आधुनिकतावाद के खिलाफ प्रतिक्रिया स्वरूप विकसित हुआ। आधुनिकतावाद जहां नवाचार और सार्वभौमिक सत्य की खोज पर केंद्रित था, वहीं उत्तर-आधुनिकतावाद इन विचारों को अस्वीकार करता है और संदेहवाद, विषयवस्तुता और सापेक्षता पर जोर देता है।

उत्तर-आधुनिकतावाद ज्ञान, संस्कृति और कला की परंपराओं पर सवाल उठाता है, और विविधता, चंचलता, और व्यंग्य को बढ़ावा देता है।

**उत्तर-आधुनिकतावाद की मुख्य विशेषताएँ:**

1. महान कथाओं का अस्वीकार: प्रगति, विज्ञान, या धर्म जैसे सार्वभौमिक सत्य को चुनौती देना।
2. सापेक्षवाद: सत्य और वास्तविकता को सांस्कृतिक और सामाजिक संदर्भों द्वारा निर्मित माना जाता है।
3. अंतःपाठीयता: अन्य पाठों का संदर्भ, शैलियों का मिश्रण और आत्म-जागरूक कार्य।
4. पैरोडी और मिश्रण (Pastiche): विभिन्न शैलियों, विचारों और विधाओं को मिलाकर एक नया रूप देना।
5. विडंबना और चंचलता: हास्य, असंगतता और आलोचना का समावेश।
6. विखंडन: खंडित कथाएँ, टूटे हुए ढाँचे और कई दृष्टिकोण।
7. मेटा-कथा: ऐसे कार्य जो स्वयं को रचनात्मक मानते हुए आत्म-चिंतनशील होते हैं।

**साहित्य में उत्तर-आधुनिकतावाद:**

**लेखक:**

थॉमस पिंचन (Gravity's Rainbow): जटिल, विखंडित कथानक जिसमें संदेह और अविश्वास है।

डॉन डिलिलो (White Noise): उपभोक्ता संस्कृति और अस्तित्ववादी चिंता पर व्यंग्य।

मार्गरेट एटवुड (The Handmaid's Tale): डिस्टोपियन कथा और नारीवादी आलोचना का मेल।

**विषय-वस्तु:**

पहचान, अधिकार, और कथा और वास्तविकता के बीच की सीमाओं पर सवाल।

भाषा और अर्थ का विघटन, जैसा कि जैक्स डेरीडा ने किया।

**कला में उत्तर-आधुनिकतावाद:**

पॉप आर्ट (एंडी वॉरहोल), कल्पनात्मक कला, और प्रदर्शन कला जैसे आंदोलनों ने उत्तर-आधुनिक सिद्धांतों को अपनाया।

कला पारंपरिक सौंदर्यशास्त्र या तकनीकी कौशल से अधिक विचार और प्रक्रिया पर केंद्रित हो गई।

**उत्तर-आधुनिकतावाद की आलोचना:**

आलोचकों का कहना है कि यह नैतिक सापेक्षवाद की ओर ले जाता है, जहाँ कोई उद्देश्यपूर्ण मानक या सत्य नहीं होते।

कुछ इसे अत्यधिक संशयवादी मानते हैं, जो रचनात्मक आलोचना या प्रगति की संभावना को कमजोर करता है।

**उत्तर-आधुनिकतावाद की विरासत:**

उत्तर-आधुनिकतावाद साहित्य, कला, वास्तुकला और संस्कृति में प्रभावशाली

बना हुआ है। यह हमें मान्यताओं पर सवाल उठाने, विविधता को अपनाने, और खंडित और बहुलवादी दुनिया में मानव अनुभव की जटिलताओं का अन्वेषण करने के लिए प्रेरित करता है।

## 24. Cultural Materialism

English Explanation: Cultural Materialism is a theoretical approach in cultural studies and literary criticism that examines the relationship between culture and material conditions, such as social, political, and economic structures. Originating in the late 20th century, it is deeply influenced by Marxist theory and focuses on how power, ideology, and material factors shape cultural practices and texts.

Developed as a response to traditional literary criticism, cultural materialism seeks to understand literature and culture as products of historical contexts and material realities rather than isolated artistic endeavours.

### Key Features of Cultural Materialism:

1. Material Conditions of Culture: Emphasis on the economic, political, and social circumstances that produce and sustain cultural forms.
2. Historical Context: Analysis of how historical moments influence cultural production.
3. Ideology and Power: Focus on how ideology serves the interests of dominant classes and how culture can challenge or reinforce power structures.
4. Subversion and Containment: Exploration of how subversive cultural elements are incorporated into dominant ideologies to neutralize their power.
5. Interdisciplinary Approach: Combines history, sociology, and political science with cultural and literary studies.

### Key Thinkers in Cultural Materialism:

1. **Raymond Williams:** Highlighted the role of culture as a site of struggle between

dominant and marginalized groups.

Focused on the concept of "structures of feeling," which reflects the lived experience of particular historical moments.

## 2. Jonathan Dollimore and Alan Sinfield:

Explored how literature, especially Renaissance texts, reflects and critiques the political and social ideologies of its time.

## Cultural Materialism in Literature:

It critiques traditional literary analysis by emphasizing how texts reflect their socio-political contexts.

For example, Shakespeare's plays are analyzed not just as timeless works of art but as reflections of Elizabethan and Jacobean power structures, class struggles, and ideological conflicts.

## Examples of Cultural Materialism:

### 1. William Shakespeare's Works:

The Tempest is read as a commentary on colonialism and power dynamics.

Macbeth reflects the anxieties of political power and social order in Jacobean England.

### 2. Victorian Literature:

Charles Dickens' novels are studied as critiques of industrial capitalism and its impact on the working class.

## Cultural Materialism vs. New Historicism:

While both approaches focus on the relationship between culture and historical context, cultural materialism is more politically oriented and Marxist in its emphasis, whereas New Historicism often focuses on the interplay of power and discourse in history.

## Significance of Cultural Materialism:

It challenges the idea of literature and art as autonomous or apolitical.

Encourages critical engagement with how culture reflects and influences social and political realities.

Highlights the importance of marginalized voices and counter-narratives in cultural texts.

Hindi Explanation: **सांस्कृतिक भौतिकवाद (Cultural Materialism):**
सांस्कृतिक भौतिकवाद एक सैद्धांतिक दृष्टिकोण है जो साहित्य और संस्कृति के अध्ययन में सामाजिक, राजनीतिक, और आर्थिक परिस्थितियों की भूमिका को समझने पर बल देता है। यह सिद्धांत मार्क्सवादी विचारधारा से प्रेरित है और इस पर ध्यान केंद्रित करता है कि शक्ति, विचारधारा और भौतिक कारक सांस्कृतिक गतिविधियों और ग्रंथों को कैसे आकार देते हैं।

### सांस्कृतिक भौतिकवाद की मुख्य विशेषताएँ:

1. संस्कृति और भौतिक परिस्थितियाँ: संस्कृति को उन आर्थिक, राजनीतिक और सामाजिक परिस्थितियों के संदर्भ में समझने की कोशिश।
2. ऐतिहासिक संदर्भ: साहित्य और संस्कृति के निर्माण में ऐतिहासिक क्षणों की भूमिका का विश्लेषण।
3. विचारधारा और शक्ति: यह अध्ययन करता है कि कैसे विचारधारा शासक वर्गों के हितों की सेवा करती है और संस्कृति शक्ति संरचनाओं को चुनौती देती है या उन्हें मजबूत करती है।
4. विद्रोह और समाहित करना: उन सांस्कृतिक तत्वों का अध्ययन जो विद्रोह करते हैं और कैसे वे शासक विचारधारा का हिस्सा बन जाते हैं।
5. अंतरविषयक दृष्टिकोण: इतिहास, समाजशास्त्र, और राजनीति विज्ञान को साहित्य और सांस्कृतिक अध्ययन के साथ जोड़ता है।

### सांस्कृतिक भौतिकवाद में प्रमुख विचारक:

**1. रेमंड विलियम्स:**

उन्होंने संस्कृति को प्रभुत्वशाली और हाशिए पर पड़े समूहों के बीच संघर्ष के क्षेत्र के रूप में देखा।

उनके "संवेदनाओं की संरचना" (Structures of Feeling) के विचार ने बताया कि किसी ऐतिहासिक क्षण का अनुभव कैसे किया जाता है।

**2. जोनाथन डॉलिमोर और एलन सिनफील्ड:**

उन्होंने साहित्य, विशेष रूप से पुनर्जागरण के ग्रंथों, को उनके समय की राजनीतिक और सामाजिक विचारधाराओं के प्रतिबिंब और आलोचना के रूप में देखा।

**साहित्य में सांस्कृतिक भौतिकवाद का उपयोग:**

पारंपरिक साहित्यिक विश्लेषण की आलोचना करते हुए यह सिद्धांत इस बात पर जोर देता है कि ग्रंथ अपने सामाजिक-राजनीतिक संदर्भों को कैसे प्रतिबिंबित करते हैं।

उदाहरण के लिए, शेक्सपियर के नाटक केवल शाश्वत कलाकृतियाँ नहीं हैं, बल्कि एलिज़ाबेथन और जैकोबियन सत्ता संरचनाओं, वर्ग संघर्षों, और वैचारिक संघर्षों के प्रतिबिंब हैं।

**उदाहरण:**

**1. विलियम शेक्सपियर के नाटक:**

द टेम्पेस्ट उपनिवेशवाद और शक्ति गतिकी पर एक टिप्पणी के रूप में पढ़ा जाता है।

मैकबेथ जैकोबियन इंग्लैंड में राजनीतिक शक्ति और सामाजिक व्यवस्था की चिंताओं को दर्शाता है।

**2. विक्टोरियन साहित्य:**

चार्ल्स डिकेंस के उपन्यास औद्योगिक पूंजीवाद और श्रमिक वर्ग पर इसके प्रभाव की आलोचना के रूप में अध्ययन किए जाते हैं।

**महत्त्व:**

यह साहित्य और कला को स्वायत्त या अपराजनीतिक मानने की धारणा को चुनौती देता है।

सामाजिक और राजनीतिक वास्तविकताओं को प्रतिबिंबित करने और प्रभावित करने में संस्कृति की भूमिका पर जोर देता है।

सांस्कृतिक ग्रंथों में हाशिए पर पड़े आवाज़ों और प्रतिकथाओं (Counter-Narratives) के महत्व को उजागर करता है।

## 25. Existentialism

English Explanation: Existentialism is a philosophical movement that focuses on individual freedom, choice, and existence. It emerged in the 19th and 20th centuries and is centered around the idea that human beings are free to make their own choices, but they must also bear the consequences of these choices. Existentialism often deals with themes like meaning, purpose, despair, alienation, death, and the absurdity of life.

At the core of existentialist thought is the belief that life does not have inherent meaning; instead, individuals must create their own meaning through their choices and actions. Existentialist thinkers argue that people are condemned to be free, and with this freedom comes the anxiety and responsibility of making choices that shape one's life and identity.

## Key Themes of Existentialism:

### 1. Freedom and Responsibility:

Existentialism emphasizes the freedom of individuals to make choices and take responsibility for those choices. This freedom can often lead to feelings of anxiety or dread, known as angst.

### 2. Absurdity of Life:

Life is often seen as absurd, meaning it lacks inherent meaning or purpose. The search for meaning in an indifferent or meaningless world is a central concern of existentialist thought.

### 3. Authenticity:

Existentialists stress the importance of living authentically, which means acting in accordance with one's true self, free from societal pressures and conventions.

### 4. Alienation:

Existentialism often highlights feelings of alienation and isolation, as individuals realize their separation from others, society, and even themselves in the face of an indifferent universe.

### 5. Death:

Existentialist philosophy frequently engages with the concept of death, encouraging individuals to face their mortality and live fully in the present moment.

### 6. The Absurd Hero:

Albert Camus' concept of the absurd hero, as seen in his work The Myth of Sisyphus, illustrates the existentialist idea that life may be absurd, but humans must continue to struggle and create meaning despite the lack of inherent purpose.

**Prominent Existentialist Thinkers:**

1. **Søren Kierkegaard (1813-1855):**

Often considered the father of existentialism, Kierkegaard focused on individual faith and the concept of "leap of faith," which involves making personal decisions without clear rational justification.

2. **Friedrich Nietzsche (1844-1900):**

Nietzsche argued that traditional morality, particularly Christian morality, stifled individual freedom. His idea of the Übermensch (Overman or Superman) represents a person who creates their own values and meaning in life.

3. **Jean-Paul Sartre (1905-1980):**

Sartre is perhaps the most famous existentialist. He argued that "existence precedes essence," meaning that humans are not born with a predefined purpose but must create their own essence through actions and choices. Sartre's concept of bad faith refers to self-deception or lying to oneself to avoid the anxiety of freedom.

4. **Albert Camus (1913-1960):**

Camus explored the idea of the absurd—the conflict between humans' desire for meaning and the universe's indifference. In his work The Myth of Sisyphus, he presents the figure of Sisyphus as a symbol of human perseverance despite the absurdity of life.

**Existentialism in Literature:**

Existentialist ideas are widely reflected in literature, especially in works that deal with themes of alienation, despair, and the search for meaning. Some key existentialist writers include:

1. **Franz Kafka:**

His works, like The Metamorphosis, depict individuals confronting the absurdity and alienation of life in a world beyond their control.

2. **Fyodor Dostoevsky:**

Dostoevsky's novels, such as Notes from Underground and Crime and Punishment, explore existential themes like the nature of human freedom, suffering, and moral choice.

### 3. Samuel Beckett:

Beckett's play Waiting for Godot is one of the most famous works of existential literature, highlighting the absurdity of existence and the meaningless wait for something that never comes.

## Existentialism and Modern Culture:

Existentialism has had a significant influence on modern culture, especially in art, literature, and film. Films like The Seventh Seal by Ingmar Bergman and No Country for Old Men by the Coen Brothers explore existential themes such as the confrontation with death, the absurdity of life, and the search for meaning.

Existentialism also influenced modern psychology, particularly in the work of Rollo May and Irvin D. Yalom, who integrated existential ideas into therapy, helping people deal with existential anxiety and find meaning in their lives.

## Existentialism vs. Absurdism:

While existentialism and absurdism share similarities, especially regarding the search for meaning in an indifferent world, they differ in their approach. Existentialism believes that individuals can create meaning through choices, while absurdism (especially as articulated by Camus) suggests that life's inherent meaninglessness must be accepted and embraced.

Hindi Explanation: **अस्तित्ववाद (Existentialism):** अस्तित्ववाद एक दार्शनिक आंदोलन है जो व्यक्तिगत स्वतंत्रता, विकल्प, और अस्तित्व पर जोर देता है। यह 19वीं और 20वीं शताब्दी में उभरा और इस विचारधारा के अनुसार, मनुष्यों को अपने विकल्पों को चुनने की स्वतंत्रता प्राप्त है, लेकिन इन विकल्पों के परिणामों का सामना भी उन्हें करना पड़ता है। अस्तित्ववाद अक्सर जीवन के अर्थ, उद्देश्य, निराशा, परायापन, मृत्यु और जीवन की निरर्थकता जैसे विषयों से संबंधित होता है।

अस्तित्ववादी विचारधारा के केंद्र में यह विश्वास है कि जीवन का कोई अंतर्निहित अर्थ नहीं होता; इसके बजाय, व्यक्ति को अपने विकल्पों और क्रियाओं के माध्यम

से अपने जीवन का अर्थ स्वयं बनाना होता है। अस्तित्ववादी विचारक यह मानते हैं कि मनुष्य स्वतंत्रता के लिए "शापित" होते हैं, और इस स्वतंत्रता के साथ जीवन और पहचान बनाने की चिंता और जिम्मेदारी आती है।

## अस्तित्ववाद के प्रमुख विषय:

### 1. स्वतंत्रता और जिम्मेदारी:

अस्तित्ववाद इस बात पर जोर देता है कि व्यक्ति अपने विकल्पों को चुनने और उनके परिणामों की जिम्मेदारी लेने के लिए स्वतंत्र होते हैं। यह स्वतंत्रता अक्सर चिंता या घबराहट (angst) का कारण बन सकती है।

### 2. जीवन की निरर्थकता:

जीवन को निरर्थक माना जाता है, यानी इसमें कोई अंतर्निहित उद्देश्य या अर्थ नहीं होता। अस्तित्ववाद का केंद्रीय विचार यही है कि जीवन में कोई मूलभूत अर्थ नहीं है, और व्यक्ति को इसे समझने और अपनी जगह बनाने के लिए संघर्ष करना पड़ता है।

### 3. प्रामाणिकता (Authenticity):

अस्तित्ववाद यह मानता है कि व्यक्ति को अपनी सच्ची पहचान के अनुसार जीने की आवश्यकता है, समाज के दबावों और परंपराओं से मुक्त होकर।

### 4. परायापन:

अस्तित्ववाद अक्सर परायापन और अलगाव की भावनाओं को उजागर करता है, क्योंकि व्यक्ति एक उदासीन ब्रह्मांड के सामने अपनी पहचान और संबंधों को खो देता है।

### 5. मृत्यु:

अस्तित्ववादी दर्शन में मृत्यु का महत्वपूर्ण स्थान है, और यह व्यक्ति को अपनी मृत्यु से संपर्क करने और वर्तमान क्षण में पूरी तरह से जीने के लिए प्रेरित करता है।

### 6. निरर्थक नायक (Absurd Hero):

अल्बर्ट कैमस के अनुसार निरर्थक नायक का विचार दर्शाता है कि जीवन निरर्थक हो सकता है, लेकिन मनुष्य को इसे स्वीकारते हुए संघर्ष जारी रखना चाहिए और अपना उद्देश्य बनाना चाहिए।

## प्रमुख अस्तित्ववादी विचारक:

### 1. सोरेन कीर्केगार्ड:

अस्तित्ववाद के पिता माने जाने वाले कीर्केगार्ड ने व्यक्तिगत विश्वास और "विश्वास के कूद" के विचार पर जोर दिया, जो बिना किसी तर्कसंगत आधार के व्यक्तिगत निर्णय लेने का सिद्धांत है।

### 2. फ्रेडरिक नीत्शे:

नीत्शे ने यह तर्क किया कि पारंपरिक नैतिकताएँ, विशेषकर ईसाई नैतिकता, व्यक्ति की स्वतंत्रता को रोकती हैं। उनका

Übermensch (उपर्मानुष) का विचार व्यक्ति को अपने स्वयं के मूल्य और अर्थ बनाने का अधिकार देता है।

**3. जीन-पॉल सार्त्र:**

सार्त्र ने "अस्तित्व पहले आता है, सार बाद में" का सिद्धांत प्रस्तुत किया, यानी मनुष्य का कोई पूर्व निर्धारित उद्देश्य नहीं होता, और उसे अपने कार्यों और विकल्पों के माध्यम से ही अपने सार का निर्माण करना पड़ता है।

**4. अल्बर्ट कैमस:**

कैमस ने निरर्थकता (Absurdity) के विचार पर ध्यान केंद्रित किया, जिसमें जीवन की निरर्थकता और मनुष्य के अस्तित्व के बीच संघर्ष को समझाने की कोशिश की।

**अस्तित्ववाद और आधुनिक संस्कृति:**

अस्तित्ववाद ने आधुनिक संस्कृति में गहरा प्रभाव डाला है, विशेषकर कला, साहित्य और फिल्म में। अस्तित्ववादी विचारों पर आधारित फिल्में, जैसे "द सेवनथ सील" और "नो कंट्री फॉर ओल्ड मेन", जीवन की निरर्थकता, मृत्यु का सामना और अर्थ की खोज को दर्शाती हैं।

अस्तित्ववाद ने आधुनिक मनोविज्ञान को भी प्रभावित किया है, विशेषकर रोलो मे और इर्विन ड. यालो के कामों में, जिन्होंने अस्तित्ववादी विचारों को चिकित्सा में लागू किया है ताकि लोग अस्तित्व संबंधी चिंता से निपट सकें और अपने जीवन में अर्थ पा सकें।

**अस्तित्ववाद बनाम निरर्थकता:**

अस्तित्ववाद और निरर्थकता में समानताएँ हैं, खासकर जीवन की निरर्थकता के बारे में, लेकिन उनके दृष्टिकोण में अंतर है। अस्तित्ववाद मानता है कि व्यक्ति अपनी पसंद से अर्थ बना सकते हैं, जबकि निरर्थकता यह मानती है कि जीवन की निरर्थकता को स्वीकार करना और उसका सामना करना आवश्यक है।

## 26. Absurdism

English Explanation: Absurdism is a philosophical concept that deals with the conflict between humans' natural tendency to seek meaning and purpose in life and the universe's inherent lack of meaning or purpose. It was most notably explored by the French-Algerian philosopher Albert Camus. Absurdism is often considered a subset of existentialism, but it emphasizes the irrationality and meaninglessness of life more intensely.

The core of absurdist philosophy is the idea that humans have an innate desire to understand and find meaning in their existence, but the world is indifferent and offers no inherent answers or purpose. This contradiction—between the search for meaning and the meaningless nature of the universe—is referred to as the "absurd."

Rather than succumbing to despair or nihilism (the belief that life is completely meaningless and therefore not worth living), absurdism encourages people to embrace the absurdity of life. The realization of the absurd does not lead to resignation but to a form of rebellion: living in defiance of the absurd by embracing life fully and without hope of ultimate meaning or resolution.

**Key Concepts of Absurdism:**

**1. The Absurd:**

The central idea of absurdism is the confrontation between the human quest for meaning and the universe's indifference. Humans desire purpose and clarity, but the universe does not offer these answers.

**2. Revolt:**

After realizing the absurdity of life, absurdists advocate for a rebellion against the absurd. This means acknowledging the absurdity but continuing to live fully, without resorting to escapism or despair.

**3. Freedom:**

Absurdism provides a certain kind of freedom. Once individuals recognize that life has no inherent meaning, they are free to create their own meaning, values, and purpose.

**4. Sisyphus as the Absurd Hero:**

Camus' famous metaphor for the absurd is the myth of Sisyphus, a figure from Greek mythology condemned to push a boulder up a hill only for it to roll back down each time. In his essay The Myth of Sisyphus, Camus argues that Sisyphus symbolizes the human condition—constantly striving for meaning and purpose, only to encounter futility. However, Camus suggests that Sisyphus' rebellion against this futility is what defines his existential freedom and meaning.

## Prominent Thinkers and Works Related to Absurdism:

### 1. Albert Camus (1913-1960):

Camus is the primary philosopher associated with absurdism. His works, particularly The Myth of Sisyphus and The Stranger, explore the nature of the absurd and how individuals should respond to it. Camus argues that while life may be absurd, we must still find joy and meaning in the struggle itself.

### 2. Jean-Paul Sartre (1905-1980):

While Sartre is more closely associated with existentialism, his works like Being and Nothingness discuss themes of absurdity and the human struggle to find meaning. Sartre's existentialism and Camus' absurdism both emphasize the tension between the desire for meaning and the universe's indifference.

### 3. Franz Kafka (1883-1924):

Kafka's works, such as The Trial and The Metamorphosis, explore themes of alienation, powerlessness, and absurdity, portraying characters who struggle to find meaning in an irrational and indifferent world.

## Absurdism in Literature and Art:

Absurdism has influenced many literary and artistic works. Notable examples include:

### 1. Samuel Beckett's Waiting for Godot (1953):

This play is perhaps the most famous example of absurdist theatre. It depicts two characters, Vladimir and Estragon, waiting for someone named Godot, who never arrives. The play illustrates the human condition as a seemingly pointless search for meaning, encapsulating the absurd.

### 2. Franz Kafka's The Trial (1925):

Kafka's The Trial is a nightmarish exploration of bureaucracy and the absurdity of human existence. The protagonist, Josef K., is caught in an opaque legal system with no clear answers, symbolizing the absurdity of life.

### 3. The Theatre of the Absurd:

This is a post-World War II movement in theatre that highlights the illogical and absurd nature of human existence. Playwrights like Eugène Ionesco and Harold Pinter created works that embraced the absurd, focusing on meaningless dialogue and repetitive actions.

### Absurdism and Nihilism:

Absurdism and nihilism are often confused, but they are distinct:

Nihilism posits that life is completely meaningless and rejects all forms of meaning, truth, and value.

Absurdism, while recognizing that life is devoid of inherent meaning, doesn't advocate for a complete rejection of life. Instead, absurdism suggests that people should rebel against meaninglessness by creating their own meaning and embracing life as it is.

While nihilism can lead to despair, absurdism can lead to a sense of liberation, where individuals embrace the uncertainty and lack of meaning as a starting point for personal freedom.

### Absurdism in Contemporary Culture

Absurdism has deeply influenced modern culture, especially in films, literature, and theatre. Movies like The Big Lebowski, Fight Club, and The Matrix explore themes of existential questioning, absurdity, and the search for meaning in a seemingly indifferent world.

In addition, existential crisis-themed TV shows like The Good Place and BoJack Horseman explore characters' attempts to find meaning and purpose in life, often confronting the absurdity of existence in a darkly comedic manner.

Hindi Explanation:

### निरर्थकता (Absurdism):

निरर्थकता एक दार्शनिक विचार है जो मनुष्यों की जीवन में अर्थ और उद्देश्य की

खोज और ब्रह्मांड की स्वाभाविक निरर्थकता के बीच टकराव को संबोधित करता है। इसे सबसे पहले फ्रांसीसी-अल्जीरियाई दार्शनिक अल्बर्ट कैमस ने प्रमुखता से प्रस्तुत किया। निरर्थकता अस्तित्ववाद का एक उपविभाग माना जाता है, लेकिन यह जीवन की निरर्थकता और तर्कहीनता पर अधिक जोर देता है।

निरर्थकता के दर्शन का मूल यह है कि मनुष्य अपने अस्तित्व के अर्थ और उद्देश्य को जानने की प्राकृतिक प्रवृत्ति रखते हैं, लेकिन ब्रह्मांड स्वाभाविक रूप से इस बात से अप्रभावित होता है। इस विरोधाभास—अर्थ की खोज और ब्रह्मांड की निरर्थकता—को "निरर्थक" कहा जाता है।

निरर्थकता के अनुसार, जीवन की निरर्थकता को स्वीकारने के बाद, लोग निराशा या निरर्थकता की भावना से बचने के बजाय जीवन को पूरी तरह से अपनाएं और उसे जीने का प्रयास करें।

## निरर्थकता के प्रमुख विचार:

### 1. निरर्थकता (The Absurd):

निरर्थकता का केंद्रीय विचार है कि मनुष्य जीवन में उद्देश्य और अर्थ खोजने की कोशिश करते हैं, जबकि ब्रह्मांड स्वाभाविक रूप से इसके प्रति उदासीन है।

### 2. विद्रोह (Revolt):

निरर्थकता को पहचानने के बाद, इसके दर्शन के अनुसार, हमें इसका विरोध करना चाहिए, अर्थात् निरर्थकता के बावजूद जीवन को पूरी तरह से अपनाना चाहिए।

### 3. स्वतंत्रता (Freedom):

निरर्थकता यह समझाती है कि जब हम जीवन की निरर्थकता को स्वीकार करते हैं, तो हम स्वतंत्र हो जाते हैं। इस निरर्थकता के बीच हमें अपने उद्देश्य और अर्थ को स्वयं बनाना होता है।

### 4. सिसिफस और निरर्थक नायक (Sisyphus as the Absurd Hero):

कैमस के अनुसार सिसिफस के मिथक में निरर्थकता को स्वीकारते हुए उसे निरंतर संघर्ष करने का संदेश मिलता है।

**The End**

# Unit-4
# Part-4
# *(Meter in Poetry)*

## 1. Meter

English Explanation: Meter is the rhythmic structure in a line of poetry, determined by the pattern of stressed and unstressed syllables. It helps give a poem its musicality and flow. The most common types of meter are:

Iambic meter: Unstressed syllable followed by a stressed syllable (e.g., da-DUM).

Trochaic meter: Stressed syllable followed by an unstressed syllable (e.g., DA-dum).

Anapestic meter: Two unstressed syllables followed by a stressed syllable (e.g., da-da-DUM).

Dactylic meter: One stressed syllable followed by two unstressed syllables (e.g., DA-da-dum).

Spondaic meter: Two stressed syllables together (e.g., DA-DA).

Each meter gives the poem a specific rhythmic pattern, and variations in meter can change the mood or tone of the poem. Iambic pentameter, for instance, is the most common meter used in English poetry, especially in Shakespearean sonnets, with five iambic feet (10 syllables in total) per line.

Example: Consider this line from Shakespeare's Sonnet 18: "Shall I compare thee to a summer's day?"

Here, the meter is iambic pentameter, where each pair of syllables follows the pattern of an unstressed syllable followed by a stressed one:

Shall I (unstressed-stressed) comPARE (unstressed-stressed) thee TO (unstressed-stressed) a SUM (unstressed-stressed) mer's (unstressed-stressed) DAY (stressed).

Hindi Explanation: मीटर कविता की लयबद्ध संरचना है, जिसमें शब्दों के स्वरों की ज़ोर और हल्की उच्चारण की पहचान की जाती है। यह कविता को संगीत और प्रवाह प्रदान करता है। मीटर के प्रकार होते हैं:

आयामिक मीटर: हल्का-ज़ोर (da-DUM)

ट्रोकैटिक मीटर: ज़ोर-हल्का (DA-dum)

एनेपेस्टिक मीटर: दो हल्के स्वर और एक ज़ोर (da-da-DUM)

डक्टिलिक मीटर: एक ज़ोर और दो हल्के स्वर (DA-da-dum)

स्पॉन्डिक मीटर: दो ज़ोर के स्वर (DA-DA)

उदाहरण: शेक्सपीयर की कविता "Shall I compare thee to a summer's day?" में आयामिक पेंटामीटर है, जिसमें पांच जोड़े हल्के और जोर वाले स्वर होते हैं, जिनमें कुल 10 स्वर होते हैं।

## 2. Prosody

English Explanation: Prosody refers to the patterns of rhythm, stress, and intonation in spoken language and poetry. It includes aspects like pitch (high or low sounds), tempo (speed), loudness, and pauses, all of which add emotional depth and meaning to the words. In poetry, prosody is used to enhance the expressive qualities of the poem and convey emotions, tone, and significance.

Example: In Robert Frost's poem "Stopping by Woods on a Snowy Evening," the rhythm slows down as the speaker describes the scene, reflecting a sense of calm and contemplation. The slight pause in the lines adds to the meditative tone of the poem:

"Whose woods these are I think I know.

His house is in the village, though."

Hindi Explanation: प्रोसोडी बोलचाल या कविता में लय, तनाव और स्वर का अध्ययन है। इसमें पिच (स्वरों की उच्चता या नीचता), गति (तेजी या धीमी), तीव्रता और विराम चिह्नों का

बदलाव शामिल होता है, जो शब्दों को भावनात्मक गहराई और अर्थ प्रदान करते हैं। कविता में, प्रोसोडी भावनाओं, स्वर और महत्ता को व्यक्त करने के लिए प्रयोग की जाती है।

उदाहरण: रॉबर्ट फ्रॉस्ट की कविता "Stopping by Woods on a Snowy Evening" में लय धीमी होती है, जो एक शांति और विचारशीलता का अहसास कराती है। पंक्तियों में थोड़ी देर के लिए रुका हुआ प्रवाह कविता के चिंतनशील स्वर को व्यक्त करता है:

"Whose woods these are I think I know.

His house is in the village, though."

## 3. Rhyme

English Explanation: Rhyme is the repetition of similar sounds, usually at the end of lines in a poem. Rhymes give the poem a musical quality and make it more enjoyable and memorable. Rhymes can be of various types:

Perfect rhyme: Exact match of sounds, such as "cat" and "hat."

Slant rhyme: A near rhyme or approximate match, such as "worm" and "swarm."

Internal rhyme: Rhyming words within the same line of poetry, such as "I went to town to buy a gown."

Example: In Edgar Allan Poe's "The Raven," the rhyming pattern of ABCB is followed in the stanza:

"Once upon a midnight dreary, (A)

While I pondered, weak and weary, (B)

Over many a quaint and curious volume of forgotten lore— (C)

While I nodded, nearly napping, (B)"

Hindi Explanation: राइम वह ध्वनियों की पुनरावृत्ति होती है, जो आमतौर पर कविता की पंक्तियों के अंत में होती है। राइम कविता को संगीतमय और यादगार बनाता है। राइम के प्रकार होते हैं:

सटीक राइम: समान ध्वनियों का मेल, जैसे "cat" और "hat"

आंशिक राइम: नजदीकी ध्वनियाँ, जैसे "worm" और "swarm"

आंतरिक राइम: कविता की एक ही पंक्ति में ध्वनियों का मेल, जैसे "I went to town to buy a gown"

उदाहरण: एडगर एलन पो की कविता "The Raven" में ABCB का राइम पैटर्न है:

## Literary Terms & Movements

"Once upon a midnight dreary, (A)

While I pondered, weak and weary, (B)

Over many a quaint and curious volume of forgotten lore— (C)

While I nodded, nearly napping, (B)"

### 4. Syllable

English Explanation: A syllable is a unit of sound that typically contains a vowel sound. It forms the basic building block of a word's pronunciation. Words are made up of one or more syllables, and each syllable adds to the rhythm of the language. In poetry, the number and arrangement of syllables determine the meter and rhythm.

Example: The word "unbelievable" has 5 syllables: un-be-liev-a-ble.

The word "bottle" has 2 syllables: bot-tle.

The word "cat" has 1 syllable.

Hindi Explanation: स्वरवर्ण वह ध्वनि इकाई है, जिसमें आमतौर पर एक स्वर ध्वनि होती है। यह शब्द के उच्चारण का सबसे छोटा घटक है। शब्द एक या अधिक स्वरवर्णों से बनते हैं, और प्रत्येक स्वरवर्ण भाषा की लय को बढ़ाता है। कविता में, स्वरवर्णों की संख्या और व्यवस्था मीटर और लय को निर्धारित करती है।

उदाहरण: "Unbelievable" शब्द में 5 स्वरवर्ण होते हैं: un-be-liev-a-ble

"Bottle" शब्द में 2 स्वरवर्ण होते हैं: bot-tle

"Cat" शब्द में 1 स्वरवर्ण है।

### 5. Scansion

English Explanation: Scansion refers to the analysis of a poem's meter, where we mark the stressed and unstressed syllables to determine its rhythmic structure. This allows us to identify the pattern of beats or feet (e.g., iambic, trochaic) and helps in understanding the flow of the poem. Scansion is essential for reading poetry with the correct rhythm.

Example: In the line from Shakespeare's Sonnet 18: "Shall I compare thee to a summer's day?"

**Scansion would look like this:**

Shall I (unstressed-stressed) comPARE (unstressed-stressed) thee TO (unstressed-stressed) a SUM (unstressed-stressed) mer's (unstressed-stressed) DAY (stressed).

Hindi Explanation: स्कैनशन वह प्रक्रिया है, जिसमें कविता के मीटर का विश्लेषण किया जाता है, जिससे यह समझने में मदद मिलती है कि कविता में कौन से स्वरवर्ण तनावपूर्ण हैं और कौन से नहीं। इससे कविता के लयबद्ध पैटर्न को समझा जा सकता है। स्कैनशन कविता की सही लय में पढ़ाई के लिए महत्वपूर्ण है।

उदाहरण: शेक्सपीयर की कविता Sonnet 18 की पंक्ति में: "Shall I compare thee to a summer's day?"

स्कैनशन इस प्रकार होगा:

Shall I (हल्का-ज़ोर) comPARE (हल्का-ज़ोर) thee TO (हल्का-ज़ोर) a SUM (हल्का-ज़ोर) mer's (हल्का-ज़ोर) DAY (ज़ोर)

## 6. Stress

English Explanation: Stress is the emphasis placed on a particular syllable within a word. Stressed syllables are pronounced with greater intensity and usually stand out compared to unstressed syllables. Stress can change the meaning of a word depending on its placement. It also plays a crucial role in determining the rhythm of poetry and speech.

Example: The word “record”: As a noun: REcord (stress on the first syllable)

As a verb: reCORD (stress on the second syllable)

Hindi Explanation: तनाव वह जोर होता है, जो किसी शब्द के विशेष स्वरवर्ण पर डाला जाता है। तनावपूर्ण स्वरवर्ण अधिक तीव्रता से उच्चारित होते हैं और हल्के स्वरवर्णों से अधिक उभरते हैं। तनाव शब्द के अर्थ को प्रभावित कर सकता है, जैसे-

"Record" शब्द में: संज्ञा के रूप में: REcord (पहले स्वरवर्ण पर तनाव) क्रिया के रूप में: reCORD (दूसरे स्वरवर्ण पर तनाव)

## 7. Foot (1- Iambic, 2- Trochaic, 3- Spondaic, 4- Pyrrhic, 5- Anapestic, 6- Dactylic, 7- Amphibrachic)

English Explanation: A foot is a unit of meter in poetry, consisting of a combination of stressed and unstressed syllables. The arrangement of syllables within each foot forms the rhythm or meter of a poem. These units of measurement help define the poem's flow, whether it's slow, fast, or rhythmic. The different types of feet create unique patterns that can make the poem feel different based on its meter.

Let's explore each type of foot in detail:

### Iambic (da-DUM):

The Iambic foot consists of an unstressed syllable followed by a stressed syllable. This is one of the most commonly used metrical feet in English poetry, especially in iambic pentameter. It creates a natural, flowing rhythm.

Example: reLAX, aBOVE

Usage: In Shakespeare's works, iambic pentameter (five iambic feet per line) is often used.

### Trochaic (DA-dum):

The Trochaic foot consists of a stressed syllable followed by an unstressed syllable. This foot has a strong start and is often found in nursery rhymes and songs. It creates a more forceful rhythm compared to iambic.

Example: TAble, POtaTO

Usage: "Tyger Tyger, burning bright" (William Blake).

### Spondaic (DA-DA):

The Spondaic foot consists of two stressed syllables. This foot is rare in isolation but is used to emphasize specific words in a poem. It can slow down the rhythm, creating weight or emphasis on certain parts of a line.

Example: DEEP SPACE, BLACK NIGHT

Usage: It often occurs in combination with other feet in a line for effect.

### Pyrrhic (da-da):

The Pyrrhic foot consists of two unstressed syllables. This foot is not often used in isolation but can be found in longer lines of poetry to soften the rhythm. It generally blends with other types of feet.

Example: in the (as in "in the garden")

Usage: Rarely appears by itself, but might be used for subtle emphasis in longer poems.

**Anapestic (da-da-DUM):**

The Anapestic foot consists of two unstressed syllables followed by a stressed syllable. This foot creates a feeling of urgency or forward momentum, often used in fast-paced, energetic poetry.

Example: in-ter-VENE, under-STAND

Usage: Common in limericks and light-hearted poetry.

**Dactylic (DA-da-dum):**

The Dactylic foot consists of a stressed syllable followed by two unstressed syllables. This foot creates a galloping rhythm, often used to convey grandeur or excitement.

Example: EL-e-phant, POS-ter-ity

Usage: "This is the forest primeval" (Henry Wadsworth Longfellow).

**Amphibrachic (da-DUM-da):**

The Amphibrachic foot consists of an unstressed syllable, followed by a stressed syllable, and then another unstressed syllable. It provides a rhythmic balance and is often used to create a smooth, flowing rhythm in poetry.

Example: aMONG them, to-GET-her

Usage: Less common in classical English poetry, but it offers a gentle, flowing rhythm.

Hindi Explanation: फुट कविता के मीटर में एक माप है जो तनावपूर्ण और हल्के स्वरवर्णों के संयोजन से बनता है। इन संयोजनों से कविता की लय या मीटर बनती है, जो कविता के प्रवाह को निर्धारित करती है। यह कविता के रिदम को नियंत्रित करता है और यह दर्शाता है कि कविता में किस तरह की धारा या गति है।

अब हर प्रकार के फुट को विस्तार से समझते हैं:

**आयामिक (Iambic) (da-DUM):**

इस फुट में पहले हल्का स्वरवर्ण और फिर ज़ोर वाला स्वरवर्ण होता है। यह इंग्लिश कविता में सबसे सामान्य होता है और इसकी लय बहुत प्राकृतिक होती है।

उदाहरण: reLAX, aBOVE

उपयोग: शेक्सपियर की कविताओं में यह आमतौर पर पाया जाता है, जैसे iambic pentameter (एक पंक्ति में पांच आयामिक फुट)।

**ट्रोकैटिक (Trochaic) (DA-dum):**

इस फुट में पहले ज़ोर वाला स्वरवर्ण और फिर हल्का स्वरवर्ण होता है। यह लय अधिक जोरदार होती है।

उदाहरण: TAble, POtaTO

उपयोग: "Tyger Tyger, burning bright" (विलियम ब्लेक) में इसका उपयोग किया गया है।

**स्पॉन्डिक (Spondaic) (DA-DA):**

इसमें दो ज़ोर वाले स्वरवर्ण होते हैं। यह फुट आमतौर पर अकेले नहीं आता, लेकिन कविता में किसी विशेष शब्द या ध्वनि पर जोर डालने के लिए इसका उपयोग किया जाता है।

उदाहरण: DEEP SPACE, BLACK NIGHT

उपयोग: यह अन्य प्रकार के फुट के साथ संयोजन में उपयोग होता है।

**पार्यरिक (Pyrrhic) (da-da):**

इसमें दो हल्के स्वरवर्ण होते हैं। यह बहुत कम उपयोग होता है और सामान्यतः अन्य प्रकार के फुट के साथ मिलकर आता है।

उदाहरण: in the (जैसे "in the garden")

उपयोग: यह कम उपयोग होता है, लेकिन लंबे कविता के हिस्सों में नरम लय बनाने के लिए काम आता है।

**एनेपेस्टिक (Anapestic) (da-da-DUM):**

इसमें दो हल्के स्वरवर्ण और फिर एक ज़ोर वाला स्वरवर्ण होता है। यह तेजी और उत्तेजना का अहसास पैदा करता है, और आमतौर पर हल्के और तेज़ गति वाली कविता में इसका इस्तेमाल होता है।

उदाहरण: in-ter-VENE, under-STAND

उपयोग: यह लिमरिक्स और हल्के हास्यपूर्ण कविता में उपयोग होता है।

**डक्टिलिक (Dactylic) (DA-da-dum):**

इसमें एक ज़ोर वाला स्वरवर्ण और फिर दो हल्के स्वरवर्ण होते हैं। यह लय एक गतिशील और उत्तेजक प्रभाव पैदा करती है।

उदाहरण: EL-e-phant, POS-ter-ity

उपयोग: "This is the forest primeval" (हेनरी वाडस्वर्थ लॉन्गफेलो) में इसका उपयोग किया गया है।

**ऐंफिब्रैचिक (Amphibrachic) (da-DUM-da):**

इसमें हल्का स्वरवर्ण, फिर ज़ोर वाला स्वरवर्ण और फिर हल्का स्वरवर्ण होता है। यह लय संतुलित होती है और कविता में एक स्मूथ प्रवाह उत्पन्न करती है।

उदाहरण: aMONG them, to-GET-her

उपयोग: यह कम प्रयोग में आता है, लेकिन इसे कविता में एक मधुर प्रवाह के लिए इस्तेमाल किया जा सकता है।

## 8. Disyllables

English Explanation: Disyllables are words that consist of exactly two syllables. The syllables may follow different stress patterns, but they are always made up of two parts. Disyllabic words are common in both prose and poetry, often forming a rhythmic pattern in the verse.

The structure of disyllables often creates a natural rhythm in poetry, especially when combined with other syllabic structures like monosyllabic or trisyllabic words.

Example: "Button" – but-ton (first syllable unstressed, second syllable stressed)

"Happy" – hap-py (first syllable stressed, second syllable unstressed)

"Mother" – moth-er (first syllable stressed, second syllable unstressed)

"Pencil" – pen-cil (first syllable stressed, second syllable unstressed)

Hindi Explanation: डिसायलबल्स वे शब्द होते हैं जिनमें दो स्वरवर्ण होते हैं। इन दो स्वरवर्णों में से एक तनावपूर्ण और दूसरा हल्का हो सकता है। इन शब्दों का सामान्यतः कविता में लय बनाने के लिए उपयोग किया जाता है। इन शब्दों का उपयोग कविता के प्रवाह को संरचित करता है।

उदाहरण:

"Button" – but-ton

"Happy" – hap-py

"Mother" – moth-er

"Pencil" – pen-cil

## 9. Trisyllable

English Explanation: Trisyllables are words that consist of three syllables. These syllables may follow a variety of stress patterns. Trisyllabic words add complexity and flow to poetry, often increasing the musical quality of the verse.

Example:

"Happiness" – hap-pi-ness (first syllable unstressed, second stressed, third unstressed)

282

"Beautiful" – beau-ti-ful (first syllable stressed, second unstressed, third unstressed)

"Important" – im-por-tant (first syllable unstressed, second stressed, third unstressed)

"Adorable" – a-dor-a-ble (first syllable unstressed, second stressed, third unstressed)

Hindi Explanation: ट्रिसायलबल्स वे शब्द होते हैं जिनमें तीन स्वरवर्ण होते हैं। इन तीन स्वरवर्णों के विभिन्न तनाव पैटर्न हो सकते हैं, और ये कविता में एक गतिशील लय जोड़ते हैं। ट्रिसायलबल शब्द कविता की ध्वनि और संगीतात्मकता को बढ़ाते हैं।

उदाहरण: "Happiness" – hap-pi-ness

"Beautiful" – beau-ti-ful

"Important" – im-por-tant

"Adorable" – a-dor-a-ble

## 10. How Meter is Decided (1- Sprung Rhythm, 2- Blank Verse, 3- Free Verse, 4- Iambic Pentameter, 5- Alexandrine)

English Explanation: The meter of a poem is determined by the rhythmic structure of its lines. This involves analyzing the type and arrangement of feet (units of stressed and unstressed syllables) and the total number of feet per line. Poets use specific meters to evoke particular emotions, create musicality, or highlight the subject matter. Below is a detailed explanation of how meter is decided through various forms:

### 1. Sprung Rhythm

Explanation: Sprung rhythm is an unconventional meter introduced by Gerard Manley Hopkins, where the rhythm is dictated by stressed syllables with variable numbers of unstressed syllables between them. It allows for natural speech patterns while retaining a sense of rhythm. This form breaks away from the rigidity of traditional meter, offering a more organic flow.

**Key Features:**

Focuses on stressed syllables.

Number of unstressed syllables varies, creating a "sprung" effect.

Imitates natural spoken rhythms.

Example: "Glory be to God for dappled things" (from Pied Beauty by Gerard Manley Hopkins)

**Analysis:**

Here, the stress falls on "Glóry," "Gód," and "dápplеd," while the unstressed syllables in between vary.

Hindi Explanation: स्प्रंग रिदम पारंपरिक मीटर से अलग एक अनियमित लय है, जिसे जेरार्ड मैनली हॉपकिंस ने विकसित किया। इसमें मुख्य रूप से ज़ोर वाले स्वरवर्ण (stressed syllables) पर ध्यान दिया जाता है, और हल्के स्वरवर्णों की संख्या अलग-अलग हो सकती है। यह कविता को अधिक स्वाभाविक और वार्तालाप जैसा बनाता है।

**मुख्य विशेषताएँ:**

ज़ोर वाले स्वरवर्णों पर केंद्रित।

हल्के स्वरवर्णों की संख्या में लचीलापन।

बोलचाल की स्वाभाविक लय को अपनाता है।

उदाहरण: "Glory be to God for dappled things"

(जेरार्ड मैनली हॉपकिंस की कविता Pied Beauty से)

## 2. Blank Verse

Explanation: Blank verse is unrhymed poetry written in iambic pentameter (five iambic feet per line). Despite the lack of rhyme, it maintains a rhythmic flow through the regular alternation of unstressed and stressed syllables. Widely used in English drama and narrative poetry, blank verse combines structure and flexibility, making it ideal for conveying profound themes or natural speech.

**Key Features:**

Unrhymed.Written in iambic pentameter (10 syllables per line). Often used in dramatic works.

Example: "The quality of mercy is not strained, / It droppeth as the gentle rain from heaven." (from The Merchant of Venice by William Shakespeare.)

Hindi Explanation: ब्लैंक वर्स वह शैली है जिसमें कविता आयामिक पेंटामीटर (iambic pentameter) में लिखी जाती है, लेकिन इसमें तुकबंदी नहीं होती। यह लयबद्धता और स्वाभाविकता का संयोजन है, जो इसे

# Literary Terms & Movements

गहरे विषयों और नाटकीय संवादों के लिए आदर्श बनाता है।

## मुख्य विशेषताएँ:
तुकबंदी नहीं होती।
आयामिक पेंटामीटर में लिखी जाती है।
नाटकीय कृतियों में सामान्य रूप से उपयोग की जाती है।

उदाहरण: "The quality of mercy is not strained, / It droppeth as the gentle rain from heaven."

(शेक्सपियर की The Merchant of Venice से)

### 3. Free Verse

Explanation: Free verse is poetry without a specific meter or rhyme scheme. It relies on the natural flow of language, rhythm, and word choice to create its effect. This form gives poets complete freedom to express their ideas without being constrained by traditional metrical patterns.

**Key Features:**
No fixed meter or rhyme scheme. Relies on natural language rhythms. Often used in modern poetry.

Example: "The fog comes / on little cat feet. / It sits looking / over harbor and city / on silent haunches / and then moves on."
(from Fog by Carl Sandburg)

Hindi Explanation: फ्री वर्स एक ऐसा काव्य रूप है जिसमें कोई विशेष मीटर या तुकबंदी नहीं होती। इसमें भाषा की स्वाभाविक लय और शब्द चयन से प्रभाव उत्पन्न किया जाता है। यह कवियों को पारंपरिक पैटर्न से स्वतंत्र होकर अपने विचार व्यक्त करने की अनुमति देता है।

## मुख्य विशेषताएँ:
कोई निश्चित मीटर या तुकबंदी नहीं।
भाषा की स्वाभाविक लय पर निर्भर।
आधुनिक कविताओं में प्रचलित।

उदाहरण: "The fog comes / on little cat feet. / It sits looking / over harbor and city / on silent haunches / and then moves on."

(कार्ल सैंडबर्ग की कविता Fog से)

### 4. Iambic Pentameter

Explanation: Iambic pentameter consists of five iambic feet per line, where each foot contains an unstressed syllable followed by a stressed syllable. It is the most common meter in English poetry due to its resemblance to natural speech rhythms. It creates a balanced, harmonious flow and is often used in sonnets, plays, and epic poetry.

**Key Features:**

Each line has five iambic feet (10 syllables).

Unstressed syllable followed by stressed syllable.

Common in Shakespearean works.

Example: "Shall I compare thee to a summer's day?"

(from Sonnet 18 by William Shakespeare)

Hindi Explanation: आयामिक पेंटामीटर में प्रत्येक पंक्ति में पाँच आयामिक फुट (unstressed + stressed syllables) होते हैं। यह दैनिक वार्तालाप की लय से मेल खाता है और इसे गेयता और संतुलन के लिए कविताओं में व्यापक रूप से उपयोग किया जाता है।

**मुख्य विशेषताएँ:**

प्रत्येक पंक्ति में पाँच आयामिक फुट।

हल्का स्वरवर्ण, फिर ज़ोर वाला स्वरवर्ण।

शेक्सपियर के कृतियों में आम।

उदाहरण: "Shall I compare thee to a summer's day?" (शेक्सपियर की Sonnet 18 से)।

## 5. Alexandrine

Explanation: An Alexandrine is a poetic line with twelve syllables, typically divided into two equal halves by a caesura (a pause). Each half-line (or hemistich) contains six syllables. Originating in French poetry, Alexandrines add a formal, grand quality to the poem, often used in epic or reflective works.

**Key Features:**

Twelve syllables per line.

Divided into two halves (6+6 syllables).

Grand, formal tone.

Example: "A needless Alexandrine ends the song, / That like a wounded snake, drags its slow length along." (from Essay on Criticism by Alexander Pope.)

Hindi Explanation: अलेक्जेंड्रीन एक ऐसा मीटर है जिसमें प्रत्येक पंक्ति में बारह स्वरवर्ण होते हैं, जो आमतौर पर एक मध्यविराम द्वारा दो बराबर हिस्सों (6+6 स्वरवर्ण) में बाँटे जाते हैं। यह शास्त्रीय और गंभीर विषयों के लिए आदर्श है।

**मुख्य विशेषताएँ:**

बारह स्वरवर्ण।

दो हिस्सों में विभाजित।

गंभीर और औपचारिक लहजा।

उदाहरण: "A needless Alexandrine ends the song, / That like a wounded snake, drags its slow length along."(अलेक्जेंडर पोप की Essay on Criticism से।)

**The End**

# Unit-5

# Part-5

## *(Stanza forms in Poetry)*

### 1. Couplet

English Explanation: A couplet is a literary term that refers to two consecutive lines of poetry that rhyme and typically have the same meter. It is often used to express a complete thought or idea in a concise manner. Couplets can stand alone as an independent poem or be part of a larger work. They are commonly found in classical poetry, including Shakespearean sonnets, epics, and heroic couplets.

Couplets can serve various purposes in poetry, such as providing a summary, emphasizing a key idea, or delivering a punchline. They are versatile and can convey both humor and deep philosophical thoughts.

Examples of Couplets:

**1. William Shakespeare's Sonnet 18:**

"So long as men can breathe or eyes can see,

So long lives this, and this gives life to thee."

**2. Alexander Pope (Heroic Couplet):**

"To err is human, to forgive divine,

All nature is but art unknown to thee."

**3. Robert Frost (Reflective):**

"The woods are lovely, dark and deep,

But I have promises to keep."

Hindi Explanation: दोहा (Couplet): काव्यशास्त्र में दो पंक्तियों का एक समूह जो तुकबंदी करता है और समान छंद में होता है, उसे दोहा कहते हैं।

यह आमतौर पर एक पूर्ण विचार या भावना को संक्षेप में व्यक्त करता है। दोहे स्वतंत्र कविता के रूप में या किसी बड़ी रचना का हिस्सा हो सकते हैं। दोहे भारतीय काव्य परंपरा में भी अत्यंत महत्वपूर्ण हैं और समाज में नैतिकता, जीवन दर्शन तथा प्रेरणा प्रदान करने के लिए उपयोग किए जाते रहे हैं।

### दोहों के उदाहरण:

### 1. कबीर दास:

"चलती चाकी देख के, दिया कबीरा रोय।

दो पाटन के बीच में, साबुत बचा न कोय।"

अर्थ: संसार की कठिन परिस्थितियों को देखकर कबीर दास कहते हैं कि जैसे चक्की में कोई भी साबुत नहीं बचता, वैसे ही जीवन की कठिनाइयों में हर कोई पीस जाता है।

### 2. रहीम दास:

"रहिमन धागा प्रेम का, मत तोड़ो चटकाय।

टूटे से फिर ना जुड़े, जुड़े गांठ पड़ जाय।"

अर्थ: प्रेम का धागा इतना नाजुक होता है कि उसे झटके से तोड़ना नहीं चाहिए, क्योंकि टूटने के बाद वह जुड़ तो सकता है, लेकिन गांठ पड़ जाती है।

### 3. तुलसीदास:

"राम नाम मन देत सुख, जल बिन मीन ज्यों होय।

हरि नाम बिना नर व्यर्थ है, जग ज्यों सूखा मोय।"

अर्थ: राम का नाम लेने से मन को शांति मिलती है, जैसे जल के बिना मछली तड़पती है, वैसे ही ईश्वर के नाम के बिना मनुष्य का जीवन व्यर्थ हो जाता है।

## 2. Heroic Couplet

English Explanation: A heroic couplet consists of two rhyming lines written in iambic pentameter, meaning each line has ten syllables with an unstressed-stressed syllabic pattern. Heroic couplets were widely used in English narrative and epic poetry, especially during the Neoclassical period, to convey grandeur, order, and balance. They are often closed couplets, meaning they express a complete thought or idea.

Examples:

1. **Alexander Pope (Essay on Criticism):**

"True wit is nature to advantage dressed,

What oft was thought, but ne'er so well expressed."

2. **Geoffrey Chaucer (Canterbury Tales):**

"Whan that Aprille with his shoures soote,

The droghte of March hath perced to the roote."

Hindi Explanation: वीर दोहा (Heroic Couplet):

वीर दोहा दो पंक्तियों का समूह होता है, जो समान तुकांत में और प्रायः आयंबिक पेंटामीटर (दस मात्राओं का छंद) में लिखे जाते हैं। इसे वीर रस की कविताओं में विशेष रूप से उपयोग किया जाता है, जो भव्यता और शक्ति को व्यक्त करता है। यह बंद दोहा (closed couplet) होता है, अर्थात विचार या अर्थ केवल दो पंक्तियों में पूर्ण हो जाता है।

उदाहरण: पोप का वीर दोहा: "True wit is nature to advantage dressed, What oft was thought, but ne'er so well expressed."

**चौसर का वीर दोहा:**

"Whan that Aprille with his shoures soote,

The droghte of March hath perced to the roote."

3. **Octosyllabic Couplet**

English Explanation: An octosyllabic couplet consists of two rhyming lines, each with eight syllables. This form is often used in lyrical and narrative poetry to create a rhythmic and musical effect. It is simpler and lighter compared to the heroic couplet and is commonly found in medieval and romantic poetry.

Example: "By shallow rivers, to whose falls, Melodious birds sing madrigals." (Christopher Marlowe)

Hindi Explanation: अष्टाक्षरी दोहा (Octosyllabic Couplet): अष्टाक्षरी दोहा वह काव्य रूप है जिसमें दो पंक्तियां होती हैं, और प्रत्येक पंक्ति में आठ मात्राएं होती हैं। यह छंद सरल और संगीतात्मक होता है और प्रायः गीतात्मक या वर्णनात्मक कविताओं में प्रयुक्त होता है।

उदाहरण: "सरिता की धारा मधुर बहे, जहाँ खग-मधु राग गहे।"

4. **Tercet/Triplet**

English Explanation: A tercet or triplet is a stanza consisting of three lines. If all three lines rhyme, it is called a triplet. Tercets are versatile and are used in various poetic forms like terza rima, haikus, or as standalone stanzas. They often convey a single thought or emotion concisely.

Example (Triplet): "When you are old and grey and full of sleep, And nodding by the fire, take down this book, And slowly read, and dream of the soft look." (W.B. Yeats)

Hindi Explanation: त्रिपदा (Tercet/Triplet): त्रिपदा तीन पंक्तियों का एक समूह होता है। यदि तीनों पंक्तियां एक ही तुक में होती हैं, तो इसे "त्रिपलेट" कहते हैं। इसका उपयोग भावनाओं को संक्षेप में व्यक्त करने के लिए किया जाता है। इसे प्रायः हाइकु या अन्य विशेष छंदों में देखा जाता है।

उदाहरण (त्रिपलेट): "जब बुढ़ापा आएगा पास,

धीमी होगी जीवन की सांस,

जाग उठेगी यादों की प्यास।"

## 5. Terza Rima

English Explanation: Terza Rima is a poetic form consisting of tercets (three-line stanzas) with an interlocking rhyme scheme: ABA, BCB, CDC, and so on. It was famously used by Dante Alighieri in The Divine Comedy. This structure creates a flowing and continuous rhythm, often suited for narrative or epic poetry.

Example: "O wild West Wind, thou breath of Autumn's being, (A)

Thou, from whose unseen presence the leaves dead (B)

Are driven, like ghosts from an enchanter fleeing, (A)" (Shelley)

Hindi Explanation: तेर्जा रिमा (Terza Rima): तेर्जा रिमा एक छंद रूप है जिसमें तीन पंक्तियों का समूह होता है, और तुकबंदी का क्रम ABABCBCDC होता है। इसका उपयोग विशेष रूप से महाकाव्यों और वर्णनात्मक कविताओं में होता है। इसे दांते की डिवाइन कॉमेडी में प्रसिद्धि मिली।

उदाहरण:

"हे बसंत, तू नवजीवन लाता, (A)

हर कोना खिले रंगों का फुहारा, (B)

तेरी आहट में हर दुःख जाता। (A)"

## 6. Quatrain

English Explanation: A quatrain is a stanza of four lines, often with a specific rhyme scheme like ABAB, AABB, or ABCB. It is one of the most common and versatile stanza forms in poetry, used for its simplicity and ability to convey complex ideas in a structured way. It is found in ballads, hymns, and sonnets.

Example (ABAB): "The curfew tolls the knell of parting day,

The lowing herd wind slowly o'er the lea,

The ploughman homeward plods his weary way,

And leaves the world to darkness and to me."

(Thomas Gray)

Hindi Explanation: चौपाई (Quatrain): चौपाई चार पंक्तियों का एक छंद होता है। इसमें प्रायः तुकबंदी का क्रम ABAB, AABB, या ABCB होता है। यह काव्य का एक सामान्य और लोकप्रिय रूप है, जो जटिल विचारों को सरल और प्रभावी तरीके से व्यक्त करता है। इसका उपयोग हिंदी भक्ति काव्य और लोकगीतों में भी होता है।

उदाहरण (ABAB):

"संध्या बेला का है दृश्य मनोहर, (A)

खग विहग सब गाते हैं राग, (B)

तारों का होता है खेल मनोहर, (A)

प्रकृति की छवि लगती है सुहाग। (B)"

## 7. Heroic Quatrain

English Explanation: A heroic quatrain consists of four lines with an ABAB rhyme scheme. Each line is written in iambic pentameter, making it a very structured form. Heroic quatrains are often used in epic and dramatic poetry to create a formal tone and rhythmic flow. This form is common in English literature and was frequently employed in narrative poetry, including works by Alexander Pope and John Dryden.

Example: "Of man's first disobedience, and the fruit

Of that forbidden tree, whose mortal taste

Brought death into the World, and all our woe,

With loss of Eden, till one greater Man restore."

Paradise Lost by John Milton

Hindi Explanation: वीर काव्य चौपाई (Heroic Quatrain): वीर काव्य चौपाई चार पंक्तियों का एक छंद होता है, जिसमें तुकबंदी ABAB होती है। प्रत्येक पंक्ति आयंबिक पेंटामीटर में होती है, जिससे यह छंद बहुत संरचित होता है। यह छंद मुख्यतः महाकाव्य और नाट्य काव्य में औपचारिकता और लयबद्धता पैदा करने के लिए प्रयोग किया जाता है। अंग्रेजी साहित्य में यह छंद लोकप्रिय है और इसे नरेश काव्य और कथा काव्य में अक्सर इस्तेमाल किया गया है।

उदाहरण:

"प्रथम असंगति मनुष्य की, और वह फल

जो उस वर्जित वृक्ष का था, जिसका मर्त्य स्वाद

मृत्यु लेकर आया पृथ्वी पर, और हमारे दुख

एडन को खो दिया, तब तक एक महान पुरुष ने पुनः उसे लौटाया।"

Paradise Lost by John Milton

## 8. Hymnal Stanza

English Explanation: A hymnal stanza is a stanza used in hymns and religious poetry, typically consisting of four lines with a regular rhyme scheme, often ABAB or AABB. The meter is usually regular, often iambic, to maintain a sing-song quality that is suitable for chanting or singing in religious ceremonies. These stanzas are designed to inspire reverence and are often used to convey spiritual or moral messages.

Example:

"Praise God, from whom all blessings flow,

Praise Him, all creatures here below,

Praise Him above, ye heavenly host,

Praise Father, Son, and Holy Ghost."

Doxology by Thomas Ken

Hindi Explanation: भजन छंद (Hymnal Stanza): भजन छंद एक प्रकार का छंद होता है, जो भजनों और धार्मिक कविताओं में प्रयोग किया जाता है। इसमें सामान्यतः चार पंक्तियाँ होती हैं और तुकबंदी ABAB या AABB होती है। इसका मीटर नियमित होता है, अक्सर आयंबिक मीटर, ताकि इसमें गाने या धार्मिक अनुष्ठानों में गाने के लिए एक लय बनी रहे। यह छंद आध्यात्मिक या नैतिक संदेश देने के लिए प्रयोग किया जाता है।

उदाहरण: "ईश्वर की महिमा हो, जिनसे सभी आशीर्वाद बहते हैं,

उन्हें श्रद्धा से प्रणाम हो, जो सभी प्राणियों में हैं,

उनकी पूजा हो, जो आकाश में हैं,

पिता, पुत्र, और पवित्र आत्मा की महिमा हो।"

Doxology by Thomas Ken

## 9. In Memoriam Stanza

English Explanation: The In Memoriam stanza is a specific type of stanza used in the poem In Memoriam by Alfred Lord Tennyson. It consists of four lines with a regular ABBA rhyme scheme and is written in iambic tetrameter. This form is often used for elegiac poetry or poetry of remembrance, where the poet reflects on loss and memorializes someone or something.

Example:

"Be near me when my light is low,

When the blood creeps, and the nerves prick

And tingle; and the heart is sick,

And all the wheels of Being slow."

In Memoriam by Alfred Lord Tennyson

Hindi Explanation: स्मरण छंद (In Memoriam Stanza): यह छंद एल्फ्रेड लॉर्ड टेनीसन की कविता In Memoriam में प्रयोग हुआ था। इसमें चार पंक्तियाँ होती हैं और तुकबंदी ABBA होती है। इस छंद का मीटर आयंबिक टेट्रामिटर होता है, जिसमें प्रत्येक पंक्ति में चार मीटर होते हैं। यह छंद आमतौर पर शोक और स्मृति के लिए प्रयोग किया जाता है, जहां कवि किसी व्यक्ति या वस्तु के खोने पर विचार करता है।

उदाहरण:

"मेरे पास जब रोशनी कम हो,

जब रक्त धड़कने लगे, और नसें कांपें,

और दिल परेशान हो,

और जीवन की सभी धारा धीमी हो जाए।"

In Memoriam by Alfred Lord Tennyson

## 10. Envelope Stanza

English Explanation: An envelope stanza is a type of stanza where the first and last lines rhyme, and the second and third lines rhyme with each other, creating an enclosed or "envelope" structure. The rhyme scheme is ABBA. This form is often used to create a sense of closure or emphasis by "enclosing" the central ideas between the opening and closing lines.

Example:

"The moon is full, the night is clear, (A)

A silver light shines in the sky. (B)

The stars are bright, they seem to sigh, (B)

As dreams of wonder disappear. (A)"

Hindi Explanation: एंवेलोप छंद (Envelope Stanza): एंवेलोप छंद वह छंद होता है जिसमें पहले और आखिरी पंक्तियों की तुकबंदी समान होती है, और दूसरी और तीसरी पंक्तियाँ एक-दूसरे से तुकबंद होती हैं, जिससे एक बंद या 'एंवेलोप' संरचना बनती है। इसका तुकबंदी पैटर्न ABBA होता है। इस छंद का उपयोग अक्सर किसी विचार को समापन देने के लिए या ध्यान केंद्रित करने के लिए किया जाता है।

उदाहरण:

"चाँद पूरा है, रात साफ़ है, (A)
चाँदी की रोशनी आकाश में चमकती है, (B)
तारे चमकते हैं, वे आह भरते हैं, (B)
जैसे अजनबी स्वप्न गायब हो जाते हैं। (A)"

## 11. Ballad Stanza

English Explanation: A ballad stanza consists of four lines with a regular rhyme scheme, usually ABCB, and often uses alternating tetrameter and trimeter. Ballads are narrative poems that tell a story, and this stanza form is commonly used in folk ballads and narrative poetry. The regular rhythm and simple rhyme scheme help make ballads easy to recite and remember.

Example:

"There was a knight, a gallant knight, (A)
Who rode across the land, (B)
He saw a maiden fair and bright, (C)
She took him by the hand." (B)

Hindi Explanation: बैलेड छंद (Ballad Stanza): बैलेड छंद चार पंक्तियों का होता है, जिसमें तुकबंदी आमतौर पर ABCB होती है, और इसमें टेट्रामिटर और ट्राइमेटर की बारी-बारी से लय होती है। बैलेड कविता में कहानी सुनाई जाती है, और यह छंद प्रायः लोक बैलेड्स और कथा कविताओं में उपयोग होता है। इसका नियमित लय और सरल तुकबंदी इसे याद करने और सुनाने में आसान बनाती है।

उदाहरण:

"एक वीर था, एक बहादुर वीर, (A)
जो भूमि को पार करता था, (B)
उसने एक सुंदर कन्या को देखा, (C)
और उसे हाथ से पकड़ लिया। (B)"

## 12. Cinquain

English Explanation: A cinquain is a five-line stanza that follows a specific syllable pattern. There are various forms of cinquains, such as American and didactic cinquains, but they typically follow a pattern of 2, 4, 6, 8, and 2 syllables in each line. Cinquains are concise and used to convey a single idea or emotion in a short, impactful form.

Example:

"Sky, (2)

So vast and blue, (4)

A canvas stretched so far, (6)

With clouds that drift in endless hue, (8)

True. (2)"

Hindi Explanation: सिंक्वेन (Cinquain): सिंक्वेन पांच पंक्तियों वाला छंद होता है, जो एक विशिष्ट मात्रिक पैटर्न का पालन करता है। इसके विभिन्न रूप होते हैं, जैसे अमेरिकी और शैक्षिक सिंक्वेन, लेकिन सामान्यतः इसमें 2, 4, 6, 8 और 2 मात्राएं होती हैं। सिंक्वेन संक्षिप्त होता है और एक विचार या भावना को संक्षेप और प्रभावशाली तरीके से व्यक्त करता है।

उदाहरण:

"आसमान, (2)

इतना विशाल और नीला, (4)

एक कैनवास फैला हुआ, (6)

जिसमें बादल अनंत रंगों में तैरते हैं, (8)

सत्य। (2)"

## 13. Chaucerian Stanza / Rime Royal

English Explanation: The Chaucerian Stanza, also known as Rime Royal, is a seven-line stanza written in iambic pentameter (10 syllables per line). Its rhyme scheme is ABABBCC. It was introduced by Geoffrey Chaucer and is primarily used for narrative and reflective poetry due to its smooth flow.

Example:

The sun set low behind the golden hill, (A)

Its rays did kiss the earth in soft embrace, (B)

The sky grew quiet, calm and sweetly still, (A)

As darkness wrapped the world in shadowed grace. (B)

The stars appeared to take the sunlight's place, (B)

And night began to weave its magic spell, (C)

A time when dreams and fantasies do dwell. (C)

Hindi Explanation: चॉसरियन स्टैंजा, जिसे राइम रॉयल भी कहते हैं,

सात पंक्तियों का छंद है। इसे आईएंबिक पेंटामीटर (प्रत्येक पंक्ति में 10 अक्षरों की लय) में लिखा जाता है। इसका तुकांत क्रम ABABBCC है। इसे जियोफ्री चॉसर ने प्रस्तुत किया और यह कथा व चिंतनपरक कविताओं के लिए उपयुक्त है।

Example:

सूरज ने सोने की पहाड़ी के पीछे डेरा डाला, (A)

उसकी किरणें धरती को स्नेह से छू गईं। (B)

आकाश शांत हुआ, मधुरता से भर गया, (A)

अंधेरा छाया, छाया में दुनिया छुप गई। (B)

तारों ने सूर्य के स्थान को ग्रहण किया, (B)

रात्रि ने अपना जादू बुनना शुरू किया, (C)

सपनों और कल्पनाओं का समय बन गया। (C)

## 14. Ottava Rima

English Explanation: Ottava Rima is an eight-line stanza written in iambic pentameter. Its rhyme scheme is ABABABCC. It originated in Italy and became popular in English through Lord Byron's Don Juan. It is used for lyrical and narrative poetry and often contains a mix of grandeur and humor.

Example:

The waves did crash upon the rugged shore, (A)

Their voices sang a song of ancient woe, (B)

The skies above were gray, the tempests tore, (A)

The ships did sway where mighty winds did blow. (B)

A sailor's heart, though brave, could fight no more, (A)

As death did call and fate would overthrow. (B)

The sea consumed the ship with final might, (C)

And all was lost beneath the moonlit night. (C)

Hindi Explanation: ऑटावा रीमा आठ पंक्तियों का छंद है जो आईएंबिक पेंटामीटर में लिखा जाता है। इसका तुकांत क्रम ABABABCC है। इसकी उत्पत्ति इटली में हुई और इसे लॉर्ड बायरन ने Don Juan के माध्यम से अंग्रेज़ी में लोकप्रिय बनाया। यह लिरिकल और कथा कविता के लिए उपयुक्त है।

Example:

**लहरें टकराईं कठोर किनारे से, (A)**

उनकी आवाज़ों में प्राचीन दुःख की गूंज थी। (B)

आकाश धूसर था, तूफानों ने क्रोध किया, (A)

जहाज झूल रहे थे जहां प्रचंड वायु चली। (B)

एक नाविक का हृदय, यद्यपि वीर, हार गया, (A)

मृत्यु ने बुलाया और नियति ने हराया। (B)

समुद्र ने अपनी अंतिम शक्ति से जहाज निगल लिया, (C)

और सब कुछ चंद्रमा की रोशनी में खो गया। (C)

## 15. Spenserian Stanza

English Explanation: The Spenserian Stanza consists of nine lines. The first eight lines are in iambic pentameter (10 syllables per line), and the ninth line, called Alexandrine, is in iambic hexameter (12 syllables). The rhyme scheme is ABABBCBCC. This form was created by Edmund Spenser and used in his epic poem The Faerie Queene.

Example:

Upon the meadow green, a stream did flow, (A)

Its waters clear as crystal in the sun, (B)

Where blossoms bright in radiant colors grow, (A)

And gentle breezes dance, their song begun. (B)

The hills stood tall, their beauty matched by none, (B)

While shadows played upon the earth so fair, (C)

A perfect world beneath the heavens spun, (B)

A dream of peace, untouched by dark despair, (C)

Where love and joy could flourish without care. (C)

Hindi Explanation: स्पेंसरियन स्टैंजा नौ पंक्तियों का छंद है। पहली आठ पंक्तियां आईएंबिक पेंटामीटर में लिखी जाती हैं, और नौवीं पंक्ति, जिसे अलेक्जेंड्रिन कहा जाता है, आईएंबिक हेक्सामीटर (12 अक्षरों की लय) में लिखी जाती है। इसका तुकांत क्रम ABABBCBCC है। इसे एडमंड स्पेंसर ने अपनी महाकाव्य The Faerie Queene के लिए बनाया।

Example:

हरी घास के मैदान में बहती एक धारा, (A)

सूरज में क्रिस्टल जैसी साफ़ पानी की। (B)

जहां चमकीले फूल खिलते हैं हर तरफ, (A)

और हल्की हवा अपनी लय में गाती। (B)

ऊंचे पहाड़ खड़े, जिनकी सुंदरता अद्वितीय, (B)

छायाएं धरती पर खेलतीं, अद्भुत दृश्य, (C)

एक स्वप्न जहां शांति और सौंदर्य बसते, (B)

दुख और अंधकार से दूर जीवन चलता, (C)

प्रेम और खुशी वहां बिना चिंता के फलते। (C)

**The End**

# Unit-6
# Part-6
## (Figure of Speech)

### Definition of Figure of Speech

In English: A figure of speech is a rhetorical device used to express ideas in a more vivid, imaginative, or impactful way. It often involves the use of words or phrases in a non-literal sense to enhance meaning or create a special effect. Figures of speech are widely used in poetry, literature, and everyday language to make communication more engaging and expressive.

Example:

Literal: "The stars are in the sky."

Figure of Speech: "The stars danced playfully in the night sky."

(Personification: Stars are given a human quality, dancing.)

In Hindi: अलंकार भाषा को अधिक सुंदर, प्रभावशाली और रोचक बनाने का एक माध्यम है। इसमें शब्दों या वाक्यों का ऐसा प्रयोग किया जाता है जो उनके सामान्य या शाब्दिक अर्थ से भिन्न हो। यह कविता, साहित्य, और रोज़मर्रा की बातचीत में विचारों को प्रभावशाली और सजीव बनाने के लिए उपयोग किया जाता है।

उदाहरण:

सामान्य: "तारे आसमान में हैं।"

अलंकार: "तारे रात के आकाश में नृत्य कर रहे थे।"

(मानवीकरण: तारों को नृत्य करने जैसी मानवीय गुण दिया गया है।)

### Key Purpose

Figures of speech enhance communication by adding emotional depth, beauty, or emphasis, making ideas more memorable and impactful.

अलंकार विचारों को भावनात्मक गहराई, सुंदरता, या प्रभाव के साथ व्यक्त करने का कार्य करता है।

## 1. Alliteration (अनुप्रास)

English Explanation: Alliteration is the repetition of the same consonant sound at the beginning of two or more closely placed words. It creates rhythm and enhances the auditory appeal of a sentence or phrase. It is often used in poetry, tongue twisters, and slogans to grab attention or make the language more memorable.

Hindi Explanation: अनुप्रास एक अलंकार है जिसमें किसी वाक्य या पंक्ति के पास-पास आने वाले शब्दों में एक ही वर्ण या ध्वनि की बार-बार आवृत्ति होती है। यह वाक्य में एक सुंदर लय उत्पन्न करता है और पाठकों को आकर्षित करता है। यह कविता, मुहावरों और नारे में प्रायः प्रयुक्त होता है।

Examples in English:
1. "Peter Piper picked a peck of pickled peppers."
2. "The swift, silent snake slithered smoothly."
3. "Big brown bears buy beautiful berries."

Examples in Hindi:
1. "चमचमाते चाँद की चंचल चाँदनी।"
2. "नीली नदियों के नीर में।"
3. "संध्या समय सूर्य का सौंदर्य।"

## 2. Anadiplosis (अनादिप्लोसिस)

English Explanation: Anadiplosis occurs when the last word of a sentence or clause is repeated at the beginning of the next sentence or clause. It is used to create continuity and emphasize the connection between ideas. This figure of speech is common in speeches, poetry, and persuasive writing.

Hindi Explanation: अनादिप्लोसिस वह अलंकार है जिसमें वाक्य या उपवाक्य का अंतिम शब्द अगले वाक्य के आरंभ में दोहराया जाता है। इसका उपयोग विचारों को जोड़ने और पाठक या श्रोता पर प्रभाव डालने के लिए किया जाता है।

Examples in English:
1. "Fear leads to anger. Anger leads to hate. Hate leads to suffering."

2. "Knowledge brings power. Power brings responsibility."
3. "Success requires effort. Effort brings progress."

Examples in Hindi:

1. "ज्ञान से शक्ति मिलती है। शक्ति से सफलता मिलती है।"
2. "प्रेम से शांति होती है। शांति से संतोष होता है।"
3. "सपनों से उम्मीद मिलती है। उम्मीद से संघर्ष की प्रेरणा मिलती है।"

### 3. Anagram (अनाग्राम)

English Explanation: Anagram is a creative rearrangement of the letters of a word or phrase to form a new word or phrase. It is often used for wordplay or puzzles and can also convey hidden meanings or messages.

Hindi Explanation: अनाग्राम वह अलंकार है जिसमें किसी शब्द या वाक्यांश के अक्षरों को पुनः व्यवस्थित करके एक नया शब्द या वाक्यांश बनाया जाता है। इसका उपयोग खेल, पहेलियों, या गुप्त संदेशों को प्रकट करने के लिए किया जाता है।

Examples in English:

1. "Listen" → "Silent"
2. "The eyes" → "They see"
3. "Astronomer" → "Moon starer"

Examples in Hindi:

1. "राम" → "मार"
2. "राजा" → "जरा"
3. "संगीत" → "तिगनस"

### 4. Anaphora (अनाफोरा)

English Explanation: Anaphora involves the repetition of a word or phrase at the beginning of successive clauses or sentences. It is used to emphasize a point and create a rhythmic effect. This figure of speech is often found in speeches, poetry, and literature.

Hindi Explanation: अनाफोरा वह अलंकार है जिसमें किसी शब्द या वाक्यांश को लगातार वाक्यों या उपवाक्यों की शुरुआत में दोहराया जाता है। इसका उपयोग विचारों पर बल देने और पाठक या श्रोता को प्रेरित करने के लिए किया जाता है।

Examples in English:

1. "I have a dream. I have a vision. I have a purpose."
2. "We shall fight on the beaches. We shall fight on the streets. We shall fight in the hills."

3. "This is our moment. This is our time. This is our destiny."

Examples in Hindi:

1. "हम जीतेंगे, हम बढ़ेंगे, हम आगे बढ़ेंगे।"
2. "यह हमारी कहानी है। यह हमारी पहचान है। यह हमारा जीवन है।"
3. "सपने देखो, सपने जीओ, सपने पूरे करो।"

## 5. Anastrophe (अनास्त्रोफे)

English Explanation: Anastrophe refers to the deliberate inversion of the normal word order in a sentence to create emphasis or a poetic effect. This figure of speech often gives a sentence a unique or dramatic tone.

Hindi Explanation: अनास्त्रोफे वह अलंकार है जिसमें वाक्य के सामान्य शब्द क्रम को बदलकर किसी शब्द या विचार पर बल दिया जाता है। इसका उपयोग वाक्य को विशेष प्रभाव देने या काव्यात्मक बनाने के लिए किया जाता है।

Examples in English:

1. "Strong you have become, the dark side I sense in you." (Normal: "You have become strong.")

2. "In the forest deep, lies a secret untold."
3. "A wise man he is."

Examples in Hindi:

1. "सुंदर यह दृश्य है।" (सामान्य: "यह दृश्य सुंदर है।")
2. "वीर वह पुरुष है।" (सामान्य: "वह पुरुष वीर है।")
3. "जाना हमें है।" (सामान्य: "हमें जाना है।")

## 6. Antimetabole (एंटीमेटाबोले)

English Explanation: Antimetabole involves repeating a phrase in reverse order to emphasize a contrast or to create a memorable statement. It is commonly used in speeches and persuasive writing.

Hindi Explanation: एंटीमेटाबोले वह अलंकार है जिसमें वाक्यांश को उलटे क्रम में दोहराया जाता है, जिससे विचारों में विरोधाभास या बल प्रकट होता है। यह प्रायः भाषणों और प्रेरक लेखन में प्रयुक्त होता है।

Examples in English:

1. "Ask not what your country can do for you; ask what you can do for your country."

2. "You can take the boy out of the city, but you can't take the city out of the boy."

3. "If you fail to plan, you plan to fail."

Examples in Hindi:

1. "तुम बदलो, दुनिया बदलेगी।"
2. "अच्छाई करो, अच्छाई पाओ।"
3. "समय को संभालो, समय तुम्हें संभालेगा।"

## 7. Aposiopesis (अपोसियोपेसिस)

English Explanation: Aposiopesis is a figure of speech where a sentence is deliberately left incomplete, often to convey strong emotions, hesitation, or suspense. It is commonly used in dialogue to show a character's inner turmoil.

Hindi Explanation: अपोसियोपेसिस वह अलंकार है जिसमें वाक्य को जानबूझकर अधूरा छोड़ दिया जाता है, ताकि भावना, संकोच, या रहस्य व्यक्त हो सके। यह प्रायः संवादों में पात्र की मानसिक स्थिति को दिखाने के लिए प्रयुक्त होता है।

Examples in English:

1. "If you say that again, I will—!"
2. "I can't believe what you've done... I just can't!"
3. "Don't make me come over there, or else—!"

Examples in Hindi:

1. "अगर तुमने ऐसा फिर किया तो मैं..."
2. "तुमने ये क्या किया... मैं कुछ कह नहीं सकता।"
3. "अब और सहन नहीं होगा, मैं..."

## 8. Apostrophe (अपोस्ट्रोफे)

English Explanation: Apostrophe is a figure of speech where the speaker directly addresses an absent person, an abstract idea, or an inanimate object as if it were capable of understanding or responding. It is often used in poetry and dramatic monologues to express emotions.

Hindi Explanation: अपोस्ट्रोफे वह अलंकार है जिसमें वक्ता किसी अनुपस्थित व्यक्ति, अमूर्त विचार, या निर्जीव वस्तु को सीधे संबोधित करता है, जैसे वे सुन सकते हों या जवाब दे सकते हों। इसका उपयोग भावनाओं को व्यक्त करने के लिए किया जाता है।

Examples in English:

1. "O Death, where is thy sting?"
2. "Twinkle, twinkle, little star, how I wonder what you are!"
3. "O Liberty, what crimes are committed in thy name!"

Examples in Hindi:

1. "हे भगवन, मुझे शक्ति दो!"
2. "ओ सूरज, तुम कितने शक्तिशाली हो।"
3. "हे जीवन, क्यों इतना कठिन है?"

## 9. Assonance (स्वर अनुप्रास)

English Explanation: Assonance is the repetition of vowel sounds in nearby words, often creating a musical or poetic effect. It is commonly used in poetry and prose to enhance the rhythm and mood of a piece.

Hindi Explanation: स्वर अनुप्रास वह अलंकार है जिसमें पास-पास के शब्दों में समान स्वर ध्वनियों की आवृत्ति होती है। यह कविता और गद्य में एक लय या संगीतात्मकता पैदा करता है।

Examples in English:

1. "The rain in Spain stays mainly in the plain."
2. "Hear the mellow wedding bells."
3. "I must confess that in my quest, I felt depressed and restless."

Examples in Hindi:

1. "आसमान में चमकता चाँद।"
2. "ताल में झील का पानी।"
3. "घास पर पड़ी ओस।"

## 10. Anticlimax/Bathos (अवरोह)

English Explanation: Anticlimax refers to a sudden shift from an important or serious idea to a trivial or less important one, often for humorous or ironic effect. It creates a contrast that surprises or amuses the reader.

Hindi Explanation: अवरोह वह अलंकार है जिसमें किसी महत्वपूर्ण विचार से अचानक कम महत्व के विचार की ओर बदलाव होता है। यह प्रायः हास्य या व्यंग्य उत्पन्न करने के लिए प्रयोग होता है।

Examples in English:

1. "He lost his family, his fortune, and his car keys."
2. "She is a great mother, a fantastic teacher, and an average cook."

3. "The soldier fights for glory, honor, and a paycheck."

Examples in Hindi:
1. "उसने सब कुछ खो दिया - अपनी दौलत, अपना घर और अपनी चप्पल।"
2. "वह एक महान राजा, अद्भुत नेता, और खराब गायक था।"
3. "यह धरती, यह आकाश, और यह चाय का प्याला।"

## 11. Antithesis (विरोधाभास)

English Explanation: Antithesis is the juxtaposition of contrasting ideas in balanced phrases or clauses. It highlights differences and creates a dramatic effect.

Hindi Explanation: विरोधाभास वह अलंकार है जिसमें विपरीत विचारों को एक साथ रखा जाता है ताकि उनके बीच का अंतर स्पष्ट हो सके। यह भाषा में नाटकीयता उत्पन्न करता है।

Examples in English:
1. "It was the best of times, it was the worst of times."
2. "Give every man thy ear, but few thy voice."
3. "Speech is silver, but silence is golden."

Examples in Hindi:
1. "सुख में सब साथी, दुख में कोई नहीं।"
2. "अमीर को सब कुछ मिलता है, गरीब को कुछ भी नहीं।"
3. "अंधकार के बाद प्रकाश आता है।"

## 12. Climax (चरमोत्कर्ष)

English Explanation: Climax refers to the arrangement of ideas or events in increasing importance or intensity, building up to a peak or turning point. It adds drama and suspense.

Hindi Explanation: चरमोत्कर्ष वह अलंकार है जिसमें विचारों या घटनाओं को बढ़ते हुए महत्व या तीव्रता में प्रस्तुत किया जाता है। यह नाटक और उत्सुकता उत्पन्न करता है।

Examples in English:
1. "He came, he saw, he conquered."
2. "I came, I saw, I praised, I rejoiced."
3. "To strive, to seek, to find, and not to yield."

Examples in Hindi:
1. "वह आया, उसने देखा, उसने जीत लिया।"
2. "जीवन, मृत्यु, और अमरता।"

3. "संघर्ष, विजय, और महिमा।"

## 13. Consonance (व्यंजन अनुप्रास)

English Explanation: Consonance is the repetition of consonant sounds in closely placed words, usually at the end or middle of words. It adds harmony and rhythm to the text.

Hindi Explanation: व्यंजन अनुप्रास वह अलंकार है जिसमें पास-पास के शब्दों में व्यंजन ध्वनियों की पुनरावृत्ति होती है। यह पाठ में लय और सामंजस्य उत्पन्न करता है।

Examples in English:

1. "Pitter-patter, pitter-patter."
2. "The lumpy, bumpy road."
3. "All's well that ends well."

Examples in Hindi:

1. "झर-झर झरते झरने।"
2. "खन-खन करती चूड़ियाँ।"
3. "टूटे फूटे बर्तन।"

## 14. Ellipsis (अपसर्ग)

English Explanation: Ellipsis refers to the omission of a word or phrase that is understood from context, allowing the reader to fill in the blanks. It is often used for brevity or dramatic effect.

Hindi Explanation: अपसर्ग वह अलंकार है जिसमें किसी वाक्यांश या शब्द को छोड़ दिया जाता है, लेकिन उसका अर्थ स्पष्ट होता है। यह पाठ को संक्षिप्त या प्रभावशाली बनाने के लिए प्रयोग किया जाता है।

Examples in English:

1. "I went to the park, and she to the mall."
2. "The cat was hungry; the dog, not so much."
3. "Some people prefer tea; others, coffee."

Examples in Hindi:

1. "मैं बाजार गया, और वह स्कूल।"
2. "सूरज उगा, चिड़ियाँ चहकीं।"
3. "उसने कहा, और मैं चुप रहा।"

## 15. Epigram (सुभाषित)

English Explanation: An epigram is a brief, witty statement that conveys an insightful or humorous idea. It is often memorable and thought-provoking.

Hindi Explanation: सुभाषित वह अलंकार है जिसमें छोटा, बुद्धिमान और व्यंग्यपूर्ण वाक्य प्रस्तुत किया जाता है। यह प्रभावशाली और यादगार होता है।

Examples in English:

1. "I can resist everything except temptation."
2. "The only way to get rid of a temptation is to yield to it."
3. "Live simply, so others may simply live."

Examples in Hindi:

1. "सपने वो नहीं जो सोते वक्त आते हैं, सपने वो हैं जो सोने नहीं देते।"
2. "ज्ञान सबसे बड़ा धन है।"
3. "समय का सदुपयोग ही सफलता है।"

## 16. Euphemism (सौम्य वचन)

English Explanation: Euphemism is the use of polite or mild words to replace harsh, offensive, or blunt expressions. It is used to soften the impact of unpleasant ideas.

Hindi Explanation: सौम्य वचन वह अलंकार है जिसमें कठोर या अप्रिय शब्दों के स्थान पर कोमल और मधुर शब्दों का उपयोग किया जाता है।

Examples in English:

1. "He passed away" (instead of "He died").
2. "Let go" (instead of "Fired").
3. "Economical with the truth" (instead of "Lying").

Examples in Hindi:

1. "वह हमें छोड़कर चले गए।" (मर गए)।
2. "नौकरी से मुक्त किया गया।" (निकाला गया)।
3. "सच्चाई से थोड़ा बचकर।" (झूठ)।

## 17. Exclamation (आश्चर्य सूचक)

English Explanation: Exclamation is a sudden, forceful expression of emotion, usually marked by an exclamation point (!). It conveys surprise, joy, anger, or excitement.

Hindi Explanation: आश्चर्य सूचक वह अलंकार है जिसमें भावनाओं को जोर देकर व्यक्त किया जाता है और इसे प्रायः विस्मयादिबोधक चिह्न (!) से दर्शाया जाता है।

Examples in English:

1. "What a beautiful day!"
2. "Oh no! I forgot my keys!"
3. "Hurray! We won!"

Examples in Hindi:

1. "वाह! कितना सुंदर दृश्य है!"
2. "अरे! मैंने चाबी भूल गई!"

3. "जय हो! हमने जीत हासिल की।"

## 18. Hyperbole (अतिशयोक्ति)

English Explanation: Hyperbole is an exaggerated statement that is not meant to be taken literally. It is used for emphasis or dramatic effect.

Hindi Explanation: अतिशयोक्ति वह अलंकार है जिसमें किसी बात को बढ़ा-चढ़ाकर कहा जाता है। इसका उद्देश्य प्रभाव डालना होता है, न कि वास्तविकता दिखाना।

Examples in English:

1. "I have told you a million times!"
2. "I'm so hungry I could eat a horse."
3. "Her smile was brighter than the sun."

Examples in Hindi:

1. "मैंने तुम्हें हजार बार कहा है!"
2. "मैं इतना भूखा हूँ कि पहाड़ खा सकता हूँ।"
3. "उसकी हंसी सूरज से भी ज्यादा चमकीली थी।"

## 19. Interrogation/Rhetorical Question (प्रश्नोक्ति)

English Explanation: A rhetorical question is asked not to receive an answer but to make a point or emphasize an idea. It is often used to persuade, provoke thought, or express emotions.

Hindi Explanation: प्रश्नोक्ति वह अलंकार है जिसमें प्रश्न का उत्तर अपेक्षित नहीं होता, बल्कि किसी विचार को स्पष्ट करने या जोर देने के लिए इसका उपयोग किया जाता है।

Examples in English:

1. "Isn't this a great way to learn?"
2. "Who doesn't love a sunny day?"
3. "Why waste time arguing over trivial matters?"

Examples in Hindi:

1. "क्या यह जीवन की सच्चाई नहीं है?"
2. "क्या हर कोई खुश नहीं रहना चाहता?"
3. "क्या सचमुच समय की बर्बादी उचित है?"

## 20. Irony (विडंबना)

English Explanation: Irony is a figure of speech where the intended meaning of words is opposite to their literal meaning, often to create humor or highlight contradictions.

Hindi Explanation: विडंबना वह अलंकार है जिसमें शब्दों का वास्तविक अर्थ उनके कहने के अर्थ से विपरीत होता है। यह प्रायः हास्य उत्पन्न करने या विरोधाभास दिखाने के लिए उपयोग किया जाता है।

Examples in English:

1. "What a pleasant day!" (When it's storming).
2. "The fire station burned down."
3. "A plumber's house has leaking pipes."

Examples in Hindi:

1. "वाह! कितना साफ-सुथरा कमरा है!" (जब कमरा बहुत गंदा हो)।
2. "चोर का घर लुट गया।"
3. "डॉक्टर खुद बीमार है।"

## 21. Kenning (संकेतात्मक नाम)

English Explanation: Kenning is a compound expression used in place of a simple noun, often metaphorical or poetic. It was common in Old English and Norse poetry.

Hindi Explanation: संकेतात्मक नाम वह अलंकार है जिसमें किसी साधारण नाम के स्थान पर किसी विशेष और संकेतात्मक शब्द समूह का उपयोग किया जाता है।

Examples in English:

1. "Whale-road" (ocean).
2. "Sky-candle" (sun).
3. "Battle-sweat" (blood).

Examples in Hindi:

1. "सिंहासन-धारी" (राजा)।
2. "चरण-कमल" (पैर)।
3. "अग्नि-पुत्र" (सूर्य)।

## 22. Litotes (विनय पूर्ण अतिशयोक्ति)

English Explanation: Litotes is a figure of speech that uses double negatives or understated phrases to express a positive idea subtly.

Hindi Explanation: विनय पूर्ण अतिशयोक्ति वह अलंकार है जिसमें दो नकारात्मक शब्दों के माध्यम से किसी सकारात्मक विचार को प्रकट किया जाता है।

Examples in English:

1. "He is not a bad singer." (He is a good singer).
2. "This is no small achievement." (This is a big achievement).

3. "She's not unlike her mother." (She is similar to her mother).

Examples in Hindi:
1. "यह कोई छोटी बात नहीं है।" (यह बड़ी उपलब्धि है)।
2. "वह बुरा आदमी नहीं है।" (वह अच्छा आदमी है)।
3. "यह असंभव नहीं है।" (यह संभव है)।

## 23. Merism (विस्तार)

English Explanation: Merism is a figure of speech in which a whole is referred to by enumerating its parts. It provides a detailed description.

Hindi Explanation: विस्तार वह अलंकार है जिसमें किसी संपूर्ण वस्तु का उल्लेख उसके अलग-अलग भागों के माध्यम से किया जाता है।

Examples in English:
1. "We searched high and low for the keys." (Everywhere).
2. "Body and soul" (Entire being).
3. "Ladies and gentlemen" (Everyone).

Examples in Hindi:
1. "हमने जमीन-आसमान एक कर दिया।" (हर जगह)।
2. "उसने तन-मन से काम किया।" (पूरे उत्साह से)।
3. "राजा और प्रजा" (संपूर्ण समाज)।

## 24. Metaphor (रूपक)

English Explanation: Metaphor is a figure of speech that compares two unrelated things by saying one is the other, highlighting a similarity.

Hindi Explanation: रूपक वह अलंकार है जिसमें किसी दो असंबंधित वस्तुओं के बीच समानता दिखाते हुए एक को दूसरे के रूप में प्रस्तुत किया जाता है।

Examples in English:
1. "Time is a thief."
2. "The world is a stage."
3. "His heart is a stone."

Examples in Hindi:
1. "जीवन एक सफर है।"
2. "सूरज आग का गोला है।"
3. "उसका दिल पत्थर है।"

## 25. Dead Metaphor (मृत रूपक)

English Explanation: A dead metaphor is one that has been used so often it has lost its original impact and is now a common expression.

Hindi Explanation: मृत रूपक वह है जो इतनी बार उपयोग किया गया है कि उसका मूल प्रभाव खो गया है और वह साधारण अभिव्यक्ति बन गया है।

Examples in English:
1. "The foot of the bed."
2. "The arm of the chair."
3. "Time flies."

Examples in Hindi:
1. "घड़ी का चेहरा।"
2. "कुर्सी का हाथ।"
3. "समय उड़ता है।

### 26. Mixed Metaphor (मिश्रित रूपक)

English Explanation: A mixed metaphor combines two or more metaphors that don't logically go together, often creating a humorous or confusing effect.

Hindi Explanation: मिश्रित रूपक वह है जिसमें दो या अधिक रूपकों को जोड़ा जाता है, जो तर्कसंगत रूप से एक साथ फिट नहीं होते। यह अक्सर हास्यपूर्ण या भ्रमित करता है।

Examples in English:
1. "We'll burn that bridge when we come to it."
2. "He's trying to milk a dead horse."
3. "The ball is in your court, so take the bull by the horns."

Examples in Hindi:
1. "हम वह पुल जलाएंगे जब वहां पहुंचेंगे।"
2. "वह मरे हुए घोड़े का दूध निकालने की कोशिश कर रहा है।"
3. "गेंद आपके पाले में है, तो सांड को सींग से पकड़ो।"

### 27. Extended Metaphor (विस्तृत रूपक)

English Explanation: An extended metaphor is a metaphor that is developed in detail across multiple sentences or an entire piece of writing.

Hindi Explanation: विस्तृत रूपक वह है जो एकाधिक वाक्यों या पूरे लेख में विस्तारित होता है।

Examples in English:
1. "Life is a journey. We travel down roads, meet obstacles, and choose paths."
2. "The classroom was a zoo. Students roared and swung from their chairs."
3. "Time is a river that flows endlessly."

Examples in Hindi:

1. "जीवन एक सफर है। हर मोड़ पर नए अनुभव होते हैं।"
2. "कक्षा एक चिड़ियाघर थी। छात्र शोर मचाते और कुर्सियों पर झूलते।"
3. "समय एक नदी है, जो अनंत बहती है।"

## 28. Implied Metaphor (संकेतात्मक रूपक)

English Explanation: An implied metaphor suggests a comparison without explicitly stating both objects being compared.

Hindi Explanation: संकेतात्मक रूपक वह है जिसमें तुलना सीधे न कहकर संकेत के माध्यम से की जाती है।

Examples in English:

1. "He barked out orders." (Implying he is like a dog).
2. "She sailed through her exams." (Implying she is like a ship).
3. "The seeds of hope began to sprout." (Implying hope is like a plant).

Examples in Hindi:

1. "वह गरजते हुए आदेश दे रहा था।" (संकेत कि वह शेर की तरह है)।
2. "उसने परीक्षा में हवा की तरह पास किया।" (संकेत कि वह तेज है)।
3. "आशा के बीज अंकुरित होने लगे।" (संकेत कि आशा एक पौधे जैसी है)।

## 29. Visual Metaphor (दृश्य रूपक)

English Explanation: A visual metaphor uses an image to represent an idea or concept without explicitly stating it. It communicates meaning through visual elements.

Hindi Explanation: दृश्य रूपक वह है जिसमें किसी विचार या अवधारणा को बिना स्पष्ट रूप से कहे चित्र या दृश्य माध्यम से प्रस्तुत किया जाता है।

Examples in English:

1. A broken chain representing freedom.
2. A light bulb symbolizing an idea.
3. A stormy sky representing emotional turmoil.

Examples in Hindi:

1. टूटी हुई जंजीर स्वतंत्रता का प्रतीक।
2. एक जलता हुआ बल्ब नई सोच का संकेत।
3. तूफानी आसमान मानसिक अशांति को दर्शाता है।

## 30. Metonymy (पर्यास)

**English Explanation:** Metonymy is a figure of speech where something is referred to by an associated term instead of its actual name.

**Hindi Explanation:** पर्यास वह अलंकार है जिसमें किसी वस्तु को उसके संबंधित या निकटस्थ शब्द से पुकारा जाता है।

**Examples in English:**

1. "The crown" for a monarchy.
2. "The pen is mightier than the sword." (Pen = knowledge, sword = violence).
3. "Hollywood" for the film industry.

**Examples in Hindi:**

1. "सिंहासन" राजा के लिए।
2. "लाल किला" भारत की सत्ता के लिए।
3. "कुरुक्षेत्र" युद्ध के लिए।

## 31. Onomatopoeia (ध्वनि-अनुकरण)

**English Explanation:** Onomatopoeia refers to words that imitate natural sounds. It is often used for descriptive or dramatic effect.

**Hindi Explanation:** ध्वनि-अनुकरण वह अलंकार है जिसमें शब्दों का उच्चारण प्राकृतिक ध्वनियों की नकल करता है।

**Examples in English:**

1. "Buzz" (sound of a bee).
2. "Bang" (sound of an explosion).
3. "Splash" (sound of water).

**Examples in Hindi:**

1. "भांय-भांय" हवा की आवाज।
2. "छप-छप" पानी में चलने की ध्वनि।
3. "टप-टप" पानी की बूंदों की आवाज।

## 32. Oxymoron (विरोधाभास)

**English Explanation:** An oxymoron is a figure of speech that combines two contradictory terms to create a meaningful expression.

**Hindi Explanation:** विरोधाभास वह अलंकार है जिसमें दो विपरीत शब्दों को मिलाकर एक नया अर्थ व्यक्त किया जाता है।

**Examples in English:**

1. "Bittersweet."
2. "Deafening silence."

3. "Living dead."

Examples in Hindi:
1. "मीठा दर्द।"
2. "गूंजती हुई खामोशी।"
3. "जिंदा लाश।"

## 33. Paradox (विरोधाभासी वाक्य)

English Explanation: A paradox is a statement that appears self-contradictory but reveals a deeper truth upon reflection.

Hindi Explanation: विरोधाभासी वाक्य वह है जो देखने में विरोधाभास प्रतीत होता है लेकिन गहराई में विचार करने पर सच्चाई को प्रकट करता है।

Examples in English:
1. "Less is more."
2. "The only constant is change."
3. "This is the beginning of the end."

Examples in Hindi:
1. "कम ही अधिक है।"
2. "एकमात्र स्थायी चीज परिवर्तन है।"
3. "यह अंत की शुरुआत है।"

## 34. Periphrasis (पर्यायवाची शैली)

English Explanation: Periphrasis is a figure of speech where a concept is expressed using an elaborate phrase instead of a simple word.

Hindi Explanation: पर्यायवाची शैली वह है जिसमें किसी सरल शब्द के स्थान पर विस्तृत वाक्यांश का उपयोग किया जाता है।

Examples in English:
1. "The king of the jungle" instead of "lion."
2. "The elongated yellow fruit" instead of "banana."
3. "The land of the rising sun" instead of "Japan."

Examples in Hindi:
1. "जंगल का राजा" सिंह के लिए।
2. "सूर्योदय की भूमि" जापान के लिए।
3. "आकाश में चमकता तारा" सूरज के लिए।

## 35. Personification (मानवीकरण)

English Explanation: Personification is a figure of speech in which non-human objects or abstract concepts are given human qualities or actions.

Hindi Explanation: मानवीकरण वह अलंकार है जिसमें निर्जीव वस्तुओं या अमूर्त विचारों को मानवीय गुण या क्रियाएँ दी जाती हैं।

Examples in English:
1. "The wind whispered through the trees."
2. "The sun smiled down on us."
3. "Time flies."

Examples in Hindi:
1. "पवन पेड़ों में फुसफुसाया।"
2. "सूरज हम पर मुस्कुराया।"
3. "समय उड़ता चला जाता है।"

### 36. Pun (शब्दक्रीड़ा)

English Explanation: A pun is a form of wordplay that exploits multiple meanings of a word or similar-sounding words for humorous or rhetorical effect.

Hindi Explanation: शब्दक्रीड़ा वह अलंकार है जिसमें एक शब्द के विभिन्न अर्थों या समान ध्वनियों वाले शब्दों का उपयोग हास्यजनक या प्रभावशाली तरीके से किया जाता है।

Examples in English:
1. "I used to be a baker, but I couldn't make enough dough."
2. "Time flies like an arrow; fruit flies like a banana."
3. "A chicken crossing the road is poultry in motion."

Examples in Hindi:
1. "वह अब बैकर नहीं है, क्योंकि वह आटा नहीं बना सकता था।"
2. "समय एक तीर की तरह उड़ता है; फल मक्खियाँ केले की तरह होती हैं।"
3. "सड़क पार करती मुर्गी, मांसाहार की गति में है।"

### 37. Panomasis (पैनोमासिस)

English Explanation: Panomasis involves using the same word with different meanings in a context to create a humorous or ironic effect.

Hindi Explanation: पैनोमासिस वह अलंकार है जिसमें एक ही शब्द के विभिन्न अर्थों का उपयोग करके हास्य या विडंबना उत्पन्न की जाती है।

Examples in English:
1. "I can't bear to bear the weight of the situation."
2. "She was the model of perfection, a perfect model."
3. "He is a real class act, always acting the class clown."

## Literary Terms & Movements

Examples in Hindi:

1. "मैं स्थिति का भार सहन नहीं कर सकता हूँ।"
2. "वह आदर्श की मॉडल थी, एक परफेक्ट मॉडल।"
3. "वह वास्तव में क्लास एक्ट है, हमेशा क्लास जोकर का अभिनय करता है।"

### 38. Pleonasm (अतिशयोक्ति)

English Explanation: Pleonasm is the use of more words than necessary to express an idea, often creating redundancy.

Hindi Explanation: अतिशयोक्ति वह अलंकार है जिसमें विचार व्यक्त करने के लिए आवश्यकता से अधिक शब्दों का उपयोग किया जाता है, जिससे अपव्यय उत्पन्न होता है।

Examples in English:

1. "Free gift."
2. "Close proximity."
3. "True fact."

Examples in Hindi:

1. "निःशुल्क उपहार।"
2. "करीब की नजदीकी।"
3. "सच्चा तथ्य।"

### 39. Polyptoton (बहुपद प्रयोग)

English Explanation: Polyptoton involves using different forms of the same word in close proximity to emphasize meaning.

Hindi Explanation: बहुपद प्रयोग वह अलंकार है जिसमें एक ही शब्द के विभिन्न रूपों का प्रयोग नजदीकी में किया जाता है ताकि अर्थ पर बल डाला जा सके।

Examples in English:

1. "The strong man strength was unmatched."
2. "We are loved by love."
3. "He is a running runner."

Examples in Hindi:

1. "मजबूत आदमी की ताकत बेजोड़ थी।"
2. "हम प्रेम से प्रेमित हैं।"
3. "वह दौड़ता हुआ धावक है।"

### 40. Simile (रूपक)

English Explanation: A simile is a figure of speech that compares two unlike things using words like "as" or "like."

Hindi Explanation: रूपक वह अलंकार है जो दो असमान वस्तुओं की तुलना "जैसा" या "की तरह" शब्दों से करता है।

Examples in English:

1. "She is as busy as a bee."

2. "His voice is like thunder."
3. "The car roared like a lion."

Examples in Hindi:

1. "वह मधुमक्खी की तरह व्यस्त है।"
2. "उसकी आवाज गड़गड़ाहट जैसी है।"
3. "गाड़ी शेर की तरह दहाड़ती है।"

## 41. Spoonerism (स्पूनरीज़्म)

English Explanation: A spoonerism is a form of wordplay where the initial consonants or letters of two words are swapped to create a humorous effect.

Hindi Explanation: स्पूनरीज़्म वह अलंकार है जिसमें दो शब्दों के प्रारंभिक व्यंजन ध्वनियों या अक्षरों को आपस में बदल दिया जाता है, जिससे हास्य उत्पन्न होता है।

Examples in English:

1. "You have tasted the whole worm." (You have wasted the whole term.)
2. "Better Nate than lever." (Better late than never.)
3. "A lack of pies" (A pack of lies).

Examples in Hindi:

1. "खली खोला" (खोली खाली)।
2. "बड़ा चाटा चट्टा" (चटटों का बड़ा चाटा)।
3. "भोर की रौनक" (रौनक की भोर)।

## 42. Synecdoche (सिंडकडॉकी)

English Explanation: Synecdoche is a figure of speech in which a part of something represents the whole or vice versa.

Hindi Explanation: सिंडकडॉकी वह अलंकार है जिसमें किसी वस्तु के एक हिस्से का उपयोग सम्पूर्ण को दर्शाने के लिए किया जाता है, या सम्पूर्ण का उपयोग किसी हिस्से को दर्शाने के लिए।

Examples in English:

1. "All hands on deck." (Hands = workers)
2. "The United States won gold in the 4x100 relay." (The United States = its team)
3. "The White House issued a statement." (The White House = President or government)

Examples in Hindi:

1. "हाथों का काम।" (हाथ = श्रमिक)
2. "भारत ने 4x100 रिले में स्वर्ण जीता।" (भारत = टीम)

3. "राष्ट्रपति भवन ने बयान जारी किया।" (राष्ट्रपति भवन = राष्ट्रपति या सरकार)

## 43. Transferred Epithet/ Hypallage (स्थानांतरित विशेषण)

English Explanation: This is when an adjective is transferred from the noun it originally modifies to another noun, creating a different meaning or effect.

Hindi Explanation: स्थानांतरित विशेषण वह अलंकार है जिसमें एक विशेषण को उस संज्ञा से स्थानांतरित करके दूसरी संज्ञा पर लागू किया जाता है, जिससे एक नया अर्थ उत्पन्न होता है।

Examples in English:

1. "The sleepless night." (Sleepless = night, but it's the person who is sleepless)
2. "A sunny day." (Sunny = person feeling cheerful or metaphorically sunny)
3. "A bitter truth." (Bitter = not the truth, but the way it is perceived)

Examples in Hindi:

1. "अलसी रात।" (अलसी = वह व्यक्ति जो सो नहीं सकता)
2. "सूरजमुखी दिन।" (सूरजमुखी = व्यक्ति का खुश होना)
3. "कड़वा सत्य।" (कड़वा = सत्य नहीं, बल्कि उसका अनुभव)

**The End**

## (My First Book Is In The Name Of Vijay Saxena)

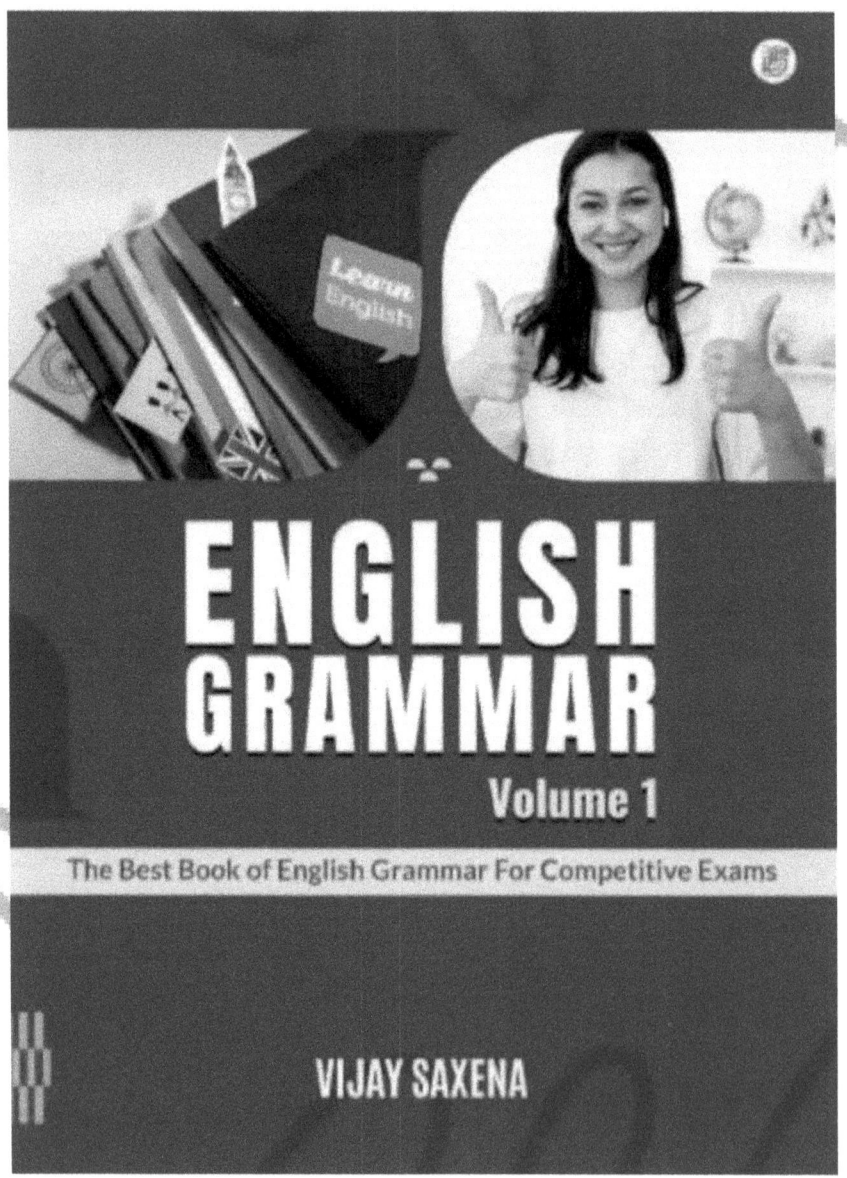

www.ingramcontent.com/pod-product-compliance
Lightning Source LLC
LaVergne TN
LVHW061606070526
838199LV00078B/7199
*9789365548068*